旧京图说

上

北京日报《旧京图说》编写组 编著

北京日报出版社

序言

北京已建城三千多年，建都八百多年。站在车水马龙的长安街边，面对繁华的现代化大都市，人们难免会问：“过去的北京是什么模样？”

从一百六十卷的《日下旧闻考》中，我们能够查到北京城从南到北的八公里的中轴线，查到世界最大皇宫建筑群，查到天下奇观万里长城和美不胜收的古典园林，查到宏伟壮观的坛庙、帝陵、古塔，却无法再现“古道西风，宫檐落日”的壮丽；从林海音的小说《城南旧事》中，我们能品出老北京素雅、淡泊、简约、委婉的意境，却很难还原“枯藤、老树、昏鸦”般的凄美景象。

然而，一张张老照片却能把过去的时光，真真切切地定格在人们眼前。为了再现老北京的故事，2012 年，《北京日报》创办了《旧京图说》栏目。

何谓“旧京”，我们把时间线定在了新中国成立之前。这无疑是自己给自己出了一个难题。1949 年 10 月之前有多少老照片？其中又有多少是关于北京的？说实话，创办之初，我们心里没底。然而，选题一期一期做下去，我们发现北京的老照片是一个富矿。我们没想到早在 1860 年北京城就有了全景图；我们没想到被毁后的圆明园在一段时间里竟然还那么美；我们没想到 1900 年就有人乘着热气球给北京拍过航拍照。

妙趣横生的年俗，红火热闹的庙会，走街串巷的货郎，百年传承的药铺，揉铁作墨的铁画……这些或震撼或新奇的场面，让人们大开眼界，也让读者随之发现了一个立体的老北京。

四年过去了，《北京日报》刊发了百余期《旧京图说》。我们经过认真的编辑，奉上这两本沉甸甸的《旧京图说》，以此怀念北京的旧日往事，让外国和外地的朋友认识一个历史厚重的北京。

一张图片，胜过千言。

对于今天的新闻事件如此，对于早已远去的老北京更是如此。

目录

故都往事

旧京风物

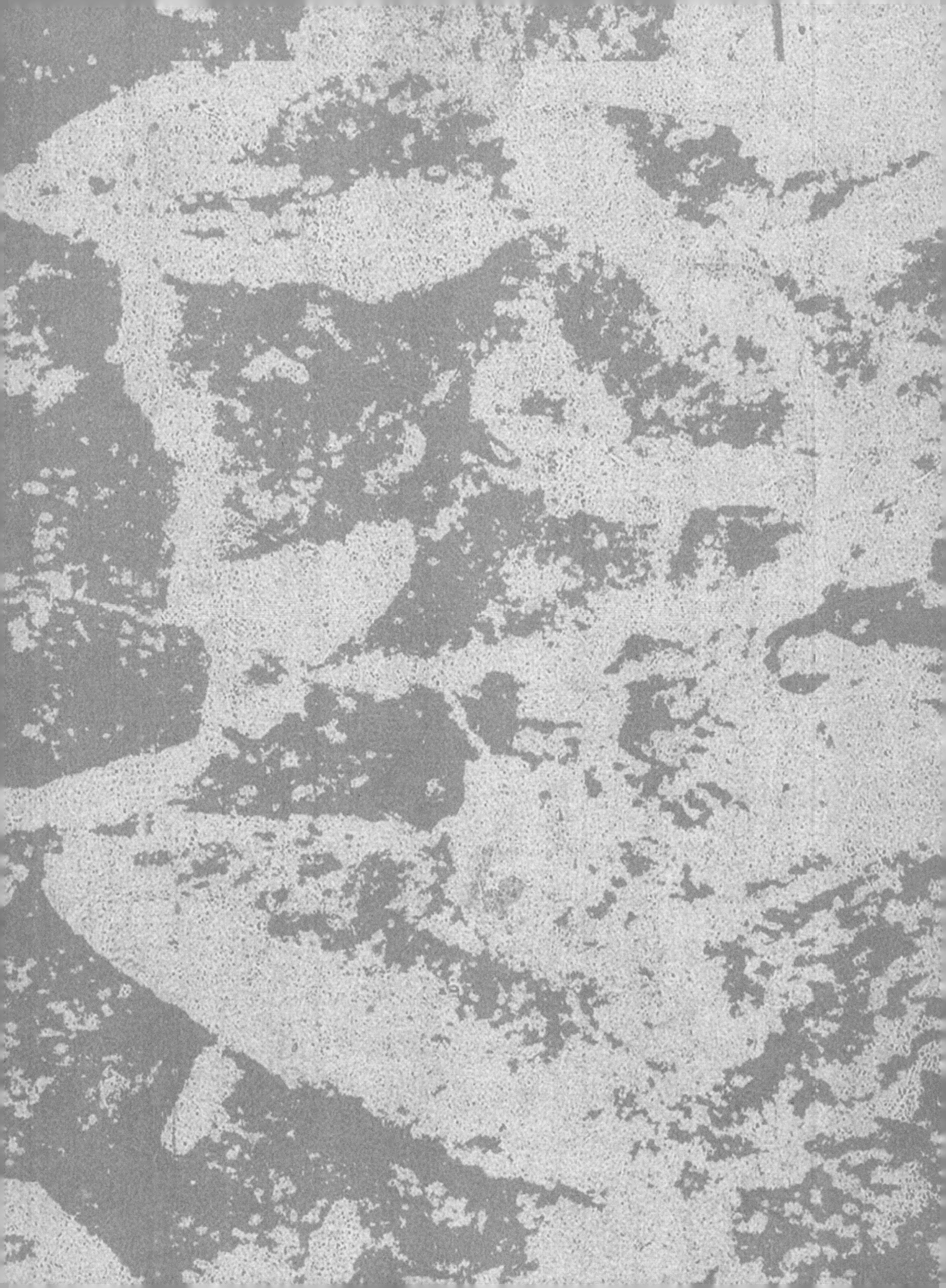

故都往事

京张铁路修建记

1909年10月2日，昌平南口火车站前挤满了围观的人群，这里即将举行京张铁路的通车典礼。“看火车去！”从四面八方赶来的人奔走相告。在总工程师詹天佑简短的致辞后，“一条黑色巨龙喷着浓烟，咆哮着向前滑动”，中国人自己设计修建的第一条铁路——京张铁路通车了。

京张铁路“全路里程按驿站计420里，以测量路程计360里”，从北京丰台出发，经八达岭、居庸关、沙城等地到达河北张家口。张家口自古便是一个商贾云集的“旱码头”，不仅煤炭、金矿等资源丰富，更是由北京通向蒙古的要道。而在京张铁路通车之前，这里的物资运输长期依靠骆驼、骡马，运力十分有限。

1904年，直隶总督袁世凯上书清政府，提出修建京张铁路的奏议。消息一经传出，立即引来西方各国对京张路权的普遍“关切”。为了争夺修建权，英俄两国相持不下，清政府被逼无奈，索性两边都不得罪，决定“筹款自造”，“亦不用洋工程师”。

主持修建过谒陵专线的詹天佑，成为不二人选。1905年5月，京张铁路总局正式成立，詹天佑出任总工程师。摆在他面前的第一个难题是资金的匮乏。500万两的预算，与实际估算出的729万两相距甚远。京张铁路的资金主要来自关内外铁路余利，1902年中英双方曾有协议，盈利需存入英国汇丰银行作为借款的保障金。经多次交涉，英方才同意在汇丰银行存够6个月的还款本息后，余金可由中方支配。这样，每年可为京张铁路提银100万两。后来随工程进展，筑路资金又有追加。1909年铁路提前建成时，实际耗银仅有693万两，花费之低使外国媒体连呼“奇迹”。

1905年京张铁路动工时，英俄等国的报

建造京张铁路时的詹天佑。

京张铁路青龙桥上下行火车同时开行。

青龙桥火车站建于 1908 年，为了让火车顺利爬坡，詹天佑设计了"人"字形道岔。这里就是"人"字形道岔的折返点，今天从北京北站开往八达岭的市郊铁路 S2 线仍能经过这里。

纸便多有讥讽，声称“中国造此路之工程师尚未诞生”。面对质疑，詹天佑等人经实地考察，拿出三套选线方案，并最终确定了由丰台至南口、关沟、八达岭这条路线。这一路线分三段建成，第一段由广安门到南口，第三段是从八达岭到张家口。这两处地势都比较平坦。京张铁路中最陡峭的是第二段——南口到八达岭一带，俗称“关沟段”。关沟段崇山峻岭，沟壑纵横，20 公里的路程中海拔升高了 600 余米，术语叫作“坡度 33%”，难度之高在世界罕见。面临难题，詹天佑决定以青龙桥为中心，用一个横放的“人”字形铁轨减缓坡度。在这段路程中，火车还使用了“双机牵引”的方式，由两辆大马力机车牵引。经过“人”字形的交叉点——青龙桥车站时，前面的机车变成车尾，后面变成车头，实现了短时间爬坡的目的。同时，从石佛寺向东，过青龙桥再往西折返，之后再经隧道穿过八达岭，这样的路线设计也将隧道长度从 1800 米缩减到 1091 米，大大缩短了工期。

1909年10月2日，昌平南口火车站举行京张铁路通车典礼。

1909年9月24日，中国第一条自主设计与施工的铁路——京张铁路正式建成，比原定计划足足提前了两年。作为当时中国质量最好的铁路干线，京张全线共设有车站14个，桥梁125座，隧道4条，并在国内率先选用了“1435”标准铁轨，成为中国近代铁路发展史上的里程碑。

京张铁路使用的摩格尔机车。詹天佑根据京张铁路地势复杂、坡度较大的特点，订购了当时世界上最先进的摩格尔机车。

京张铁路居庸关山洞北口。

1909年京张铁路通车，南口庆典会场人头攒动。

京张铁路八达岭隧道竣工时工程人员的合影。

漂洋而来的动物园

李安的电影《少年派的奇幻漂流》中，少年派随父母带着一船动物园的动物，漂洋过海，打算去大洋彼岸开动物园。然而，他们在途中遇到海难，没有安全抵达目的地，少年派也由此开始了一段奇幻之旅。

很少有人知道，就在一百多年前，同样有一个人带着一轮船的动物从大洋彼岸而来。不同的是，动物们安全抵达，并由此成立了中国最早的动物园——万牲园，也就是北京动物园的前身。

1907 年 6 月，出洋考察五大臣之一的端方从德国归来。当他乘坐的轮船在天津塘沽靠岸时，人们惊奇地发现，船上竟然载满了从未见过的动物。从长满条纹的斑马，到健壮凶猛的非洲狮，从长脖子的澳洲鸵鸟，到美洲大鹅，足足有 59 个铁笼，共计 57 只野兽、52 只禽鸟。它们是考察期间，端方以 6 万马克的价格向德国商人宝尔德订购的，也是北京动物园的第一批动物。

其实，慈禧太后早有兴建动物园的想法。据说，20 世纪初德国汉堡动物园在北京举办过一次动物表演。那次表演让慈禧太后大开眼界。当时，清政府正在推行新政。出国考察回来的大臣们，无不把建博物馆、图书馆、公园等公共设施看作是改变清政府形象的捷径。如果能在北京建个动物园，既能满足慈禧太后赏玩的需求，也可面向公众开放，岂不两全其美？于是，端方带着整整一船的珍禽异兽漂洋过海，回到了北京。1907 年 7 月 19 日，京师万牲园正式对外开放。

万牲园实际上是农事试验场（今北京动物园）的一部分。农事试验场，顾名思义是以农事研究为主，占地 70 公顷，是清末新政的一项重要工程。万牲园位于农事试验场东南角，面积仅为 1.5 公顷，建有 3 座兽亭、40 余间兽舍和 10 间鸟室，还有水禽舍与象

园中有供游人乘坐的轿子，上面还写着“游园公司”。

农事试验场中最大的一组建筑是两层、西式尖顶的畅观楼。图为畅观楼前的铜狮子在喷水。

图为供游人乘坐的江苏船。

畅观楼前的拱桥。

房等。当端方带着动物们回到北京时，这座万牲园还没有竣工。因此，动物们只能暂时安置在附近的广善寺中。

除慈禧太后驾临之外，万牲园大多时候都面向公众开放。开放时间为8时至18时，票价二十枚铜元，儿童、仆役减半。为招徕游客，万牲园还找来两名两米多高的“巨人”验收门票。学生在老师带领下，可以享受免票优惠。不过出于“男女大防”的考虑，万牲园规定“每逢星期日及星期一、三、五售男客票，星期二、四、六售女客票”。这条可笑的规定，直到民国后才被废除。

建园之初，由于饲养经验不足，端方专门为慈禧挑选的一只会表演杂技的印度母象，竟然被饿死了。负责看护大象的德国技师抱怨：“时言于总理，月粮不足，但总理不听其言，此象逐渐饿毙。”对此，慈禧很不满意，要求以后在进献兽品时，一定要注明具体产地、性情以及饲养方法，以免此类事件再次发生。

此照片为民国初年拍摄。此时，“农事试验场”（含万牲园）已改名为“中央农事试验场”，大门上还悬挂着五色旗。后来这里又先后更名为“北平农事试验场”“国立北平天然博物院”“北平市农林试验所”等。1949 年由北京市人民政府接管后定名为“西郊公园”，1955 年 4 月改名为“北京动物园”。园名由毛泽东题写，沿用至今。

万牲园开办后，国内各地督抚和外国使节争相向万牲园赠送动物。万牲园里的动物种类不断扩充。到清末时，万牲园豢养的哺乳、爬行、两栖、鸟类等动物，共计一百多种，其中包括金丝猿、吐绶鸟、灵鹊、窝雕等许多稀有物种。

万牲园刚开业时，中外游客在围观斑马。此前中国人从未见过斑马，因此感到很新奇，看到它浑身条纹与老虎相似，于是称之为“虎纹马”。

清末万牲园实行男女分时游览，此照片拍摄于男游客游览之日。观稼轩位于万牲园北围墙内，又名自在庄，轩前种有菜圃。图为在观稼轩中游览的男性游客。

为了吸引游人，万牲园刚开业时雇了两名身高两米多的"巨人"验票。后来其中一个"巨人"被美国人相中带到好莱坞发展，但是他没有姚明那么幸运，据说在美国受到了不公正的对待黯然回国。

北京有了自来水

北京有自来水不过百年多一点儿。

那时北京地下水层浅，百姓“凿池为饮”，只是井水大多又咸又苦，味道不佳。皇宫则吃有“天下第一泉”之称的玉泉山泉水，每天清晨，一辆辆水车鱼贯入宫。

清光绪三十四年（1908 年）前后，京城接连发生火灾，损失惨重，慈禧太后大为光火。当年三月十八日，清农工商部的溥颋、熙彦、杨士琦上折，奏请建自来水。不到十天，慈禧太后允诺此事，成立了“京师自来水股份有限公司”，周学熙成为公司首任总理。

因为火灾，自来水通进了北京城。

周学熙招商集股，先从天津官银号拨出股本银五十万两，作为兴办自来水公司的专款，并每年从该银号拨银十五万两作保息，以保障公司信誉，剩余的资金以投资入股的方式在民间筹集。

要建厂，必须找到合适的水源。周学熙多次亲自勘察，测定位于今朝阳区的孙河水味道甜美，源流不竭，且两岸多为麦田，是理想的京师自来水水源。周学熙决定在孙河与东直门修建两座水厂，设备器材由德国进口。

1908 年底，光绪、慈禧相继离世，施工管线和出殡路线撞了车，工程给“国丧”让道，挖好的线沟被重新掩埋，待出殡结束后，再挖开继续施工，工程修了近两年。1910 年 3 月，姗姗来迟的自来水初入京城。

史料记载，北京早期的供水方式共有三种：一是在街巷之中安装自来水公用水站，用户亲自前往，凭票购水。二是由公司雇用水夫，给离公用水站较远的百姓家送水。三是大户人家修建管线，把自来水直接引入家中，不过这些管线材料花费往往超过百元，价格不菲，普通人根本负担不起。

拧开龙头就有水，自来水成了街谈巷议

东直门水厂建于 1908 年的自来水水塔，高 54 米，容积 750 立方米。

通自来水之前，北京市民大多饮用井水，卖水的地方每天由水夫推着水车送水。京师自来水股份有限公司成立后，也雇用水夫给市民送水。

东直门水厂局部。孙河水源经取水厂过滤、沉淀后，送入东直门水厂消毒，成为自来水。

1910 年投产的蒸汽机房，内装卧式双动活塞往复式蒸汽机 2 台，驱动 2 台水泵将处理好的水泵入 54 米高的水塔。

的话题，看热闹的多，捧场的少，全市 480 个水龙头每天的生意少得可怜。京师自来水股份有限公司在《爱国报》《白话报》等多家京城大报上刊登广告，还不时地搞些促销。经过一段时间的“科普”，买水的人渐渐多了。

清朝覆亡后，由于政局不稳，1910 年后的 39 年间，北京自来水业并未快速发展。至 1949 年新中国成立前，北京没有新增设的水厂，城区供水普及率只有 30%，日供水能力仅 5 万立方米。用上自来水，对于多数京城百姓来说，还是一件可望不可及的“奢侈事儿”。

新中国成立后，自来水走进了千家万户。

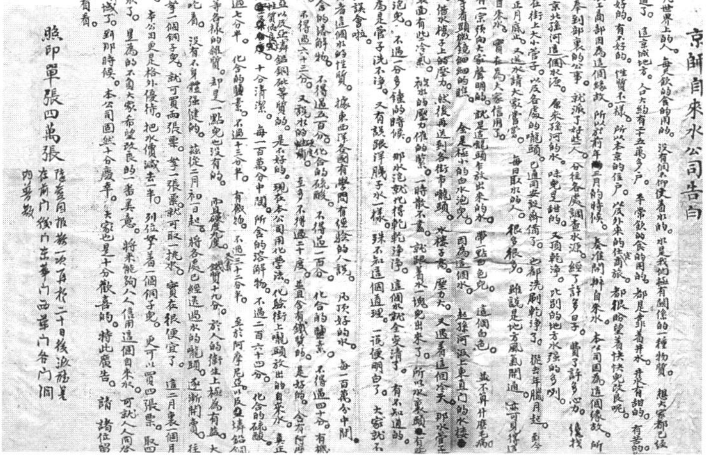
京師自來水公司告白
照印單張四萬張

自来水起初并不被普通市民接受，为了打开市场，京师自来水股份有限公司制作了大量广告。

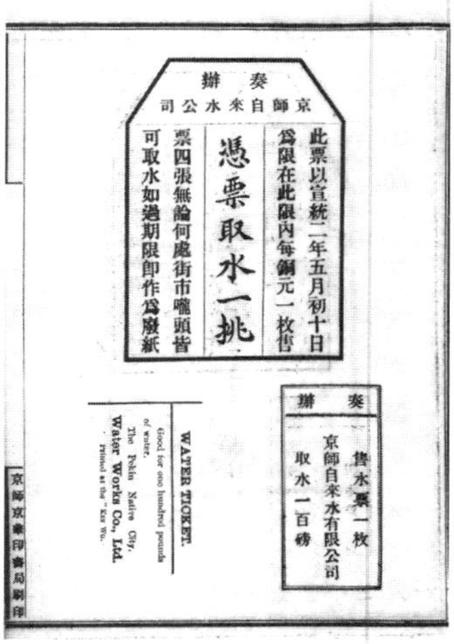
奏辦
京師自來水公司
憑票取水一挑
此票以宣統二年五月初十日爲限在此限內每銅元一枚售票四張無論何處街市龍頭皆可取水如過期限即作爲廢紙

奏辦
售水票一枚
京師自來水有限公司
取水一百磅
WATER TICKET.
Good for one hundred pounds of water.
The Pekin Native City.
Water Works Co., Ltd.
Printed at the "Kin Wo."
京師京華印書局刷印

街市售水时，市民凭购买的水票到水龙头处取水，一个铜元可以购买四张水票，每张水票可以买一挑水，使用期限为一年。

1923年，京师自来水股份有限公司改名为"北京自来水股份有限公司"，1931年更名为"北平自来水股份有限公司"，图为公司旧址。

1908年4月28日，清政府正式批准兴办京师自来水股份有限公司，北京自来水业正式起步，图为"奏办京师自来水有限公司专用章"。

京师自来水股份有限公司东直门水厂办公旧址。

王朝终结

——101 年前的 2 月 12 日

“今全国人民心理多倾向共和，南中各省既倡议于前；北方诸将亦主张于后，人心所向，天命可知，予亦何忍因一姓之尊荣，拂兆民之好恶。用是外观大势，内审舆情，特率皇帝将统治权公之全国，定为共和立宪国体。近慰海内厌乱望治之心，远协古圣天下为公之义……”

1912 年 2 月 12 日，由隆裕太后颁布的这道诏书，结束了清朝入关以来二百六十七年的统治，也终结了秦始皇以来周而复始的王朝轮回。

隆裕太后在下达退位诏书时，伤心地对大臣们说：“予三年中深居宫中，不预外事，一般亲贵，无一事不卖，无一缺不卖，卖来卖去，以致卖却祖宗江山。”说到这里，失声大哭。当天，徐世昌、那桐、绍英、荣庆这些大臣的日记中，都只是简略地记下了这个事实，似乎波澜不惊，平静得出奇。对于这一天的到来，他们早有了心理准备。幼帝溥仪曾经发出一个疑问，为何民国的官员都是如此熟悉啊？连那些王室贵胄都以穿军服、挂指挥刀，担任袁世凯的总统府侍卫为荣。

溥仪的一生中只见过一次袁世凯，那是他作为皇帝的最后几天。年仅六岁的宣统皇帝，对皇朝最后的惊涛骇浪懵懂无感，只留下些许凌乱的记忆。长大以后的溥仪这样回忆和描述当时的情形：有一天，在养心殿的东暖阁里，隆裕太后坐在靠南窗的炕上，用手绢擦眼，面前地上的红毡子垫上跪着一个粗胖的老头子，满脸泪痕。我坐在太后的右边，非常纳闷，不明白两个大人为什么哭。胖老头很响地一边抽缩着鼻子，一边说话，说的什么我全不懂。后来我才知道，这个胖老头就是袁世凯。如果别人没有对我说错的话，那么正是在这次，袁世凯向隆裕太后直

法国杂志发表的袁世凯剪辫子版画。

接提出了退位的问题。

《退位诏书》发布的当晚，袁世凯剪掉了脑后的辫子，一夜之间，由清朝权臣变成了中华民国临时大总统。

辫子被清政府视为国体象征，当年入关时曾强横地要求“留头不留发，留发不留头”，到了辛亥革命风起云涌时，清政府只能在 1911 年 12 月 7 日宣布国民可以“自由去辫”。没等到国民把辫子剪完，这个腐朽的政权已经轰然倒塌。

不过，根据“大清皇帝退位后优待之条件”，皇族成员仍可以“暂居宫禁”，受到“中华民国以待外国君主之礼相待”，也没有被要求改换民国服饰、发型。清帝退位数年后，紫禁城内依旧是辫子世界。

溥仪在《我的前半生》中回忆，从民国二年起，民国政府内务部就几次给内务府来函，请紫禁城协助劝说旗人剪辫，语气都非常和婉，但都没有提及到他和大臣们的头上。内务府用了不少理由去搪塞内务部，甚至辫子可做识别进出宫门的标志也作为一条理由。

最后，第一个在紫禁城内剪掉辫子的恰恰是溥仪。1920年的一天，因为他的“洋帝师”庄士敦告诉他，西方人嘲笑中国人的辫子是“猪尾巴”，溥仪“立刻毫不犹豫地把它剪了，跟谁也没商量”。

有溥仪带头，几天工夫，紫禁城内千把条（除了几个内务府大臣和三位中国师傅的）辫子全不见了。

到了1924年底，溥仪被冯玉祥部队驱离故宫，后潜往天津寓居。中国最后一个封建皇族的历史完结了。

上图：刚刚剪去辫子的溥仪。

下图：法国杂志刊发的1912年北京组照中的一幅。可以看出，虽然清帝已经宣告退位，但北京仍有不少人留着大辫子，身着长袍马褂。

天安门城楼高挂“祝中华民国临时政府成立”的大幅标语。

清帝退位后，北京市民走上街头庆祝。

前门大街悬挂五色旗庆祝共和。

北京市民观看《退位诏书》。

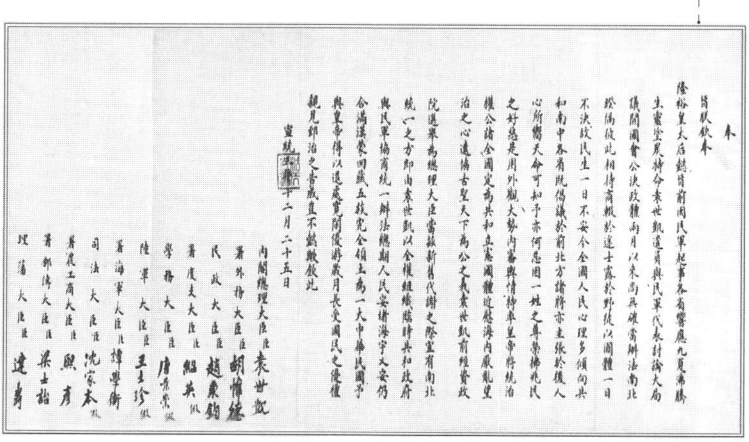

奉
旨朕欽奉
隆裕皇太后懿旨前因民軍起事各省響應九夏沸騰
生靈塗炭特命袁世凱遣員與民軍代表討論大局
議開國會公決政體兩月以來尚無確當辦法南北
睽隔彼此相持商輟於途士露於野徒以國體一日
不決故民生一日不安今全國人民心理多傾向共
和南中各省既倡議於前北方諸將亦主張於後人
心所嚮天命可知予亦何忍因一姓之尊榮拂兆民
之好惡是用外觀大勢內審輿情特率皇帝將統治
權公諸全國定為共和立憲國體近慰海內厭亂望
治之心遠協古聖天下為公之義袁世凱前經資政
院選舉為總理大臣當茲新舊代謝之際宜有南北
統一之方即由袁世凱以全權組織臨時共和政府
與民軍協商統一辦法總期人民安堵海宇乂安仍
合滿漢蒙回藏五族完全領土為一大中華民國予
與皇帝得以退處寬閒優游歲月長受國民之優禮
親見郅治之告成豈不懿歟欽此
宣統三年十二月二十五日
内閣總理大臣臣袁世凱
署外務大臣臣胡惟德
民政大臣臣趙秉鈞
署度支大臣臣紹英 假
學務大臣臣唐景崇 假
陸軍大臣臣王士珍 假
署海軍大臣臣譚學衡
司法大臣臣沈家本 假
署農工商大臣臣熙彥
署郵傳大臣臣梁士詒
理藩大臣臣達壽

宣统《退位诏书》。

从私藏到公展

——中国首个国立博物馆开放记

2012年7月，国家博物馆迎来百年之庆。自古中国只有私家收藏，而无公共博物馆的概念。戊戌变法失败后，康有为游历欧洲。参观了欧洲各国博物馆后，他感慨道：“我国之大，以文明自号数千年，而无一博物院以开民智。欧美人每问吾国博物院事，为赧然面赤，奇耻大辱未有甚于此者。”

民国肇始，为了彰显中国已开始迈入现代国家之列，北洋政府开始着手兴办中国第一座国立博物馆——国立历史博物馆，也就是国家博物馆的前身。

1912年6月，在民国临时政府教育总长蔡元培的倡议下，“国立历史博物馆筹备处”成立。时任社会教育司第二科科长的鲁迅，负责历史博物馆的选址工作。经过实地考察，他相中了曾是国家最高学府的国子监。当年7月9日，国立历史博物馆筹备处在国子监成立。草创期的国立历史博物馆，仅有前国子监衙署一座，共210间房屋，署东北隅附住房304间半。所有文物系接收国子监原有礼器、书版、石刻等共57127件。重要的文物主要有周代彝器，包括召仲簠（fǔ）、康侯鼎、内言卣（yǒu）、素洗、雷纹觚（gū）、牺首罍（léi）、子爵、师望簠、牺尊、雷纹壶等十件。这些文物虽然十分珍贵，但对于一个文明古国的国立博物馆而言，还是显得有些寒酸。于是，国立历史博物馆筹备处成立后，征集和整理文物便成为第一要务。虽然当时经费捉襟见肘，但次年国立历史博物馆筹备处还是购得洛阳出土的汉魏至隋唐时代的屋、灶、车马等铜、石、陶、甲骨等一大批文物。

馆藏文物日渐丰富，国子监的馆址也显得越来越狭窄。1917年，教育部以国子监“地处偏僻，屋舍狭隘”为由，将馆址改设在故宫端门至午门一带的建筑内。次年7月，国

立历史博物馆筹备处迁入新馆址，并在午门城楼及两翼亭楼开辟了陈列室。此时，历史博物馆筹备处所接收的文物，包括孔庙、军机处、清内阁大库的文物和档案。

在北洋军阀你方唱罢我登场的时代，政府对博物馆的发展并不真正关心，以至于国立历史博物馆一筹备就是十四年。这期间，馆藏制度混乱，文物保护失当。八千麻袋珍贵的明清内阁档案像垃圾一样堆在端门的门洞里，谁都可以顺手牵羊。最后馆方竟以害怕失火为由，把它们当废纸卖给了纸铺子。曾参与过历史博物馆筹建的鲁迅在《谈所谓“大内档案”》中感慨：“中国公共的东西，实在不容易保存。如果当局者是外行，他便将东西糟完，倘是内行，他便将东西偷完。而其实也并不单是对于书籍或古董。”

上图：1912年7月9日，国立历史博物馆筹备处在国子监成立。图中门洞深处是国子监中心建筑辟雍殿，门口一位小贩正在等待主顾。

中图：1917年，国立历史博物馆筹备处，将馆址改设在故宫端门至午门一带的建筑内。

下图：国立中央研究院历史博物馆第五陈列室陈列的古代服饰。

1926年10月10日，筹备十四年之久的国立历史博物馆终于面向公众开放。

上世纪30年代，国立中央研究院历史博物馆文物陈列室。

九一八事变之后，为了避免国宝遭受厄运，国立历史博物馆奉命将重要文物装箱南运。图为工作人员在太和门广场上装运文物。

1926 年 10 月 10 日，国立历史博物馆终于正式面向公众开放。最初，馆方规定每周三、周六、周日开放，有十个陈列室供观众参观。开放一个月，总计接待观众达 185714 人次，日平均参观人数达 6404 人次。1929 年 8 月，国立历史博物馆划归中央研究院，自 9 月份起变更开馆日期，每周六、周日开放，周三为特别研究日，以便学术机关、学校团体以及专门学者从容看展览，有充分研究时间。当时历史博物馆参观券面共分四种：一是不定期赠券，二是定期赠券，三是普通参观券，四是半价券。研究人员无论何时，一律免费免券。此后，国立历史博物馆筹办了《古火器展览》《洪承畴遗物及史料展览》《圆明园遗物展》《明代倭寇史料展》等一系列展览，广受观众好评。

1931 年九一八事变后，华北局势日趋危急。为了避免国家珍贵文物遭受损失，历史博物馆的馆藏文物与故宫国宝一起踏上了艰辛的文物南迁之路，直到 1948 年才辗转回到北平。

从皇宫到博物馆

——故宫博物院开放记

2015年10月10日是故宫博物院建院九十周年的大日子。加之一个月前隆重开幕的"石渠宝笈"书画特展，公众对故宫的关注度持续升温。据说，观众要看一眼《清明上河图》的真迹，得在武英殿门口排六个小时的队。此等火爆场面，在故宫博物院建院的历史中，恐怕只有九十年前开放首日，才能媲美。

1925年10月10日，故宫博物院正式成立。皇宫大内突然要对普通老百姓开放，这个消息在当时的轰动程度，恐怕非今人可以想象。

1924年11月5日，溥仪被鹿钟麟轰出了紫禁城。很快，清室善后委员会就开始了对故宫国宝的点查工作。清王朝覆灭后，故宫中的偷盗行为极为猖獗，几乎发展到无人不偷、无物不偷的局面。除了太监们顺手牵羊外，溥仪也多次以赏赐溥杰为名把许多珍玩、字画盗运出宫。这些珍宝的流失，使清查工作极为不易。为保安全，善委会制定了一套《点查清宫物件规则》，《规则》规定点查分组进行，每组由执行部和监视部两批人马组成，监视部人员由军警担任。每个小组每天去哪间宫室点查，都由委员长在前一日制定；每组成员不固定，由当天抽签决定。每组人员排定后，需要在办公处签名，并佩戴徽章，全组一起行动。点查物品时，由一人唱念物品名称、件数、附件和需要记录的细节；一人登记在册；一人根据登记编号写好号签，贴在物品上。遇到特别贵重的物品，必要时还要摄影，乃至用显微镜仔细观察，详细记录，以防止今后有人偷梁换柱。物品点查后，必须摆回原位；无论在何种情况下，都不得把物品带出室外。还有一人专门负责记录全组的点查情况，包括人员是否更换，哪些物品还没有查之类的杂事。这些规定，

故宫博物院门前游人熙熙攘攘，车来车往。神武门门洞上"故宫博物院"五字为李煜瀛于1925年手书，原为木匾，后改为石匾。门前交叉的"青天白日旗"与"青天白日满地红旗"表明该片拍摄于1928年北伐成功至1937年北平沦陷之间。

即便从今天的角度看，也堪称严密。

1925年10月10日，故宫博物院正式成立。开幕式虽然在当天14时才举行，但是早上8时，神武门前就已人头攒动了。那一天，北京城真正可说万人空巷。在汽车还是稀罕物的当时，北京城竟堵车了。故宫博物院元老吴瀛的车堵在半路上，好几次动弹不得。故宫里面，更是人满为患。吴瀛带着家眷堵在坤宁宫东夹道里，排了两个小时队才进去。当天，那志良被安排在外

上图：1929 年故宫博物院接受英国大维德爵士捐款，修缮景阳宫瓷器陈列室。

下图：1933 年，日寇的铁蹄步步紧逼华北，故宫博物院决定将故宫中的国宝运往南方。图为工作人员在太和殿前广场为南迁的古物装箱。

1925年10月10日，故宫博物院成立大会在神武门前举行。故宫门前悬挂着北洋政府时期的国旗——五色旗。

1925年筹建故宫博物院时，工作人员整理内阁大库档案的情形。

1924年11月5日，冯玉祥的国民军将末代皇帝溥仪驱逐出紫禁城。图为瑜、瑨二太妃的箱笼运出神武门。

逊位后的溥仪（右一）、婉容的弟弟润麒（右二）和师傅庄士敦在故宫中合影。

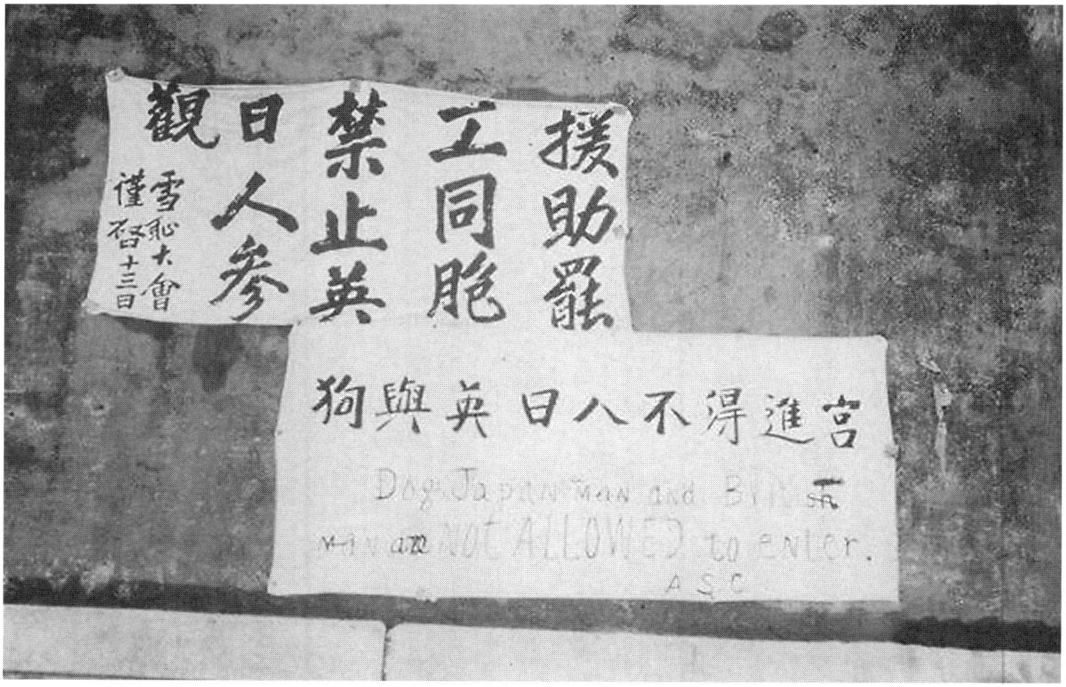

1925年，五卅运动中，为了抗议英日残杀中国同胞，北京市民在故宫的宫墙上贴出“狗与英日人不得进宫”的标语。

东路的养性殿照料。这里陈列的是大婚图、南巡图。精美的画面看得观众都挪不动步了。前面的停住不走，后面的不断涌入，展厅里拥挤不堪。那志良扯着嗓子嚷：“门口的人往外走，让后面松动松动。”可是根本没人理他。他记得，不少观众虽然努力伸脖子想看一看，可什么也没瞧见就被人流给挤出去了。幸运的是这么个挤法，故宫的展厅里居然没出什么意外，只有个把栏杆被挤断。

几百年来，近在咫尺却神秘无比的皇家大内向老百姓敞开了大门，普通人从此有机会看到那些巧夺天工、气势磅礴的宫殿楼阁以及技艺精湛、琳琅满目的书画珍藏。从此，故宫也由皇家禁地正式变身为一家专业的博物院。

香山碧云葬衣冠

坐落在京西香山东麓的碧云寺，始建于元代，距今已近七百年。1925年，中国民主革命先行者孙中山在京逝世，灵柩曾暂厝碧云寺四年。寺内的孙中山先生衣冠冢，至今仍是人们怀念、凭吊之地，也让这座京西古刹闻名于海内外。

孙中山生于广东省香山县，逝后灵柩暂厝北京香山。时人曾有挽联“英灵常耀两香山”，道出了这位伟人与北京的不解之缘。

1924年10月，冯玉祥发动北京政变，电邀孙中山先生北上共谋国是。为了国家能和平统一，孙中山由广州抱病北上，行前发表《北上宣言》，重申反对帝国主义和封建军阀、废除不平等条约、召开国民会议。

然而，疾病与时局的双重打击，缩短了孙中山的人生和革命之路。刚一抵京，孙中山就一病不起，被紧急送往协和医院治疗。

外科专家兼协和医院代理院长刘瑞恒主刀为孙中山进行剖腹探查术，确诊为癌症晚期。一直以来，外界都以为孙中山死于肝癌。2004年海峡两岸学者交流孙中山事迹时，协和医院展示了一份编号为9954、名字为“孙逸仙”的13页报告。这份报告显示，孙中山实死于胆囊炎。

1925年3月12日9时30分，孙中山在北京东城铁狮子胡同5号行辕逝世，终年59岁。

革命先驱孙中山逝世，举国震动。在各派军阀、政治力量争斗不止的时候，如何为孙中山举行葬礼，成了政治角力。

段祺瑞执政府拟定为孙中山实施国葬，但国民党主张党葬，因为“执政府对于中山，实无颁荣典之权，如欲举行国葬，则当由未来之正式政府举行，否则当由国民党举行党葬”。但考虑到“国民方面悼念中山有功于民国，可用国民葬与党葬同时举行”。最终，

悼念挽联挂满了公祭仪式的现场。在众多题赠挽联的人中，既有孙中山从事革命的同志和追随者，也有他生前的政敌、背叛者，如陈炯明、段祺瑞、袁克文等。

因反叛孙中山已失败下野、隐居于香港的陈炯明，发来一副挽联：唯英雄能活人杀人，功首罪魁，自有千秋青史在；与故交曾一战再战，私情公义，全凭一寸赤心知。这幅挽联引起国民党人不满，邵力子将下联的“一战再战”改为“一叛再叛”，“赤心”改成了“黑心”。

段祺瑞没有亲自参加公祭，也送上挽联：共和告成，溯厥本源，首功自来推人世；革命而往，无间终始，大年不假问苍天。此联用辞颇有玄机。段祺瑞一直自诩“再造共和”之功，挽联说孙中山是“共和告成”“首功”，他的“再造共和”也就能与之并列了。

国民党还是回避了“国葬”，而由国民党与段祺瑞执政府分别组织追悼仪式，并议定在南京陵墓修好之前，先在北京停放灵柩。

3月19日，孙中山灵柩由协和医院移至中央公园（今中山公园）社稷坛前殿，从24日起，举行公祭。

从协和医院到中央公园，一路上“几无一片隙地”；东单三条及帅府园的交通完全断绝；王府井也人山人海，前来送葬的北京市民超过十二万人。到处回响着“打倒帝国主义”“打倒军阀”的口号。

上一年，孙中山刚刚确立“联俄、联共、扶助农工”的三大政策，开始第一次国共合作。谁知壮志未酬身先死。此时，中共早期领导人李大钊被推为孙中山举柩的24人之一。为寄托悼念之情，李大钊作了上下各107字的长幅挽联。

孙中山先生祭堂外挂的挽联。

孙中山家属在北京中山公园灵堂守灵。

段祺瑞执政府起初不同意在中央公园社稷坛停灵公祭，经国民党人力争才让步并且应允参加公祭活动。可是到了公祭这一天，执政府临时通知治丧处，推说段因脚肿，不能亲自致祭，派内务总长龚心湛代表。

国民党元老李烈钧在社稷坛前激动地高呼：“死总理吓死了活执政！”台下群情激昂的几千学生和群众为之大哗。等到龚心湛到达时，致祭的人们故意让他难堪，不准走正中路阶，只许沿侧路进入灵堂。龚心湛读完祭文灰溜溜地离去。

据报载，前往中央公园社稷坛拜殿吊唁的团体和个人络绎不绝。仅一周时间，公祭处共收花圈七千余个，挽联五千九百余幅，横条幅五百余件，唁电、唁函不计其数，吊唁签名者达七十四万多人，而那些未留名者更是数不胜数。那时全北京不过两百多万人，如此大规模的祭奠几乎成为全民行动。

1925 年 4 月 2 日，孙中山灵柩移往香山碧云寺金刚宝座塔内安放，直至 1929 年南京中山陵建成。之后，国民政府将其重殓时换下的大礼服等衣物放回原殓之楠木棺中，封入金刚宝座塔内，设立衣冠冢，并立碑纪念，还将做过灵堂的碧云寺普明妙觉殿辟为“总理纪念堂”。

新中国成立后，人民政府重修碧云寺，重新命名“孙中山纪念堂”和“孙中山先生衣冠冢”，以为后人瞻仰。“孙中山纪念堂”匾额为宋庆龄手书。

上图：宋庆龄在碧云寺为孙中山守灵。

下图：1925 年 3 月 19 日，悼念孙中山的人群拥挤在北京协和医院大礼堂前。协和医院是美国洛克菲勒基金投资创建，医院旗杆上悬挂的美国国旗为孙中山降半旗致哀。

1925 年 4 月，孙中山灵柩移入碧云寺金刚宝座塔石券门内安放时的情景。

在碧云寺内设置的祭堂。南京中山陵建成后，国民政府为孙中山移灵。换棺时，遗体上换下来的大礼服、大礼帽放在原盾的西式楠木棺内，封存在石塔中，封入金刚宝座塔内，设立衣冠冢。

1935：大修天坛

1935 年 5 月 11 日的《京报》上刊载着这样一条消息："文整会修天坛昨在圜丘台上行开工礼"。

天坛为明清两代皇帝祭天之所，经历了八国联军的蹂躏，早已破败不堪。1914 年袁世凯复辟时，曾对天坛稍事整饬，由于管理水平有限，修理得非常潦草。上世纪 30 年代，天坛虽然已经辟为公园，但坛内用地被侵占严重，建筑倾圮破败，院落杂草丛生，往日恢宏、庄严的气势荡然无存。此时，刚刚成立的旧都文物整理委员会，将目光集中到了天坛。

旧都文物整理委员会 1935 年 1 月在北平成立，简称文整会。文整会是专门从事古建筑修缮保护及调查研究的政府机构。

经过招标，文整会委托当时在建筑界很有名气的基泰工程司来承担天坛修缮工程的测绘及修缮工作。基泰工程司的掌门人关颂声在美国留学时，与宋子文、宋美龄交往甚密，且有广泛的社会关系。这也是文整会及其事务处委托基泰工程司承担修缮天坛工程的原因之一。

为了保质保量地推动天坛修缮工程的实施，文整会特聘朱启钤、梁思成、刘敦桢、林徽因等古建专家，作为工程的技术顾问，杨廷宝则以基泰工程司总建筑师的身份指导工程实施的全过程。其间，梁思成与林徽因夫妇常常亲临天坛修缮现场。梁林夫妇和古建专家们在祈年殿顶上的留影，也成为人们对那次大修工程最直观的记忆。风华正茂的林徽因面露微笑，心情大好。她曾说，自己是历史上第一个踏上皇帝祭祀天地的祈年殿顶上的女人。

天坛文物修缮工程被分为八个修缮项目，即圜丘坛、皇穹宇、祈年殿及祈谷坛台面、祈年门、祈年殿东西庑及其围墙、南砖门及成贞门、皇乾殿和外坛西墙，耗资达

1935 年 5 月 9 日，天坛圜丘坛开工，许多古建筑专家亲临现场。

1935 年 5 月 9 日，天坛圜丘坛开工，许多古建筑专家亲临现场。

1935年，搭满脚手架的祈年殿。

海墁拆除工地。

七十七万元（法币）。

在修缮圜丘坛时，施工人员将地坪翻开，剔除杂草与树根，重做了三合土基础，并将残损石块换掉，找出排水坡度，使整个圜丘坛的3034块石面平整密缝。皇穹宇虽然在清乾隆十七年(1752年)重修过，但效果不佳。工作人员对梁柱、墙面等原有装饰进行了彩绘，将柱子沥粉贴金，墙面花边纹样照原样补齐。同时，皇穹宇前的三阙门和圆形围墙、琉璃、砖瓦等也一一精确磨制对缝。遗憾的是，1934年被大风吹折的望灯杆，因木料稀缺，未能修复。

清光绪十五年（1889年），祈年殿曾焚毁于雷火，此后清政府虽用了七年时间重修，但未能完成。此次修缮，施工人员从地面到宝顶搭起脚手架，先将屋面全部卸下，修整三层外檐。宝顶用铜皮焊成，磨光镏金，套在雷公柱外，修理时工人钻入宝顶，两人在内操作，把歪斜的雷公柱修正，使宝顶端正地落在由大块琉璃砖拼成的须弥座上。殿匾额经当时市政府同意，仅留下了“祈年殿”三个汉字，略去了满文。此外，祈年门、东西配殿（木料均系楠木）和宰牲亭等建筑也修缮一新。

上图：古建筑专家在祈年殿屋顶上工作。

下图：望灯杆始建于明嘉靖九年（1530年），最初仅有一座，明崇祯年间增至三座。1914年袁世凯祭天时拆掉了南北两座望灯杆，只留下中间一座。1934年仅存的一座被大风吹折。图为望灯杆未被吹折时的情形。

祈年殿修缮完工后，参与人员拍摄纪念照。

1936年10月，当天坛修缮完工验收时，所有参与人员在祈年殿前留下合影，无不喜笑颜开。

失落的狂欢

1918年11月11日，德国宣布投降，第一次世界大战以协约国的胜利而告终。当日，一纸停战电报传到北京，全城沸腾。

在前一年8月，中国政府提出要对德奥宣战，但由于国会解散，宣战案一直没有正式通过。直到战争结束前六天，宣战案总算获得参众两院通过，中国在最后一刻搭上了成为战胜国的末班车。未发一兵，而成为了战胜国的一员，新任大总统徐世昌很满意。11月16日，他在《政府公报》中称：“我协商国士兵人民，不惮躬冒艰险，卒以公理战胜强权而获此最后之胜利。吾国力排众难，加入战团，与兹盛举，是堪欣幸。”得知消息的北京市民也激动万分。经历了半个多世纪的屈辱，中国终于站在了战胜国的队伍里。

11月13日，中华门前搭起彩牌楼，午门、太和门前悬挂起巨幅五色旗。当天上午，外交总长陆徵祥、参议院院长梁士诒，以及辞职不久的段祺瑞与各国公使前往北京西什库教堂参加庆祝活动。

11月14日至16日全市学校放假三天。14日，北京大中小学校三万多名学生在天安门前集会。一向矜持的北大校长蔡元培激动地发表演说：“协约国占了胜利，定要把国际间一切不平等的黑暗主义都消灭了，用光明主义来代它。”学生们群情激昂，大会在“中华民国万岁”“协商国万岁”“世界和平万岁”的欢呼声中结束。

接下来的几天，北京城的欢乐气氛达到顶峰。就连一向不讲究文采的陈独秀也撰文称，那几日的北京“旌旗满街，电彩照耀，鼓乐喧阗，好不热闹。东交民巷以及天安门左近，游人拥挤不堪。”

在法华教育会李石曾等人的建议下，北洋政府决定，拆除为纪念庚子时被杀的德国公使克林德而建的克林德碑，改建为“公理战胜”

1918年11月13日，北京青年学生、童子军和基督教青年会组织了庆祝游行。他们举着"公理战胜""世界大同"等标语经过长安街、东单一带，沿途观者甚众。

1918年，11月13日，北洋政府外交总长陆徵祥、参议院院长梁士诒等人与各国公使来到西什库教堂，参加庆祝一战胜利的活动。

1918年11月28日，为了庆祝一战胜利，北洋政府在紫禁城太和殿前广场举行了盛大的阅兵仪式。参加阅兵的有各战胜国驻华军队，太和殿前广场周围各国国旗迎风飘舞，一派欢腾景象。

碑，并由东单迁移至中央公园（今中山公园）。借此机会，北大师生又在中央公园举行了演讲会。

11月28日，恰逢西方感恩节。北洋政府在太和殿前广场举行了盛大的阅兵仪式。首先入场的是战胜国驻华军队方阵。不久，大总统徐世昌在战胜国公使团的簇拥下，穿过太和门，进入太和殿前广场。在军乐队的伴奏下，一行人登上丹陛，来到太和殿前。徐世昌发表了演说，并脱下礼帽向参阅官兵致意。此时，会场气氛被推至高潮。

连日来的欢庆气氛使所有中国人都认为，随着德国的战败，被德国抢占的胶东半岛马上就要回归祖国了。可在强权时代，“公理”只是一个美丽的谎言，弱国无外交才是赤裸裸的现实。在次年召开的巴黎和会上，德国在山东的权益被拱手转给了日本。

消息传到北京，愤怒的学生们和市民走上街头。对后世中国影响至为深远的五四运动由此拉开了序幕。

一组军乐队队伍通过长安街。

大总统徐世昌在
阅兵仪式上发表演说。

参加游行的军队打着五色旗通过长安街。

游行队伍中还有女性身影。

克林德碑前世今生

在中山公园南门,有一座高大的石碑坊,上书“保卫和平”四个大字。这座“保卫和平”坊是中山公园的标志性建筑。不过,这座石碑坊始建时叫“克林德碑”,坐落在东四南大街西总布胡同西口。当年,京城老百姓们对这个名字都很“硌硬”,所以大家都叫它“石头牌坊”。它是为了纪念被打死的德国公使克林德而建的。

1900年6月,义和团已经把北京东交民巷使馆区包围了。使馆区的各国大使们乱了营。6月19日,各国使节接到清政府的照会,“限二十四点钟内各国一切人等均需离京”。可是没人保护,洋人们根本不敢踏出东交民巷半步。于是,各国公使向清廷提出,延缓离京日期。到了20日上午9点半,清政府还没有答复,暴脾气的德国公使克林德决定自己和翻译去总理衙门讨说法。各国公使眼看着克林德和翻译坐着两顶礼轿出了东交民

德国公使克林德。

1903 年 1 月 18 日，清朝官员及八国联军在东单路口为克林德碑举行落成典礼，清政府命醇亲王载沣前往致祭。

巷。看外面的形势，大家都替他们捏把汗。

轿子走到东四南大街西总布胡同西口，正好碰上了巡逻至此的清军神机营队长恩海。

恩海到底是怎么打死克林德的？一百多年来史学界始终莫衷一是。在中国流传最广的一个版本是恩海开始让克林德一行停下，可克林德却从轿子里开了枪。出于自卫，恩海将克林德击毙。与克林德同行的翻译侥幸活着跑回了东交民巷。

克林德被杀后，京城形势更加紧张。没过多久，八国联军就从天津杀到了北京城。不到三个月，恩海被捕，并在克林德身亡处被斩首。

恩海虽然死了，但事情还不算完。正如德国弗赖堡大学学者柏恩德·马丁所说：“不管怎样，克林德遇刺初始并不带任何政治色彩，随后德国政府将它渲染为政治事件。”占领北京城后，德国政府利用克林德被杀的事，向清政府不断施压。已经惶惶不可终日的清政府向德国递交国

一战胜利以后，北京市民拆毁了耻辱的象征——克林德碑。

书，表示对克林德之死“弥深惋惜”，希望德国政府“尽捐嫌隙”，“和局早日定议”。

《辛丑条约》第一条就是让清政府为“克大臣”在其遇难处建立牌坊一座，并让醇亲王载沣亲赴德国为此事“代表大清国大皇帝暨国家惋惜之意”。光绪二十七年五月初十（1901 年 6 月 25 日），克林德碑动工修建，经过一年零七个月后竣工。整座碑坊采用中国传统的四柱三间七楼式的牌坊形制，宽约 4.7 丈，高约 2 丈，东西横跨繁华的东单北大街。当时碑坊上面还用拉丁、德、汉三种文字，刻书着以光绪皇帝名义颁布的“惋惜凶事之旨”。在铭文中，光绪要求看到此碑的人都要“睹物思人”，然而当时每个走过石牌坊的中国人都抬不起头来，心中只有愤怒和耻辱。

1918 年 11 月 11 日，一战结束，德国成了战败国，中国成了战胜国中的一员。消息传来，

克林德碑被拆成废墟。

北京上下一片欢腾，中国人可算扬眉吐气了一回。第二年，被视为国耻的克林德碑被拆除，移至中央公园（今中山公园）。当时，协约国战后的宣传口号是“公理战胜，强权失败”，石碑坊遂被改名为“公理战胜坊”。

1953年，亚洲及太平洋区域和平会议在北京举行，为了表达与会国家广大人民反对侵略战争、保卫世界和平的愿望，大会决定将“公理战胜坊”改称为“保卫和平坊”。

1920年4月，正在修建中的公理战胜坊搭满脚手架。

1918，年德国在一战中战败，克林德碑被拆毁。1919年，协约国方面出面，要求德国将牌坊修好，移至中央公园（今中山公园），并改名为"公理战胜坊"，形制上由七楼改成三楼。图为雪中的公理战胜坊。

激战古北口

古北口有“燕京门户”之称，自古便是兵家必争之地。

1933年3月5日，日军进攻古北口，平津等地各界纷纷电请国民政府对日宣战。蒋介石面对日军全面进攻的压力，制定“一面抵抗、一面交涉”的方针，命令驻华北的东北军、西北军、晋绥军各部坚守长城各关口，同时派徐庭瑶率领中央军第十七军开赴古北口，支援前线抗战。

王以哲、关麟征率领的东北军第六十七军和徐庭瑶统帅的中央军第十七军与日本关东军自3月5日至5月19日，在古北口、南天门、石匣一带，持续激战两个多月。

凭借垛口和枪眼，守军从长城上伸出一支支长枪，指向来犯的侵略者。第十七军等部队架起了大炮、高射炮，对日本猛烈开火。中外记者发表了第十七军马队奔赴古北口抗日前线和第十七军军长徐庭瑶在古北口前线察看的新闻照片。在兵力和装备都不占优势的情况下，中国军队毙伤日军不少于五千人，而第六十七军和第十七军累计伤亡也高达万人。

古北口抗战得到全国人民的支持。中国红十字会华北救护委员会的救护车开上前线，红十字会医疗队员为中方伤员包扎伤口，把伤兵由密云转运北平后方医院。北平学生组织抗日救国会，在战区设立抗日后援会，为古北口等战场送去救援物资。

由于装备落后，中国军队在日军连日飞机和重炮的狂轰滥炸下伤亡惨重。3月11日，日军向守军阵地发起总攻，第十七军二十五师在无防空炮火的境况下殊死抵抗。作战中，第二十五师电话机和无线电报机均被敌机炸毁，与前后方失去联系，后援不继，将军楼、南天门相继失守。4月20日，日军在汉奸的带领下，夜袭南天门左翼的险要阵地八道楼

严阵以待的第十七军炮兵。

第十七军军长徐庭瑶（前）在古北口前线。

子，守军死伤惨重，八道楼子失陷，战况由此急转直下。之后，日军夜以继日地发动猛烈进攻，致使古北口各阵地被严重摧毁。守军浴血奋战数十日，最终国民政府于 5 月 15 日命令放弃对日军进攻的抵抗，守卫古北口方面的军队撤离密云。19 日，日军占领密云县城。

日军在战事期间滥杀无辜百姓，“其中日军血洗古北口潮河关，全村 409 间房被烧毁 360 间，仅 80 户人家被杀害 83 人”。古北口战役，是当时长城抗战作战时间最长、战斗最为激烈的战役，也因此被称为“激战中之激战”。

第六十七军和第十七军的爱国官兵在生死攸关的时刻，对日军进行殊死抵抗，以鲜血和生命捍卫了民族尊严。

上图：奔赴古北口抗日前线的第十七军马队。

下图：枪口瞄准侵略者。

日军的飞机栽下来了。

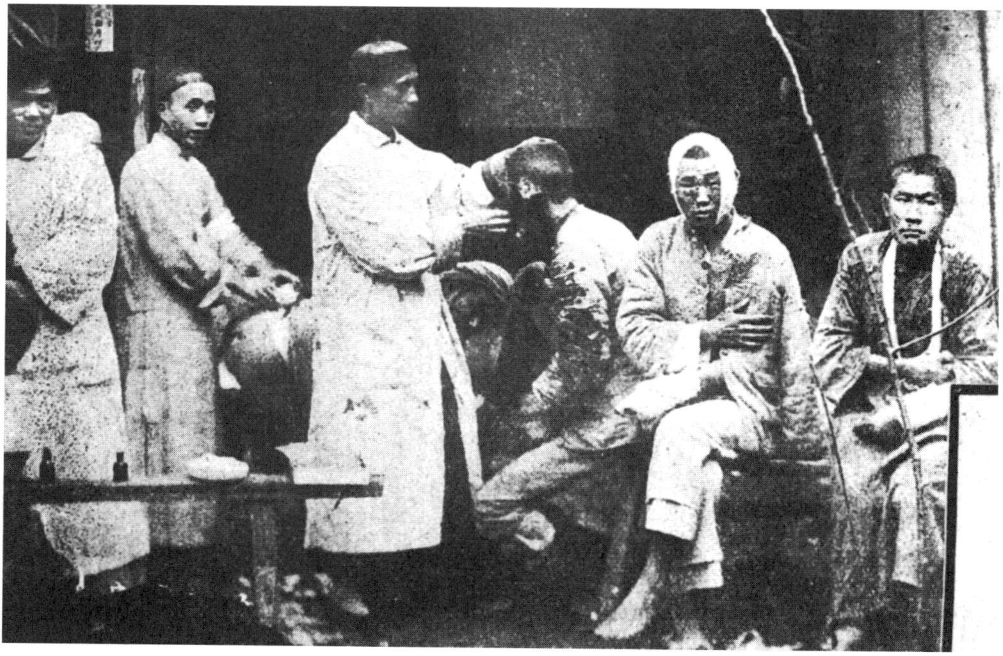

红十字会医疗队员救护中方伤员。

侵略者伤亡惨重，在举行招魂仪式。

日寇在密云胡作非为，日本兵在老百姓的饮水缸里洗澡。

烽火"一二·九"

"华北之大，已经安放不下一张平静的书桌了！"1935年12月8日，清华大学地下党支部书记蒋南翔草拟《告全国民众书》时，发出了这一振聋发聩的怒吼。

日本侵占东北之后，又企图继续吞并华北，把华北建成第二个伪"满洲国"。面对侵略者的步步紧逼，国民政府不仅坚持"不抵抗"的对外政策，还积极筹备"冀察政务委员会"来回应日本的"华北五省自治运动"。在这一民族危亡的关头，12月8日，北平学联联合各大中学，召开代表大会。会议决定，12月9日10时各校学生在天安门广场集合，到当时国民党华北最高当局的办公地新华门前，向国民政府代表何应钦请愿，呼吁停止内战，共赴国难，团结全国各界民众共同抗日。

1935年12月由汉奸殷汝耕等人成立的"冀东防共自治委员会"是日本扶持成立的傀儡政权之一。图为汉奸们在委员会衙门门前合影。

9日拂晓，寒风凛冽，城门紧闭。军警严防死守，包围了准备参加请愿的所有学校。见此情景，各校学

1935年12月9日，北平爱国学生走上街头要求国民政府抗日。

生沸腾起来。清华大学和燕京大学的学生，被关闭在西直门外，无法进城与其他学校的学生会合，只好在西直门一带进行抗日宣传。东北大学、中国大学、北平师范大学等学校的学生，冲出军警的重重围堵，举着大旗和标语，潮水般地涌向街头。

为了避开军警的封锁线，爱国学生从北沟沿转到西四北大街。据当时东北大学的学生代表宋黎回忆："当我们走到西四牌楼前，二三百名武装军警横拦着，堵住了去路。同学们怒气冲天，紧挽手臂，迎着耀武扬威的军警，迈着坚定的步伐向前走去。张牙舞爪的军警，挥起棍棒，抡起大刀，向同学们袭击。"

军警虽然打伤了数名爱国青年，但无法阻止学生们前进的步伐。同学们终于来到新华门前，此时请愿队伍达到了两千多人。满腔热血的爱国青年在广场上高呼"反对华北自治""收复东北失地"等口号，但新华门始终紧闭，何应钦避而不见。

请愿失败后，北平学联代表紧急决定游行示威。义愤填膺的爱国青年，从新华门出发，沿着西长安街经西单、西四牌楼、沙滩、王府井大街游行，最后来到天安门广场。一路上，不时有爱国学生冲出军警包围，加入到游行行列中。"沿途两侧的工人、教师、家庭主妇和商人不断鼓掌喝彩，表示支持。人们争相阅读游行队伍散发的传单。"11时，游行队伍已扩大到四五千人。

"打倒日本帝国主义！""停止内战，一致对外！""武装保卫华北！"口号声此起彼伏，爱国学生们浩浩荡荡地涌向天安门广场。宋黎回忆，队伍走到王府井南口，救火车横列在街口做防御工事，两旁人行道上站满了手持水龙、大刀、木棍的军警。当游行队伍向前挺进时，"肆行

爱国学生与军警争夺水龙。

无忌的军警，突然用水龙头对着人群扫射起来，水柱像一条条毒蛇窜到同学们脸上、身上”。同学们与军警展开搏斗，有数十人被当场逮捕。最终，在国民政府的镇压下，游行队伍被迫冲散。

“一二·九”运动抗日救亡的呼声，迅速传遍了国内外。北平学生的爱国行为推动了全国各地的学生运动，同时也得到了社会各界爱国人士的支持。美国记者埃德加·斯诺是“一二·九”运动的见证者之一。他在《我在旧中国十三年》一书中写道：“中国正在苏醒过来。在几天的时间里，青年团体在天津、上海、汉口、广州等所有大城市，像雨后春笋般产生，游行示威开始席卷全国。”“一二·九”运动，成为全国各阶层人民共同抗日的新起点。

“一二·九”运动领导人之一黄敬登上电车发表演说。

邹韬奋主编的《大众生活》，第一卷封面上是手持话筒、正在激情演说的清华大学女生陆璀。照片记录了被阻拦在西直门外的清华、燕京等大学学生就地宣传抗日救亡运动的情景。当时年仅二十一岁的陆璀，在民族危亡时刻当众演讲，已成为"一二·九"运动的一种象征，被美国记者称为"中国的贞德"。

清华大学女学生陆璀（持话筒者）向被阻于西直门外的燕京、清华等校抗日救国示威游行学生进行抗日宣传。

战云密布

——外国记者镜头中的七七事变

1937 年 7 月 7 日夜，日本驻北平特务机关长松井太久郎致电冀察政务委员会外交委员会，诡称一名日军在卢沟桥演习时失踪，要求进入宛平城搜索。遭到拒绝后，日军向卢沟桥一带的中国军队发起攻击，并炮轰宛平县城。中国守军第二十九军奋起抗战，震惊中外的七七事变爆发，中华民族全面抗战的序幕由此拉开。

尽管当时中国的政治、经济中心在南京、上海一带，但作为故都的北平，仍是西方国家与中国进行外交、贸易和文化往来的枢纽。大批的外国侨民长年居住于北平，有的甚至两代以上。因此北平的任何风吹草动，西方媒体都会立刻给予大篇幅的报道。英国《伦敦新闻画报》（The Illustrated London News）、法国《画报》（L'Iustration Journal Universel）、《世界画报》（Le Monde Illustre）、美国《生活》杂志（Life）、意大利《星期日信使》等主流国际画刊，经常从北平发出图文报道。七七事变爆发时，在北平的西方媒体记者对于北平战事高度关注。通过这些外国记者的报道，我们看到了七七事变前后，战云密布的北平。中国军民抗击侵略的照片，被多家西方媒体当作封面。

值得关注的是，此时的德国尚未与日本、意大利结为“轴心国”；基于微妙的国际政治，纳粹政府与国民政府关系良好。七七事变后，德国媒体几乎都从中国人的角度进行了报道。1937年8月5日，德国《柏林画报》做了关于“卢沟桥事变”的大幅报道，德国记者在北平拍摄的照片十分罕见。宛平城上背着大刀的中国守军，远处依稀可见京汉线铁路桥，北平街道上的防御工事以及擦汗的传信兵，不仅反映了局势的紧张，也表现了中国军人抗敌的英勇。

8 月 7 日，英国《伦敦新闻画报》批评国民政府未能坚守北平，尽管中国政府声称

东北人组成慰劳团，敦促政府保卫北平。刊于1937年8月7日英国《伦敦新闻画报》。

身背大刀的第二十九军骑兵队在巡逻。刊于1937年8月7日英国《伦敦新闻画报》，报道题为：中日在北中国的冲突和北平的防御。

北平城街道上堆起了防御工事。刊于1937年8月7日英国《伦敦新闻画报》。

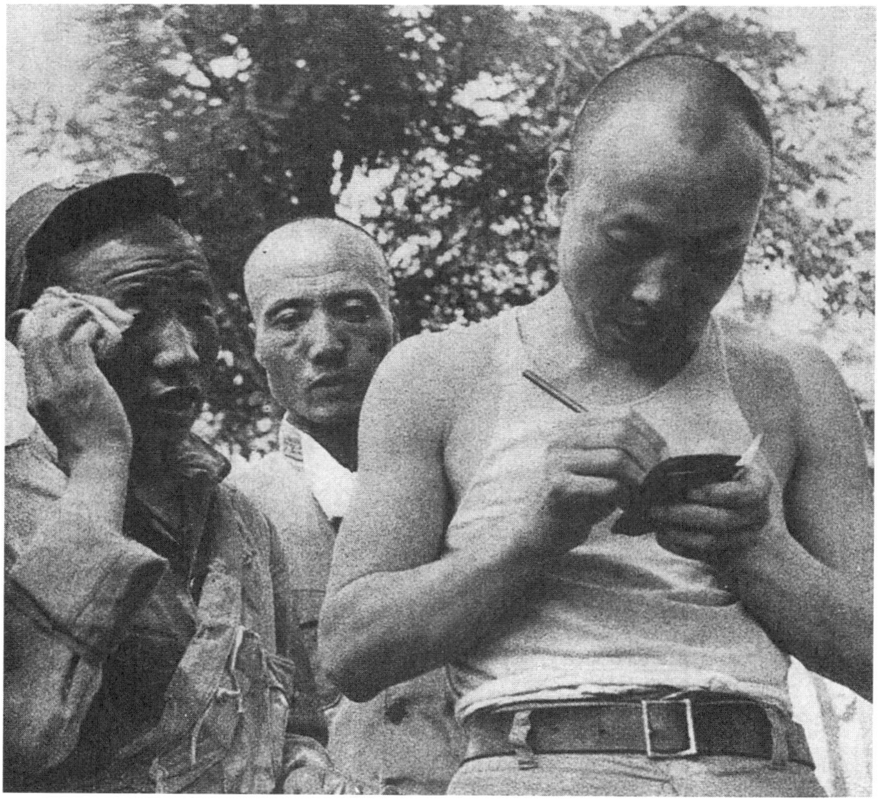

传信兵（擦汗者）为长官传递情报。刊载于1937年8月5日的德国《柏林画报》。

第二十九军大刀队士兵在战壕中准备拼杀。年轻的脸庞、视死如归的表情和闪亮的大刀，把中国人的抗日决心传递给欧洲读者。刊于 1937 年 8 月 27 日法国《世界之镜》杂志的封面。

为了保护北平古迹，避免在城区内与日军交战才撤退，但英国记者仍为北平落入日军之手叫屈。

此外，一张第二十九军大刀队士兵在战壕中准备冲锋拼杀的照片，登上了 1937 年 8 月 27 日法国《世界之镜》（Miroir du Monde）杂志的封面。年轻的脸庞，视死如归的神情以及闪亮的大刀，传递了中国人抗战的决心。这样的封面照片在欧洲引起了强大的心理冲击，使得欧洲人普遍对中国人抱以同情和敬佩之心。

驻守北平的第二十九军战士肩上背着机枪子弹袋，挂着传统的中国大刀。刊于 1937 年 8 月 28 日英国《伦敦新闻画报》。

平西抗日

1938 年 3 月，八路军邓华支队挺进平西斋堂，冀热察挺进军创建了平西抗日根据地。平西抗日根据地是晋察冀抗日根据地的重要组成部分，包括当时宛平（今北京市丰台区、石景山区、门头沟区各一部）、房山、涞水大部，昌平、良乡（今北京市房山区良乡镇及其附近）、涿鹿、涿县（今涿州市）、蔚县、宣化、怀来等县一部，一千一百余村，人口约三十万。

1942 年日军在华北地区开展第五次"强化治安运动"，在抗日根据地边缘地带制造无人区，企图割断民众与八路军的联系。王家山村位于斋堂以北的北山上，有四十余户。日伪军进入斋堂后，王家山村村民坚持斗争。1942 年 12 月 12 日近黎明时分，驻斋堂日军头目赖野及汉奸带领日伪军五十余人包围王家山村，村中青壮年退进深山，老弱妇孺陷入包围。赖野下令放火烧村，使四十二名无辜群众葬身火海。王家山惨案震惊了平西抗日根据地。

平西抗日根据地大部为山地，地势险峻，沟壑纵横，直接威胁日伪在华北的统治中心北平，紧扼日军北上、南下、西进的交通要道，战略地位十分重要。抗日战争时期，平西抗日根据地军民针对日伪军开展了有效的斗争，成为插在华北敌后的一把尖刀。抗日战争结束时，平西抗日根据地辖昌宛、宛平、房山、良乡、涞水、涿鹿六县，境内除良乡、房山、涿县等平汉铁路沿线城镇外，大部分地区成为解放区。

平西情报联络站是中共中央北方分局（后改称晋察冀分局、晋察冀中央局）社会部建立最早的大站，担负联系平津及东北情报组织的重要任务。平西站的活动地区包括房山、涞水、涿县、妙峰山、保定、满城，是根据地通往敌占区大城市的主要通道。1939 年 8 月，党组织先派史光到平西及保定、满城地

八路军挺进斋堂。

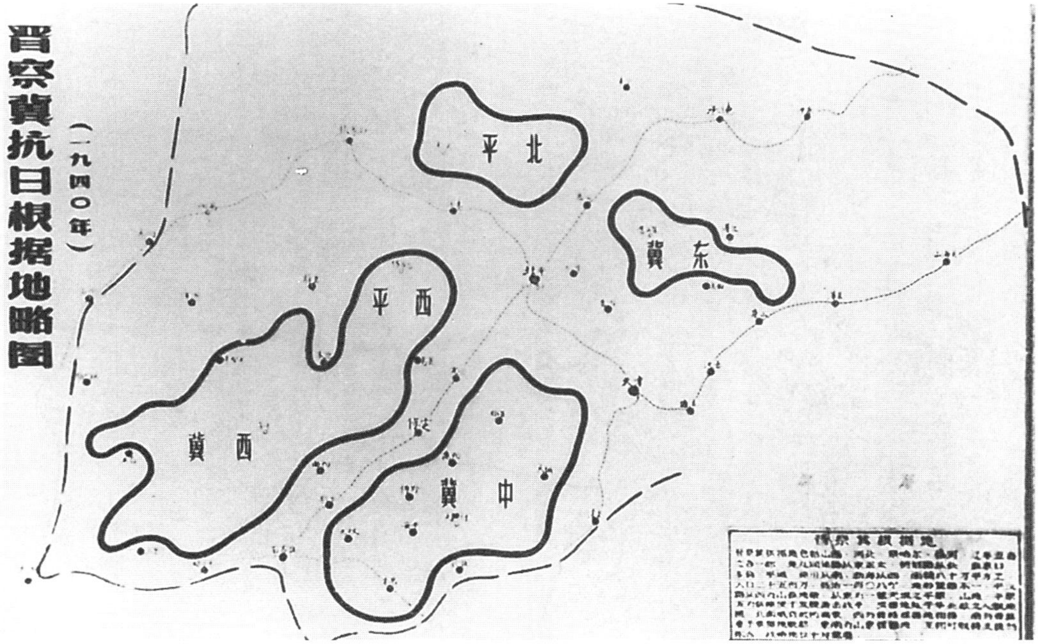

平西、平北、冀东抗日根据地示意图。

门头沟区王家山惨案遗址。

八路军攻占香山碧云寺。

八路军冀热察挺进军在斋堂镇整军，司令员兼政委萧克讲话。

在西斋堂附近，冀热察挺进军正在伏击敌人。

1942 年，平西情报站派往北平潜伏的王文、王凤岐夫妇“一家”的合影。

平西情报交通联络站武装交通员在香山碧云寺合影。

区建立秘密交通线，1940 年又派孙闻东到满城建立交通站。1941 年初，北方分局社会部负责人许建国派王友（钟子云）带一部电台赴平西地区正式建立平西情报交通联络站，站址选在河北涞水县计鹿村，王友任第一任站长，李才任副站长（为在北平建立秘密电台，不久即进入北平活动）。

平西情报联络站设有专用电台，直接与边区社会部及延安通报。该站不仅担负交通通讯联络，并有指导敌区情报组织的任务。具体包括：负责接送出入北平、天津、保定及东北的情报人员；传递情报资料；负责寻找东北抗联的工作；物色人才进行派遣工作；负责指导平津及东北情报工作；为晋察冀军区代购、代运军需物资等。

平西情报交通联络站经历抗日战争和解放战争两个时期，一直工作到 1949 年初北平和平解放。近十年的时间里，先后有近一百人在这里工作，其中为革命牺牲的有十人。平西情报交通联络站工作人员大致分为情报工作干部、武装交通人员、电台通讯人员、秘密交通人员和外国秘密联络人员等。

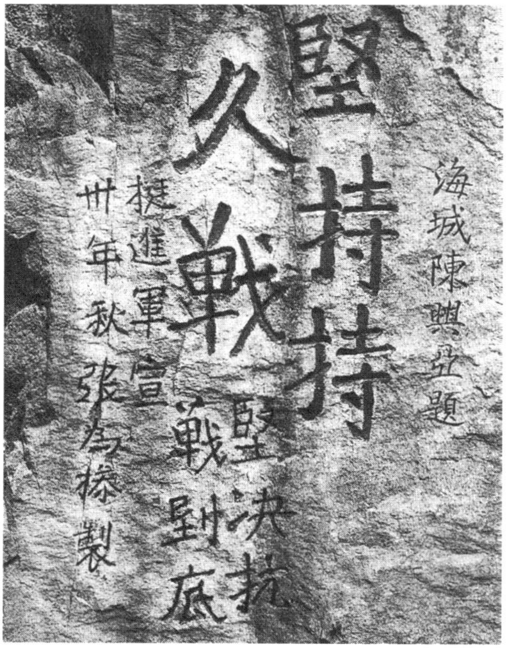

妙峰山摩崖石刻。

昌宛联合县抗日民主政府县长焦若愚。

儿童团员正
在埋地雷。

三进平北创建根据地

1938 年 6 月，宋时轮、邓华率领的八路军第四纵队挺进冀东时途经平北，连克昌平、赤城等县城，并留下第三十六大队和骑兵大队开展抗日游击斗争，一度建立昌（平）滦（平）密（云）抗日联合县政府。因力量悬殊，三个月后游击队伍和县政府被迫撤离。

1939 年春，八路军冀热察挺进军第三十四大队进入平北十三陵地区开辟根据地，因力量薄弱难以立足，一个月后又被迫撤回平西。1939 年 11 月，中共冀热察区委员会和冀热察挺进军军政委员会提出“三位一体”的战略部署，即“巩固平西，坚持冀东，开辟平北”，采取先以小部队渗透、后大部队跟进的方式，开辟平北抗日根据地。

1940 年 4 月，八路军冀热察挺进军第十团挺进平北，与地方武装一起创建抗日民主政权，先后创建六片小块游击根据地。1941 年春，小块游击根据地连接扩大为大块游击

1938 年夏，八路军宋时轮、邓华支队穿越平北，挥师冀东。

1937 年 11 月，八路军晋察冀军区和“国民抗日军”的部分领导人合影。左起：熊伯涛、高鹏、杨成武、赵侗、邓华、汪之力。

根据地，开辟平北的战略目标基本完成。

平北抗日根据地位于平绥（北平—包头）铁路以北，平古（北平—古北口）铁路以西，处于北平、张家口、承德间的三角地带，犹如一把钢刀插在日伪当局的心脏。1941 年后，日伪当局为了确保华北占领区的“治安”，对平北地区进行频繁、残酷的“扫荡”“清剿”，大规模“集家并村”，设置“人圈”，制造“无人区”，企图使抗日军民无法立足。平北根据地军民进行了针锋相对的斗争。1941 年粉碎日伪军三次较大“扫荡”，1942 年粉碎日伪军四次大“扫荡”。1943 年粉碎日伪军的“毁灭扫荡”。至抗日战争结束时，平北大部地区已获解放，辖有昌平、怀（柔）顺（义）、滦平、丰宁、丰滦密、龙关、延庆、宣怀、崇礼和赤城十个县（或联合县）。

平北抗日根据地地处伪华北自治政府、伪满洲国、伪蒙疆联合自治政府的结合部，包括昌平、延庆、密云、怀柔、怀来、顺义、龙关（今赤城县龙关镇及其附近）、宣化、赤城、崇礼、丰宁（今丰宁满族自治县）、滦平、张北、沽源、康保等县全部或一部，总面积约 2.5 万平方公里，是晋察冀抗日根据地的重要组成部分，是连接平西抗日根据地和冀东抗日根据地的桥梁，其战略地位非常重要。抗战期间，它是坚持热察、挺进东北的支撑点和交通要道，与平西、冀东根据地互为犄角，威胁北平，共同为晋察冀抗日根据地的北岳区、冀中区和平西区的巩固与发展创造了有利条件。

1940 年让日寇闻风丧胆的“小白龙”——冀热察挺进军第十团团长白乙化在密云冯家峪。

1944年，丰滦密抗日联合县政府为白乙化烈士立碑，战友们凭吊白乙化团长。

日伪军在平北"集家并村"后建立的"人圈"。

1945 年 8 月 23 日，八路军收复张家口。

八路军晋察冀五支队副司令员高鹏在阵地上。

平北抗日根据地的地方干部在日伪军制造的“无人区”里坚持工作。

为八路军修理枪械的张荣全和他的修枪工具。

八路军攻克昌平景陵据点，教育后给伪军发放路费遣返。

冀东抗战

抗战时期，北平以东称冀东，以雾灵山为中心，包括南起乐亭、宁河海滨，北至兴隆、青龙，东至迁安，西到平谷、顺义、通县、蓟县的广大地区。这里北据燕山，南临渤海，西扼平津，东出山海关，是沟通华北与东北的战略要地。

1937年七七事变后，毛泽东将目光投向冀东地区，提出在此创建抗日根据地，并决定派八路军一部到雾灵山地区开展游击战争。1938年5月，八路军第四纵队在司令员宋时轮、政委邓华的带领下，出平西，经平北，向冀东挺进。7月上旬，冀东大暴动，参加民众多达二十万人，组成抗日武装十万人，打出了冀东抗日联军的旗帜。在四纵配合下，各起义队伍攻克蓟县、平谷、兴隆、玉田等八座县城，遍及冀东农村的日、伪政权基本被摧毁。

在日军准备大举“围剿”的形势下，9月中旬，起义部队主力撤到平西整训，沿途连遭日、伪军截击，吃穿供应困难，西撤部队遭受严重挫折。留在冀东的三个八路军支队及西撤受阻返回冀东的李运昌、李楚离领导的两支抗日联军，在极其困难的条件下，坚持同日、伪军斗争。

1939年2月，八路军冀热察挺进军司令员萧克提出“巩固平西、坚持冀东、开辟平北”的“三位一体”战略任务。10月，冀东丰（润）滦（县）迁（安）抗日联合县政府成立。同时，游击武装力量也逐步壮大。但日、伪军“扫荡”日益频繁，制造了以潘家峪大屠杀为代表的一系列惨案。

面对凶残的敌人，冀东抗日军民紧密团结，游击根据地不断扩大。特别是1941年底至1942年2月初的打伪治安军战役，歼灭加上政治瓦解使伪治安军损失六七个团，毙日军田口中佐大队长以下约五百人。日军华北

参加过1938年7月冀东大暴动的部分八路军战士。

1942年端午节，冀东八路军战士在喜峰口向日军扫射。

为八路军运送武器的小民兵。

1942年，在塞外野炊的八路军。

方面军司令冈村宁次惊呼：“对冀东应有再认识”。为彻底摧毁冀东山区根据地，日军在长城南侧制造大面积的“无人区”。许多干部、民兵、群众，钻山洞、住窝棚，坚守在“无人区”。1943年春节前，仅有十人的盘山民兵班被强敌包围，丁福顺义正词严地说：“我们头顶上是中国的天，脚踩的是中国的地，盘山是我们的抗日根据地，要用生命来保卫。”1944年9月冀东行署十四分区授予他们“以丁福顺为首坚持盘山的英雄民兵班”称号。

经过冀东八路军、游击队艰苦卓绝的斗争，冀东根据地不断壮大，1945年抗战胜利后，冀东根据地成为八路军挺进东北的前进基地。

1945年9月，八路军向蓟县县城中拒绝向八路军投降的日军发起进攻。

八路军冀东军分区政治部宣传科长、著名摄影记者雷烨与抗敌剧社小演员田华（后来的表演艺术家）。

战斗在冀东长城上的八路军。

冀东抗日大暴动后，八路军和游击队依靠抗日群众支援，坚持游击战争，创建盘山抗日根据地。

汽车开进北京城

以前人们总说美国是车轮上的国家，而现在，北京也已经成为一座车轮上的城市了。在一百多年前，当第一辆汽车开进北京城时，北京人恐怕万万不会想到，这个不用马拉就能跑的车，有一天会占领北京城。

北京城的第一辆汽车是袁世凯献给慈禧太后的。今天，参观颐和园德和园时，您仍能看到这辆老爷车。据《北京志·颐和园志》记载："1976 年，德国奔驰汽车公司的三位工程师来到颐和园，看到这辆车，确认为是 1899 年该公司生产的第二代奔驰。"然而，这一说法历来存在许多争议。从 1945 年驻华美军参观颐和园时拍摄的照片来看，这辆车当年在展出时官方提供的说明牌上写着："前清光绪二十九年两广总督德寿呈进"。据车身两侧脚踏板上的文字判断，这辆车应为美国产的"图利亚"（Duryea）。根据笔者搜集的资料看，它应该是图利亚公司 1902 年生产的型号。图利亚是美国第一家设计生产现代意义上汽车的公司。1893 年，由图利亚兄弟（弗兰克和查尔斯）在马萨诸塞州的奇科皮创立。1898 年，该公司倒闭后，弟弟弗兰克又与他人合组新公司继续生产图利亚汽车。1924 年，公司被出售。据《北京志·汽车工业志》载：因司机无法按慈禧的圣谕跪着驾驶，慈禧不愿"屈尊"乘坐。这辆车很快便被闲置起来。辛亥革命后它被移至颐和园陈列，渐渐残破不堪。1976 年，工作人员凭想象为这辆车安装了方向盘。不过，据考证原车使用的是操纵杆控制方向，不是方向盘，复原的位置也不对。

就这样，北京的第一辆汽车没引起人们太多关注。而时隔不久，北京的大街上却开始了一次汽车拉力赛。1907 年 1 月 31 日，法国《晨报》提出要举办一次"北京－巴黎汽车拉力赛"。这在当时是激动人心的冒险

1907 年，参加"北京－巴黎汽车拉力赛"的意大利车队正通过东四牌楼，好奇的北京市民围观这辆不需要用牲口拉就能走的车。

之旅，大赛的启事在该报上刊登后，立即引起了来自欧洲各国赛车迷们的热烈响应，共有四十个车队报名参赛。不过，最终用船把汽车运到中国的只有五支车队。他们分别是：意大利队，由冒险家博盖赛亲王和他的司机埃托尔以及记者巴津尼组成；荷兰斯帕克队，由查尔斯·加达德和让·泰利斯组成；法国的康特队，由奥古斯特·庞斯驾驶一辆三轮摩托车参加；迪昂一车队，由乔治斯·柯米尔驾驶；迪昂二车队，由维克多·科林昂驾驶。在当时的条件下，车队的后勤工作很难满足需求。为了方便媒体报道和车手求援，比赛路线是大体沿着电报线路规划的，燃油也事先由骆驼运至沿途各个站点。比赛的起点设在北京东交民巷使馆区。当时，围观的北京百姓第一次看到汽车的表情，被记者巴津尼拍摄下来。六十二天后，意大利车队第一个抵达巴黎。荷兰队、迪昂一队和迪昂二队随后抵达。由庞斯驾驶的三轮摩托车就没有那么幸运了，中途陷入沙漠导致赛车损坏，最后退出比赛。

进入民国，北京的汽车渐渐多起来。汽车的拥有者主要是政府官员或富商，汽车也成为身份的象征。北京最早进口的汽车有左舵的美国车、德国车和法国车，也有右舵的英国车。据清光绪三十四年（1908 年）由外城总管厅颁布的《管理大车规则》第四条规定："（人车）往来

1907 年，参加“北京－巴黎汽车拉力赛”的法国迪昂车队驶向德胜门，打算从这座北京城的北门出城。

1917 年，借“调停”之由来京的张勋，在前门火车站下车后，便乘坐专车疾驶向南池子宅邸。图为“辫子兵”一路把守戒严。

有汽车就要有加油站，那时候石油产品都是英美企业垄断，如美国标准石油、英国石油等。北京最早的加油站是自助式的，设在东交民巷口。图为位于东交民巷使馆区的美国标准石油加油站，拍摄于上世纪 20 年代。

都要顺着道儿左边走。”虽然这一“交通规则”是针对“大车”（即马车、轿车、敞车，凡用骡马驴牛拉的都是大车）的，但汽车也沿用了这一规则。1934 年 12 月国民政府颁布的《陆上交通管理规则》中即明确规定左侧通行制。

直到抗战期间，大量的美援汽车进入中国。习惯了开左舵车靠右行驶的美国大兵十分不习惯，常常发生交通事故。因此国民政府于 1945 年 8 月颁布《改进市区及公路交通管理办法》，规定自同年 10 月 1 日起实行汽车靠右行驶，北京的几处牌楼上都挂起了“车马改靠右行”的横幅，自此国内的车辆就都是靠道路右侧通行了。

1945 年国民政府改汽车靠右行驶后，直到 1948 年北平西长安街牌楼上还挂着"车马改靠右行"的横幅。

1945 年，在颐和园展览的慈禧太后的汽车已经残破不堪，右前轮的轮胎已经快被割干净，右后轮只剩下轮毂，座椅上包的皮子也没有了。

从水局到消防队

1927年8月27日4时，前门外劝业场浓烟四起，火光冲天。由于店铺密集，街道狭窄，火势迅速蔓延，震动了北京城。警察厅消防处接到报警后，处长杨开中带着五十名铜帽子消防兵，火速赶到火灾现场。现场架起的防火线（警戒线），从西河沿珠宝市一直延伸到廊房头条东巷口。水龙袋由西河沿市场穿过，伸进附近的护城河里。当时，灭火的水源主要依靠护城河水；少部分则取自附近的水井和自来水龙头。几名斧子兵（负责拆毁已不能扑救的房屋以免火势蔓延）身穿水衣，站在三阳金店和天宝金店房上，随时准备拆断火道。经过四五个小时的奋战，大火终于渐渐熄灭了。虽然劝业场内的店铺损失不小，但幸好消防队及时扑救，总算把损失降到了最低。

中国的建筑自古就是砖木结构，最怕失火。因此，防火救火一直受到官府和民间的重视。在近代消防警察出现之前，政府并非消防主力，承担救火工作的往往是民间救火会。

救火会又称水会、水局，一般由城内绅商铺户捐资组建。救火会散布于城区大街小巷，每天有专人巡逻，一旦发现火情，立刻鸣锣报警。北京的救火会最早出现于清道光年间，同治年间逐渐增多。至1886年，已达到十五家。1889年1月16日夜，紫禁城内贞度门突然起火，延烧至太和门，全城十五家救火会破例被准许进宫灭火。这次救火行动让京师救火会扬名天下，同时也给清政府敲响了警钟：民间救火会虽然表现英勇，但传统的救火工具和简陋的消防制度，已不能满足社会发展的需要。

1902年，急欲推行新政、改变形象的清政府仿照西方，创办了现代警察制度。专业的救火机构也成为警察系统中的一部分，即消防警察队。北京消防队建成后，分为内卿

北平市特别消防队进行天桥、平台、秋千、铁杠、木马、双杠等器械上下法姿势的团体练习。

1937年4月28日，西直门外万寿寺第三进大殿"万寿阁"楼上突然起火。据当时的《大公报》记载，接到驻寺保安队报警后，四个消防分队赶到火灾现场，因该寺楼殿多系松木材料构筑，大火迅速蔓延至东西配殿。据查，火灾由电线短路起火导致。

1946年秋，北平市特别消防队在故宫进行消防演习。

筒队和外唧筒队。内唧筒队主要保护皇宫内院及皇室典仪的消防安全，外唧筒队则负责京师各街道的消防。消防队队员主要是来自警务学堂消防科的毕业生。据《内政年鉴》记载，“初（北京）警务学堂附设消防科，延（请）日（本）人为教习，挑选警员专司训练，毕业后即组成消防队，分驻于内外城扼要地方，遇有火警，即出场施救”。至1909年，京师已有消防中队6个，共计750人。

民国成立后，北京的消防建设进一步加强。1915年，京师警察厅消防处制定了《采用消防士兵规则》《保存消防器具章程》等规章制度。次年，京师警察厅又在内外城区建了五座配有电话的警钟台（又称望火台）。上世纪30年代，人工操纵的消防唧筒渐渐淡出人们的视野，京师警察厅消防处用上了以内燃机为动力的消防泵浦和泵浦消防汽车。不仅如此，每遇火警，医兵也携带药箱随队出警，随时准备救治伤者。

除了救火，防火检查和宣传工作也是消防队的重要职责。每到天干物燥时节，消防巡警就会上街检查炉火安置及易燃物的储存情况。截至1937年七七事变之前，北平消防队共有消防警察258人，消防汽车队2个，已经初具现代消防队的规模。

为了及时发现火情，北京城内曾经建有多座望火台。每座望火台一般由二至五名消防兵轮流驻守。一旦发现火情，消防兵便会摇动望火台内的大铜钟报警。当时，消防部门规定，消防员执勤时必须服装整齐，在望火台上不得懈怠或任意倚靠、躺卧。

民国时期，位于西长安街的陆记汽车行着火，车行牌匾已被浓烟熏得难以辨认。消防人员接到报警后，赶到现场救火。

图中消防员所推的工具名为水龙，也称洋唧筒。它是一种由硬木制成的椭圆形水柜，上有压杠活塞，铜管做成的出水口连接橡皮水管，再接上喷水的唧枪。救火时，四人分别站在水龙两侧，同时用力上下压杠，以产生水压，几人拖动水管，一人抱唧枪喷水灭火。还需多人不断向水柜中倒水，才能持续灭火。据说，水龙喷出的水柱可达三层楼高，威力不小。

民国时期，北京某箭楼失火。据光影方位推断照片中很可能是安定门箭楼。

北京，电话

1908 年 8 月，慈禧太后决定在颐和园水木自亲殿安一部电话。这部电话打不到别处，只能通到中南海光绪皇帝的寝宫。其实，那会儿北京城通电话已经好几年了，但慈禧太后觉得“架杆立线”影响皇家风水，死活也不让安。到了 1908 年，她和光绪皇帝身体每况愈下，为了能时刻了解光绪的情况，她迫不得已让人在自己颐和园寝宫的对面，安上了这个洋玩意儿。

其实，早在 1899 年盛宣怀就曾上书清廷，提出大清国应该独立开办电话业务。盛宣怀称：“办理电报已具有规模，电话亦未可置之缓图，致为外人所觊觎”。清政府也意识到电话的重要性，便任命大清电报局总办黄开文兼任电话局总办，在北京试办电话局。可是，1900 年电话局还没来得及开张，八国联军就攻陷了北京。慈禧太后也带着光绪皇帝跑到西安去了。第二年，一个叫璞尔生的丹麦商人，趁乱把自己在天津的电话线接到了北京，在崇文门内船板胡同成立了“电铃公司”。这是北京第一家电话公司。

眼看着通讯主权落入洋人之手，清政府不能坐视不管，于是建电话局的事被再次提上日程。当时慈禧太后常年住在西郊颐和园。为了方便奏事，1903 年 5 月，清政府首先架设了北京城内大臣住宅与颐和园之间的电话线路。

1904 年 1 月 2 日，由清政府钦准的中国第一个官方部办电话局诞生了，据说当时安装了一台 100 门磁石式人工电话交换机，老北京的电话局发展就此开始。不过保守的官员们对这个洋玩意儿还是心存戒备。电话局的选址迟迟不能确定，最后只好租用大学士翁同龢家的八间马厩，也就是原东单二条，现在东方广场的位置。

这样一来，丹麦人擅自经营的“电铃公司”

20 世纪初挪威赠送给清政府的"大龙电话"，现存于电信博物馆。

清廷回复盛宣怀兴办电话局的奏折："电话归电报局兼办，以电报余利为推广电话之需"，并任命大清电报局总办黄开文兼任电话局总办，在北京试办电话局。图为第一任电话局总办黄开文。

"宣统三年正月刊"（1911 年 2 月）的老电话号簿手抄本，这是可以考证的最早的一本公开出版的北京电话号簿，由北京电话局发行。这本电话号簿主要刊登的是位于琉璃厂的南局电话和位于灯市口的东局电话。南局服务区域是外城，所以号簿中有大量商号、金店、票号、车站、饭店、住宅的电话号码。著名的老字号荣宝斋、清秘阁、瑞蚨祥等都赫然在目。东局服务内城，因此号码中多为衙门、王府等。这本老号簿并不像现在的大黄页按类别排列，或是按笔画顺序检索，而是按照当时的电话号码顺序依次排列，查找起来极不方便。

1906年，清政府派礼部尚书戴鸿慈、闽浙总督端方带队到欧美各国考察立宪制度，图为中国代表团在瑞典爱立信（Ericsson）公司总部考察。正中端坐者为戴鸿慈，左四为端方。

北京最早的电话局位于东四南大街灯市东口，1910年开通。这是清政府在北京建立的第一个正式的大型电话局，习惯上称为"电话东局"（相对于同期琉璃厂的南局而言）。电话东局安装磁石式电话1500门，其服务范围是皇城以东、以北地区。

宣统三年（1911 年），北京各电话局的电话交换机升级换代，通信质量有很大提高。图为人工交换机话务员在工作，当时的话务员称为“司机生”，全部为男性。直到 1938 年才有了女话务员。

在国人的一片声讨中经营规模越来越小，最终，清政府用五万两白银将其“收归国有”。

慈禧死后，隆裕太后在建福宫、储秀宫等六处安了专线电话和一台 10 门小型电话交换机，这就是中国最早也是唯一的皇家电话局。溥仪十五岁那年，听庄士敦讲起电话，十分好奇，又得知他父亲的府上也安了电话，就要求内务府在养心殿给他也安一部。

不几天，电话就安上了，电话局将号码簿也一并送来。溥仪看着一连串各不相同的数字，觉得好玩儿，照着号码簿就拨起来。先是打给全聚德，叫了份烤鸭，又学京腔给京剧演员杨小楼打

图为设在东安市场门前的公用电话亭。北京的公用电话亭出现于20世纪30年代，解放前夕全市共有四十多处公用电话亭。

电话。过了几天，他又用电话联系上了“新式人物”胡适，后来俩人还在宫中见了面，成为一则趣闻。

北京最早的电话号码是从“1”开始顺序往后排。南局号码“1”到“6”是电话局内部使用，从“7”号开始变为民用。

南局“7”号是北京五城学堂（现在北师大附中的前身）的电话号码。为什么一所学校能享此殊荣呢？原来，当时的北京电话局跟五城学堂是邻居，所谓近水楼台先得月，南局第一个民用电话号码就给了这所学校。

到抗战前的1937年，北京电话局所发展到10个，交换设备增加到17720门，电话用户13362户，打电话成为京城一件时髦的事。

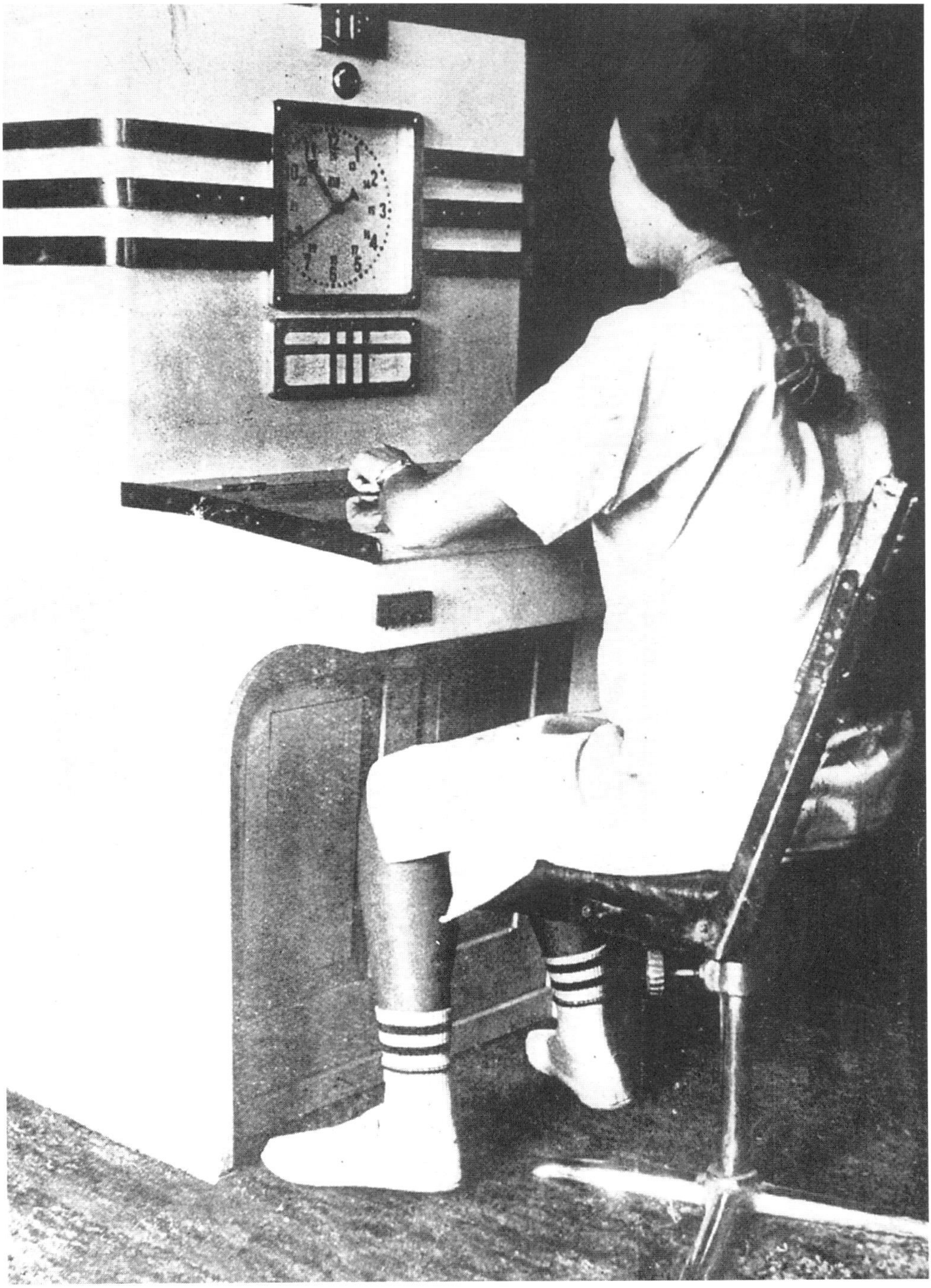

1947年北京开设电话报时台，号码是"07"，后来变为"117"，由人工接听用户询问，答复当前时间。当时平均每天要回答五万多次。图为话务员在接听电话。

北京来了铛铛车

1924 年 12 月 17 日，前门楼子前热闹非凡，北京电车公司举行了盛大的通车典礼。百余位政府政要和各国嘉宾出席，佩戴着蓝绸徽章的电车公司职员在人群中忙前忙后。据次日的《晨报》报道，“典礼毕，各来宾即乘车东行。”自天安门起，经东单、东四，至北新桥绕行一周。“车上乘客，异常拥挤，沿途观者，亦人山人海，秩序甚好。”第二天，电车正式售票，更受到了市民的热烈追捧。各站的乘客“甚有久候，竟不能登车者”。当时有轨电车仅开通了由正阳门内至西直门大街的 1 路，共十辆车。电车每到一站，无数人挨近车轨观看，把沿路站岗的巡警忙得不亦乐乎。为了驱散轨道上围观的行人，电车大铃铛“铛铛——铛铛”猛摇。不久北京市民就给电车起了个雅号——铛铛车。

别看北京市民对铛铛车这种新型交通工具表现出极大的热情，但电车公司在筹建之初却遇到不小的阻力。铛铛车刚一铺轨，就有人投诉它破坏古迹要求改道，沿途商家也觉得竖在道路两边的电线杆影响了自己的生意，表示反对。不过，最视电车为大敌的要数遍布北京大街小巷的人力车夫。自从清末人力车从日本传入中国后，它逐渐成了北京有钱人出行的首选交通工具。老北京胡同纵横，轻巧的人力车走街串巷异常方便。到了上世纪 20 年代，北京城以拉人力车为业者有七万余人，一辆人力车负担着全家老小好几张嘴的生计。电车跑得快，拉得多，自然成了人力车夫们的天敌。铛铛车还没通车，京师总商会就向京师警察厅呈文劝阻称，“若电车急于开行，此数十万失业平民必更被迫至于绝地……”不过，电车成为城市的主要交通工具，乃大势所趋。即便阻力重重，最终还是通了车。就在电车通车的当天，北京城就有上千车夫卧了轨，企图阻止电车通行。

趴活儿的人力车夫在前门楼子下面蹲了一溜儿。

在有电车之前，人力车是北京人的主要交通工具。

1924 年，北京第一条有轨电车线路开通。电车铃铛“铛铛”作响，北京人因而把它称为“铛铛车”。

上世纪 20 年代电车进入北京，北京大街上呈现出电车、人力车并行的情景。

铛铛车票价只是人力车的三分之一，一开通就备受欢迎。一时间城内百姓对铛铛车趋之若鹜，甚至还出现了卖挂票的情况（乘客攀附在行驶电车的车尾，或侧立于车门处）。这么一来，人力车被挤对得够呛。据统计，1923 年北京有公用人力车 24000 辆，电车开通第二年，这个数字骤然下降到 18899 辆。人力车夫累死累活一天，也挣不了几个大子儿，怨气冲天。他们认为是电车抢了他们的饭碗。1929 年 10 月 22 日，人力车与电车的矛盾发展到顶峰，北平街头上演了人力车夫砸电车的一幕。

当天，上千人力车夫手持洋车把、木棍和铁锹，涌到西单牌楼，一边走一边喊："打倒电

華北日報

第二版　中華民國十八年十月二十四日　公曆一九二九年十月二十四日　星期四

北平勞工大搗亂後

電車公司損失約十餘萬

黨政軍會議通緝爲首犯

人力車夫前昨兩日被拘者一千數百人

洋車工會停止活動清道等三工會解散

動亂之起因

北平公安局長　張蔭梧

搗毀之情形

事後之防護

市面之情況

黨政軍會議

市府之報告

政軍之佈告

電工會呈報

被搗之電車破碎不堪

招待新聞界

電車受傷甚重不能行駛

李服膺談話

四團體表示

警備會進行

總工會現狀

訪電車公司

總務長談話

民訓會態度

车公司！打倒电车工会！”19时，北平城四面八方的人力车夫一齐动手，只要看见电车就一通乱砸。据说，人力车夫不懂电路，害怕触电，没敢砸电车的马达和机器，其他能砸的全都砸了个稀巴烂。就连设在天桥电车站的（位于今天桥剧院附近）电车工会办公室也被挑了个底儿朝天。

这次风波让电车公司损失惨重，总共九十余辆电车中，有五十七辆被砸坏，损失达三十万元之巨。虽说这次风波人力车夫不占理，但是面对他们悲惨的境遇，社会舆论还是给予了很多同情。就连电车公司事后都向政府呈文表示，为照顾人力车夫的生计，“每段加大洋五厘，合铜元二枚”。

不管人们怎样同情人力车夫，但交通工具更新换代的脚步谁也拦不住。在人力车与电车反复的博弈中，1946 年 2 月南京国民政府发布命令：自 7 月 1 日起，逐步在各大城市废除人力车，而代之以电车与公共汽车。强制废除并不足以使人力车消失，最终还是随着电车、汽车、自行车的日渐普及，人力车才退出了历史舞台。

上图：当时报纸刊载人力车夫砸电车的新闻照片。电车地板、车座、车窗被人力车夫砸得面目全非。

下图：1929 年 10 月 24 日，《华北日报》对人力车夫砸电车事件进行了大篇幅报道。

天桥的有轨电车站在砸车风波中幸免于难。

比赛开始

——1913 年在北京举办的首次运动会

短跑跑道上，随着起跑的口令，数名运动员应声冲出起跑线，奋勇争先，冲刺、撞线……

跳高场地上，一名运动员助跑、撑杆、起跳，身子轻盈地越过横杆……

这样的运动场面人们再熟悉不过，而当这些现代体育项目出现在 1913 年首届华北运动会上时，人们目光里充满了新奇。那是在北京举办的首次大型现代体育运动会，也是当时国内规模最大、运动水平最高的地区性运动会。

首届华北运动会的“华北”区域广泛，参赛队也不只是以行政区划组队，参加运动会的共有山西、河北、河南、辽宁、黑龙江、热河、察哈尔、甘肃、宁夏等十三个省和北京、天津、青岛、哈尔滨、威海卫等城市的二十八所学校。率领山西大学堂代表队前来参赛的是瑞典籍教授新常富。他在《新中国》一书中用文字和图像记录了这次运动会的场景。从他拍摄的照片中可以看出，这次运动会会场相当简陋，人们只是用木架和席棚在一大片空地上搭建了简易的看台，田径场上的草地也凹凸不平。

那时的北京还没有运动场，比赛场地选在天坛。运动场位于天坛斋宫以北的空地上，是由当时北洋政府内务部指定的。警察总厅派拨工人对其进行了修整。当时的临时大总统袁世凯特命制作两个大小银杯，大银杯授给运动会中连得三次最优成绩者，小银杯授给运动会中得分最优的运动员。

筹办此次运动会的是“北京体育竞进会”，实际负责人是该会名誉秘书美国人侯兰德，他后来还曾主持过 1914 年在北京举行的第二届华北运动会和第二届全运会。时任天津南开学校校长的张伯苓是首届华北运动会的重要发起人，他参加了这届运动会的组织和裁

首届华北运动会的奖牌、奖杯，由张伯苓的妻子亲自负责管理和分发。

判工作，他的妻子也投身于运动会的管理工作。两年前留美归来的王正廷则是首届华北运动会的副会长，他后来成了国际奥委会的首位中国委员，积极推进奥林匹克运动在中国的发展，不仅促成了刘长春参加 1932 年美国洛杉矶奥运会，而且还带团参加了 1936 年的柏林奥运会。

首届华北运动会的会期只有一天，比赛项目也只有田径。

清华学堂代表队在比赛中势如破竹，拿到了运动会的团体冠军。清华代表队的潘文炳、俞

一队小学生参加了首届华北运动会的开幕式。

北京育英学校的学生们在参加跨栏比赛。从上面这张照片可以看到，当时中国运动员比赛用的栏架还显得比较原始，不仅全是木质的，而且前后两面都有支撑，万一脚踢着了还不容易倒。

获得首届华北运动会团体冠军的清华学堂代表队。

清华学堂的
杨锦魁在撑竿跳
高比赛中。

汇文书院的学生们正在进行足球比赛。照片拍摄于1895年，中国尚在清朝统治下，踢足球的汇文书院学生还留着大辫子。

文灿和杨锦魁在当时已是“运动明星”，其中潘文炳一个人就拿了短跑、跳高、跳远五个第一。协和大学堂代表队的团体名次在这次运动会上仅次于清华学堂，队中也有一位明星运动员刘明义。刘明义在此前两个月代表中国参加了在马尼拉举行的远东运动会，获得了一英里赛跑的亚军。

清华、协和两所学校在体育竞技上的优异成绩是有特殊原因的。现代体育运动通过西方传教士首先介绍到中国的教会学校中来。由于京津地区的学校比较集中，所以体育运动相对比较发达。1895 年前后，棒球、网球、足球和田径就开始在潞和书院和汇文书院两个教会学校里普及开来。位于通州的潞和书院是协和大学堂的前身，而清华学堂的前身是美国用庚子赔款建的留美预备学堂，创立之初就有现代体育课程，并培训、组建了高水平的竞技队。

现代体育在北京的传播也不是一帆风顺的。1898 年创办的京师大学堂设置了体育课，没想到引起一场轩然大波。陕西道监察御史吴鸿甲上奏慈禧太后，攻击京师大学堂的体育课教授徒手体操，让那些已经得到秀才、举人和进士等功名的学生擎托跳跃，“犹如优伶卖艺者”，不仅有失体统，而且还造成个别学生受伤，纯属胡闹。

当时的管学大臣孙家鼐为之辩解，“体操一事，原恐学生伏案太苦，俾之流通气血，洋人每好以此却病，臣也不便拦阻。”“等诸优伶卖艺，何至于斯。”结果孙家鼐竟为此官降一级。

到 1913 年华北运动会举办时，腐朽的清王朝已经成为历史，现代体育开始在中国推广普及。在接下来的一个世纪中，中国人逐渐洗刷掉“东亚病夫”的耻辱历史，以崭新的面貌出现在世界面前。

1897 年赴美参加世界基督教学生同盟大会的中国代表。图中人应该是最早代表中国参与国际现代体育比赛的运动员之一，但姓名已不可考。

1917：水淹京畿

1917年7月，北京、天津、直隶（今河北省）天降暴雨，连下旬余，各处河流水位猛涨，京畿一带很快成为一片泽国。

直隶境内主要有五条大河，历来以永定河水患最为严重。7月23日至25日，大雨昼夜不断，永定河河水上涨至二丈四五尺，几乎与堤坝持平。此时，上游山洪暴发。到了28日，永定河已经有多处决口。与此同时，其他四条河流也是险象环生。一时间大水泛溢，京畿一带田禾被淹、房屋垮塌，淹死人口不计其数。

雪上加霜的是，8月底9月初京畿一带接连遭遇两次台风，华北大部分地区普降暴雨。一些地方趁8月大雨稍停之际抢种的秧苗，再次被淹。此时，农民们不但收获的希望化为泡影，连仅剩的一点粮种也损失殆尽，受灾百姓被逼上了绝路。据《民国六年京畿水灾善后纪实》记载，京畿地区受灾地方总计达103县，受灾百姓达500多万人。

此时，北洋政府政争不断。先有府院之争、张勋复辟，后有冯（国璋）段（祺瑞）争权、对南用兵。军阀们忙着争权夺利，无暇顾及灾情。直到当年9月29日，大总统冯国璋才任命熊希龄为京畿一带水灾河工善后事宜督办，办理一切救灾事宜。此时，大批流离失所的难民涌入北京城区。北京警察厅在京师开办了六处粥厂，据记载每天早晨到粥厂领粥的灾民不下千人。

由于北洋政府发放的赈灾款有限，熊希龄不得不把希望寄托于中外各慈善团体身上。中国红十字会、中国济生会、京直奉水灾义赈会、顺直同乡会等组织迅速行动起来，在全国展开了广泛的募集工作。据《申报》报道，仅上海一地至10月中旬就募集到五十余万元赈灾款。这些慈善团体的工作人员，不但积极开展募捐，而且深入灾区，直接向

眼看就要收获的庄稼，被大水冲得七零八落。

灾民发放救灾物资。

这场大水灾，给京畿百姓造成极大损失。当时就有研究者指出，这场水灾既是天灾，也为人祸。“直隶五大干河此次同时为灾，虽由一时之霪雨，实则河底淤塞所致”。明代以后，统治者为营建皇宫，大量砍伐京畿一带的树木，造成水土流失严重，河道淤塞，最终酿成了这场大水灾。

当时，受北京大学校长蔡元培之聘就职北大的历史学家邓之诚正在京畿一带。他用自己手中的照相机和历史学家独有的视角，为后人记录下这次大水灾的珍贵镜头。

城墙边被大水淹过的农舍。

受灾百姓看着被冲毁的家园，茫然无措。

红十字会在村里发放救灾物资。

受灾百姓在水中等待发放救援物资。当时虽然已是民国六年，但许多人还留着辫子。

1917年入汛以后，北京、天津、直隶一带突降暴雨，致使河流决口，京畿很快成为泽国。

梅兰芳的朋友圈

2014年是京剧大师梅兰芳诞辰一百二十周年纪念。提到梅兰芳，人们想到的是风华绝代的一代名伶，是京剧难以企及的高峰，是世界戏剧三大表演体系之一（世界戏剧三大表演体系即以斯坦尼斯拉夫斯基、布莱希特、梅兰芳为代表的三种表演体系）。然而，人们却很少了解，舞台下的他还是一位交游广泛的社会活动家。据说，上世纪二三十年代，来京的外宾有几件必须要做的事："游故宫，登长城，访梅宅，听梅戏"，而无量大人胡同的梅宅也成为当时顶级的"艺术沙龙"。

1926年10月，瑞典王储古斯塔夫·阿多尔甫斯携王妃一行来京访问十五天。为了接待王储夫妇，北洋政府的外交人员忙得昏天黑地，为王储专门制订了精美的日程表。由于是私人访问，王储夫妇声明不接受任何官方款待。不过他提出想见一见梅兰芳。王储说，他在瑞典时就耳闻梅兰芳大名，此次来京必须"一览芳容，一顾妙曲"。据说，被瑞典王储点名约见的共有三人，另外两位是外交家顾维钧和当时拥兵十万的少帅张学良。

瑞典王储抵京时，梅兰芳正在济南演出。听说王储来访，梅兰芳赶忙回到北京。为了迎接王储一行，无量大人胡同的梅宅忙活起来。10月27日，梅宅里里外外被布置得金碧辉煌，院子里灯火通明，非常壮观。听说王储是个考古大家，他特地从朋友家借来不少古玩摆在客厅里。晚间，梅兰芳在家中的小戏台上为客人表演了《琴挑》和《霸王别姬》的片段。宅子里，其乐融融，宾主相谈甚欢。此时，细心的梅兰芳发现，王储对他案头摆放的一块兽首田黄印章爱不释手，于是便送给了王储。梅兰芳的次子梅绍武回忆，这块田黄石是梅先生从好友、中国银行经理冯耿光先生那儿借来的。后来，冯先生颇有怨言

1926年，梅兰芳在家中客厅与来访的瑞典王储古斯塔夫（坐左五）、王妃（坐左四）一行合影。

梅兰芳与“梅党”核心成员齐如山（中）、罗瘿公（右）在家中书房“缀玉轩”研究剧本。

1927 年，梅兰芳在家中庭院接待来访的日本天华魔术团团长。

1929 年，梅兰芳在无量大人胡同寓所的庭院中与来访的意大利女高音歌唱家嘉丽 - 古契等来宾合影。

道："你怎么就送人了，我那是用好几两金子买来的。"梅兰芳无奈道："我看他拿着不撒手，有什么办法？"三十年后，梅兰芳的女儿梅葆玥随团访问瑞典。此时，已经成为瑞典国王的古斯塔夫六世接见了她。古斯塔夫国王向梅葆玥提到了那方田黄石。他说，自己已经把它捐赠给瑞典皇家博物馆永久收藏了。

梅兰芳的大方好客是出名的。京剧研究专家吴迎小时候曾经拜访过梅宅。他记得梅宅的东屋从中午至晚间总是不间断地开着"流水席"。客人一拨挨着一拨，谁来了都随便吃。最辛苦的要算梅家的大师傅，一天要做好几桌饭菜。有人曾统计，上世纪二三十年代，无量大人胡同的梅宅曾经接待过七八千名访客。无怪乎，梅家的女佣张妈曾经跟梅兰芳的夫人福芝芳抱怨道："梅大爷早晚得让这些人给吃穷了。"

其实，梅家的客人不单有外国友人，更多的是梨园界、文学界和商界的朋友。当时，梅兰芳周围聚集着一批以齐如山、冯耿光为代表的文人雅士。他们为梅兰芳写戏、策划演出，甚至还资助梅到美国巡演。在这些文人的润色和帮助之下，梅兰芳的京剧艺术日臻成熟，而簇拥在他身边的这些文化人，也被人们称为"梅党"。

1931年，梅兰芳在家款待来访的美国影星道格拉斯·范朋克（右）。1930年，梅兰芳赴美进行巡回演出期间，范朋克曾邀请梅兰芳到宅邸做客。次年，范朋克为拍摄纪录片《八十分钟遨游世界》和导演维克多·佛莱明来到北京，梅兰芳为范朋克借了一所典型的北京宅院，摆上明清家具、挂上书画，还聘了一位厨师，专为范朋克做中国菜。

无量大人胡同梅宅的客厅一角。

梅兰芳在家中练习小提琴。

梅兰芳剧照。图为他在京剧《御碑亭》中饰演孟月华。

太和殿受降

1945年8月15日，日本宣布投降，中国人民迎来了抗日战争的全面胜利。10月10日，华北战区受降仪式在北平故宫太和殿广场举行。

这一天，北平天高云淡，秋高气爽。太和殿前广场上人山人海，天安门、端门、午门、东西华门、南北池子、南北长街……到处都聚满了人。当时北平人口约二百万，有二十多万人从四面八方涌到故宫，要亲眼见证日本向中国投降。

故宫太和殿前举行的受降仪式是中国战区十五个受降仪式中规模最大的一个，甚至远远超过了南京受降仪式。这与时任中国第十一战区参谋长、第十一战区华北受降区北平前进指挥所主任吕文贞的策划分不开。

在太和殿受降仪式前几天，美军在天津的一个小广场上举行了“天津受降”。那次受降仪式是经蒋介石特别批准举行的。吕文贞受邀前往天津，和美军一起接受当地日军投降。回到北平后，吕文贞决定取消原定在中南海怀仁堂的受降计划。

“美军公开受降，我们也要公开受降。”做出这个决定并不只为赌气，吕文贞觉得，八年抗战中国人民遭受了这么多苦难，应该让大家都来分享胜利，让中国人扬眉吐气。

于是，华北战区受降仪式选在了故宫内的太和殿前广场。

太和殿位于故宫南北中轴线的显要位置，是故宫三大殿中最大的一座，民间俗称“金銮殿”。故宫太和殿是明清两朝皇帝举行大典或仪式，接受文武百官朝贺的地方。

10时10分整，煤山（即今景山）山顶上军号长鸣，宣告受降仪式开始。会场上礼炮响起，军乐队凯歌高奏。

第十一战区司令长官孙连仲作为中方代表，立于太和殿台基下的受降台正中。司仪

日军军官步入受降仪式现场。右一为日军华北方面军司令部参谋长高桥坦，战后被列为战犯，死于南京狱中。而华北方面军司令官根本博，因为在投降后协助蒋介石打内战而逃过了战犯起诉。

传达主官命令，高呼：“引导日本投降代表入场！”

命令传出后，全场立时寂静无声。投降日军的代表、华北日军最高指挥官根本博中将、参谋长高桥坦中将及副参谋长渡边渡少将等二十人，由太和门左旁门入场。一行人俯首低眉，行至受降台前，由根本博开始，依次立正向中国受降主官孙连仲行礼。孙连仲答礼后，根本博等退至左侧恭立。

三份投降书置于台上，根本博签字盖章后，呈交孙连仲。随后，根本博、高桥坦、渡边渡等人，逐次将他们手中沾满中国人民鲜血的战刀放在了受降桌上，黯然从熙和门左门退场。

典礼仅有短短的二十五分钟，但是目睹这一幕的在场中国人无不群情振奋，扬眉吐气。

当这些日本侵略者在众目睽睽之下离开典礼会场时，一架盟军 B52 式轰炸机从会场上空隆隆飞过。乐队高奏欢歌，观众欢腾之情似火山爆发。全场军民高呼：“中国万岁”“胜利万岁”。欢声雷动，声彻云霄。场下的青年少壮欢颜尽展，老年人则多已痛哭失声。

这一天，古老的紫禁城、恢弘的太和殿，与二十万北平市民一起见证了辉煌的历史时刻。

受降仪式首先举行升旗典礼，图为第十一战区司令长官孙连仲（中）等中国受降代表致礼。

时任国民政府国防部长白崇禧（右）在受降仪式上观礼，左为华北受降区北平前进指挥所主任吕文贞。

日本华北方面军司令官根本博在降书上签字。

象征日本武士道精神的军刀，在受降仪式上作为投降象征上缴中国代表。

日军献刀纳降后，现场民众群情振奋，高呼"中国万岁"，欢声雷动。

日侨日俘大遣返

1945年8月15日，日本天皇接受《波茨坦公告》，宣布向同盟国无条件投降。国民政府外交部收到日本政府致中、美、英、苏的投降电文后，中华大地万众沸腾，举国同庆。

从无线电里听到日本投降的消息，当了八年亡国奴的北平人喜不自胜。胡同里的居民奔走相告，大街小巷张灯结彩。当时正在读中学的李振宗记得，那一天家里的电话铃响个不停，亲朋好友互相传递着胜利的消息。李振宗跳上自行车，从位于王府井的家往西长安街的学校骑去，一路上他看到沿途各单位人员举着横幅、排着队，很多职工手里拿着小旗，庆祝光复。

在这个胜利的秋天，全国各大战区都举行了自己的受降典礼，十六个受降区、十六个受降主官、一百处缴械点。河北省籍的第十一战区司令长官孙连仲被委任为平津地区受降主官，负责接收北平、天津、保定、石家庄地区的日军部队。接到命令后，孙连仲在北平设立前进指挥所，指派副参谋长吕文贞少将任前进指挥所主任，办理日军投降的具体事宜。

9月9日，孙连仲连同四十四名成员由西安飞抵北平。美国海军陆战队从秦皇岛登陆后抵达北平。国民政府各部人员，以及从湖北等地调来的部队，也陆陆续续到达北平。

按照规定，日俘应当向就近的各受降区指定大中城市集结，并向接收部队缴械投降。驻扎在北平近郊的日军坦克师团开着数十辆坦克向市区集中，大批持枪的日军列队不断进入北平，向第十一战区司令长官孙连仲缴械投降。驻扎在河北涿县的日军听到日本天皇投降的“玉音”后，并没有立即放下武器，仍继续在日伪政府城门站岗，盘查行人。直到九月下旬，才不得不撤至丰台缴械。

一批中国军官来到丰台车站与缴械的日军军官进行交接工作。

受降接收的枪炮、舰艇、飞机、车辆、军用器材物品等，经过双方交接小组人员查点清算后，注明堪用、不堪用者，并造三份清册，两份由中国存取，一份给日军取回。

妄图卷土重来的关东军司令官，"为了帝国复兴，让更多的日本人留在中国大陆"，采取了"弃民"政策。曾经趾高气扬的日侨，一时惶惶若丧家之犬，沦为日本帝国主义的"天皇弃民"。据统计，当时滞留在中国的日本人高达394万人，其中日俘194万人（包括被押往苏联的47万人），日侨200万人。集中在北平的日俘及同属第十一战区的受降日军，就达10.8万人。

1945年10月下旬，中美双方在上海召开了第一次遣送日本俘侨联席会议，会议制定出《中国战区日本官兵与日侨遣送归国计划》。该计划规定，除了炸药、军刀、照相机、望远镜、光学仪器、金条、银条、宝石、股票、艺术品等严禁携带外，日官兵与侨民每人可以携带一件盥洗具、一件毛毯、三套冬季衣服、一件大衣、三双皮靴、三条短裤、三件衬衫、一件手提包、一件手提袋回国。关于携带的款项，《计划》规定军官可携带500元，士兵200元，一般侨民1000元。

日本与中国间的交通，船成为主要运输二具。最初拟定的遣返港口只有上海、青岛和天津。可由于人数实在太多，后来又扩大至广州、海口、厦门、基隆等港口。

抗战胜利后，日军在北平近郊的丰台车站缴械。图为一名日军士兵抱着同伴的骨灰坛，旁边电线杆上贴着抗战胜利标语——“民族解放大业成功”。

日军在丰台车站将其主要使用的三八式步枪搬到卡车上，以便交给中国军队。

投降的日军军官在丰台车站向接收的中国军官说明缴械武器中的九二式重机枪。该型机枪是侵华日军使用的主要武器之一。

日本军官代表在太和殿受降典礼上低头认罪。

北平日侨、日俘遣返前统一集中到朝阳门外的古庙中接受检查，然后再到东便门乘车到天津上船。图为日侨、日俘登上遣返船返回日本。

滞留北平的日俘、日侨，被集中到西苑、丰台、通州等地设立的集中区。1945 年 12 月，画着红十字标志的日本轮船兴安丸号作为第一艘遣返船驶入塘沽港。滞留北平的一千多名日侨，登上了兴安丸号。由于国民党北平行辕规定“先将日侨中的病患者、孕产妇，以及生活困难的人遣返回国”，因此这艘船上几乎都是病号。

随着日侨日俘陆续遣返，集中区里随处都是丢弃的衣服、包裹等杂物。留在集中区的日本人，如拾荒者般哄抢遗留的弃物，然后用其跟铁丝网外的小贩交换香烟、花生、瓜子等零食。

曾经在中国趾高气扬的日本人，随着日本的战败投降，灰溜溜地踏上了回国之路。经历十四年浴血奋战的中国军民终于赢得了最后的胜利。

1948：无战事的北平

电视剧《北平无战事》讲述了1948年至1949年，国共两党在北平城内最后的较量。而现实中，1948年的北平也的确是黎明前最黑暗的时刻。

1948年初，北平物价飞涨，“买一个鸡蛋要24斤法币（当时流通的货币），一斤玉米面要100斤法币，法币首尾相连二里半，可买粗布一尺。和前一年相比，粮价整整上涨149倍。”米面粮疯狂上涨，老百姓的生活每况愈下。8月份，扶摇直上的物价，已远远超过了百姓的承受能力。为了缓解危机，国民政府决定发行金圆券。但事与愿违，物价不但没有稳住，金圆券也越来越不值钱，老百姓再一次陷入绝望之中。这时，银元变得流行起来，前门、宣武门、东单、西四、鼓楼等地，都出现了银元交易市场。街头也多了手中现洋叮当作响、口呼“买两块，卖两块”的银元贩子。

北平老百姓终日在为如何填饱肚子发愁，渴求物价平稳。当时市民的工钱是用面粉或大米支付的，然而米面粮的全面涨价导致工资严重拖欠。3月24日，北大、清华、燕京、师院等六所院校的学生到行辕请愿，要求配发各院校教职工面粉，并为贫困学生设置救济金。各大学校、医院等机构，也都相继出现了工人罢工、教师罢教、医生罢诊、学生罢课的情况。北平陷入混乱之中。6月20日，清华大学八十名教授为反对美国扶持日本发表联合声明，并拒绝购买美国援助的每月两袋平价面粉。身患胃病的朱自清写道：“此事每月需损失六百万法币，影响家中甚大，但余仍决定签名。因余等既反美扶日，自应直接由己身做起”。半个多月后，朱自清因胃穿孔，与世长辞。

北平城四处弥漫着黍离之悲，老百姓也惶惶不可终日。每天都有人逃亡，达官显贵

1948年6月9日，北平学生举行“反扶日大游行”，反对美国扶持日本。图为清华大学学生通过西四牌楼。

1948年8月26日，清华大学为朱自清先生举行追悼会。

北平市民在街头阅报栏看前方战事报道。

1948年10月，北平城中许多有钱人为躲避战火乘飞机逃往南方。

1948 年 11 月，北平街头倒卖银元的投机者。

北平机场停着的卡车上满是行李。

1948 年 12 月，国民党军队在午门前进行新兵训练。

们不顾一切地乘船或飞机逃往南方。蒋介石当时还指示中央研究院院长傅斯年将北平的一批知名教授接往南京。北大校长胡适、清华校长梅贻琦等相继南下，而大多数教授并没有离开北平。北大哲学教授冯友兰回忆说：“当时在知识分子中间，对于走不走的问题，议论纷纷。何必走呢，共产党当了权，也是要建设中国的，知识分子还是有用的”。

此时，许多贫苦百姓成为无家可归的人。天坛、中南海、太庙、国子监、雍和宫等都成了收纳流民的避难所，情况非常凄惨。

城里备战的气氛越来越浓。从 11 月份开始，国民政府在市内街区征召新兵，大量的军队陆续被调入北平。美国汉学家德克·博迪目睹了傅作义在北平城里部署军队的情形，他在日记里写道：“马路上挤满了一队队的士兵，隆隆驶过的军用卡车以及长队的两轮马车上装满了牲口的饲料、士兵的被褥和其他装备。北平城里从来没有见过那么多的士兵。”大批东北野战军也在此时，从山海关兵临城下。北平被围困了。由于煤炭供应紧缺，公共用电停止供应。继而自来水也停止供应。北平成为一座孤城。

终于挨到了 1949 年 1 月 20 日，国共双方宣布北平和平解放。傅作义把士兵从城里撤出，人民解放军进城维持秩序。被围困两个多月的北平，开始恢复正常，老百姓也迎来了新的黎明。

挺进北平

1949年2月3日，正阳门前人头攒动，呼声震天，人们翘首观望行进中的队伍，热烈的气氛融化了冬天的严寒。中国人民解放军东北野战军第四十一军，迈着有力的步伐，缓缓通过高大的正阳门，同时向全世界昭示着一个新时代的到来。

1949年1月22日，国民党华北“剿总”司令傅作义接受中共“和平解放北平”的号召，在《北平和平解决问题的协议书》上签字。1月31日，北平和平解放。

此后，入城仪式成为平津前线指挥部的工作重点。

入城路线由东北野战军拟定。据《炮兵史料》记载，当时野战军领导经过实地勘察，选择了两条入城路线。一路队伍从永定门出发，经正阳门，向东进入东交民巷，经东四牌楼、地安门到达太平仓；另一路队伍则由西直门入城，经过新街口，到达太平仓与前一路会合，然后两路队伍再向南行经西四牌楼、西单牌楼，最后从广安门出城。

据时任中共北平第八区工作委员会委员的马句回忆，选择进城路线时，毛泽东主席要求队伍一定要经过东交民巷。东交民巷原使馆区，记载着几十年来中国人的屈辱历史。而今，中国人民解放军从这里阔步通过，宣告了一个时代的终结。

2月3日9时30分，中共北平市委书记彭真，华北军区司令员兼平津卫戍司令员聂荣臻，中共北平市委副书记、北平市军事管制委员会主任兼北平市市长叶剑英，东北野

1949年1月31日，北平宣告和平解放，解放军接防部队到达朝阳门，傅作义部队官兵列队迎接。

北平和平解放后，傅作义部队开出城外接受人民解放军改编。

1949年2月3日，广大市民在前门大街热烈欢迎人民解放军入城。

战军司令员林彪等中共高级将领，登上前门箭楼。

10时，入城仪式正式开始。入城部队由三辆装甲车开路，载有毛泽东主席、朱德总司令画像的彩车先导，军乐车紧随其后演奏进行曲，然后依次是摩托化步兵、装备各式坦克的装甲兵、摩托化炮兵、轻骑兵和步兵，规模之大，气势之盛，令人叹为观止。

由于筹划时间紧迫，加之担心特务破坏，入城式前并没有在北平城内广泛宣传。然而，令平津前线指挥部欣慰的是，入城队伍赢得了北平百姓的热烈欢迎。

据曾参与拍摄入城仪式的东北电影制片厂摄影师赵化回忆：“一进北平城，我们就看到道路两边有好多群众。其中有些群众还拿着脸盆在我们车前浇水，就是免得解放军战士吃到尘土。越往里走，人就越多，扭着秧歌、唱着‘解放区的天是明朗的天’来欢迎，非常热闹！”一些热情的学生甚至爬上装甲车，并在炮筒上写上“庆祝北平解放”“欢迎解放军”“解放全中国”等标语。

当天的《人民日报（北平版）》发表了题为《我军雄伟行列进入古都，北平人民热烈欢迎》

入城部队由三辆装甲车开路，载有毛泽东主席、朱德总司令画像的彩车先导，军乐车紧随其后演奏进行曲。

1949年2月3日，东北野战军首长在前门箭楼上检阅解放军入城部队。

女学生站在卡车上喊口号，欢迎解放军进入北平。

前来欢迎的群众与进入北平的解放军坦克手握手，北大、清华的大学生们爬上坦克表达胜利的喜悦之情。

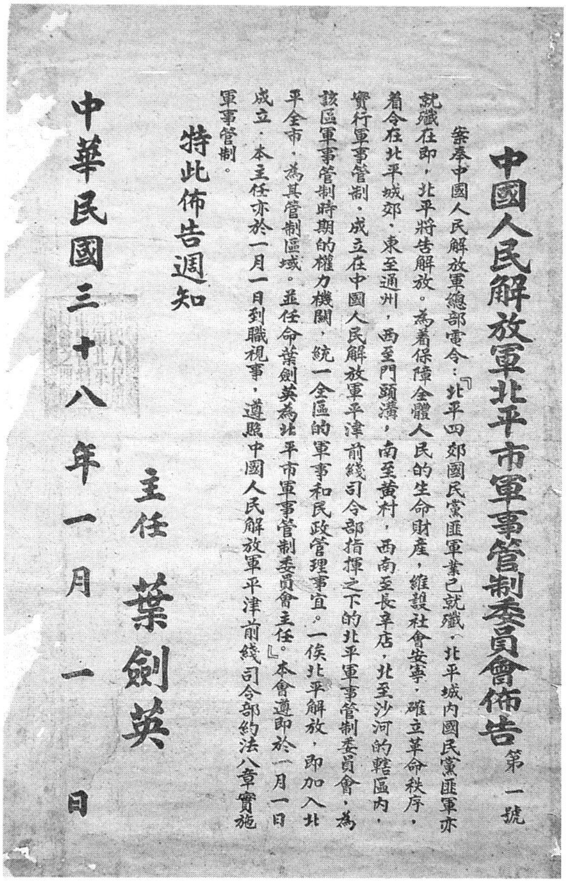

中國人民解放軍北平市軍事管制委員會佈告 第一號

案奉中國人民解放軍總部電令：『北平四郊國民黨匪軍業已就殲，北平城內國民黨匪軍亦就殲在即，北平將告解放。為着保障全體人民的生命財產，維護社會安寧，確立革命秩序，着令在北平城郊，東至通州，西至門頭溝，南至黃村，西南至長辛店，北至沙河的轄區內，實行軍事管制，成立在中國人民解放軍平津前綫司令部指揮之下的北平軍事管制委員會，為該區軍事管制時期的權力機關，統一全區的軍事和民政管理事宜。一俟北平解放，即加入北平全市，為其管制區域。並任命葉劍英為北平市軍事管制委員會主任』。本會遵即於一月一日成立，本主任亦於一月一日到職視事，遵照中國人民解放軍平津前綫司令部約法八章實施軍事管制。

特此佈告週知

主任 葉劍英

中華民國三十八年一月一日

《中国人民解放军北平市军事管制委员会布告（第一号）》。

的报道。文中记载：“入城仪式开始之后，北平电车厂工人的两辆欢迎车最先到达西直门，紧接着是铁路局、电讯局和工务局的员工们和来自北京大学、师范大学等学校的学生。他们手中挥舞着三角小旗和大字横幅，高呼口号，响彻云霄。一路上，由工人和学生组成的五彩缤纷的欢迎队伍越聚越多，他们紧紧握着挨身而过的解放军的手，几乎是伴随着行军队伍一起通过了新街口、西四牌楼等地……当载有毛主席画像的彩车通过时，人们都激动地挥掷着帽子，鼓着掌。‘毛主席万岁’的口号，此起彼伏，经久不息。”

入城仪式从 10 时一直持续到 16 时。据估计，一半以上的北平市民参加了这次入城仪式。

面对如此壮观的入城式，当时有外国通讯社从北平发出电文稿称：“中国人民解放军入城，规模空前未有，士气十分高涨，装备异常精良，实为一支强大的有战斗力的部队。”“中国革命方兴未艾，南京当局大势已去。”

旧京风物

北京的中轴线

北京中轴线南起永定门，北至钟楼，全长7.8公里。中国文化最讲“中庸”。这“中”字在北京中轴线上得到了最好的体现。北京城依中轴线铺陈开来，左右对称，前后起伏，一贯到底，在世界城市中独一无二。

著名建筑学家梁思成先生曾说过：“北京在部署上最出色的是它的南北中轴线，由南至北长达七公里余。在它的中心立着一座纪念性的大建筑物。由外城正南的永定门直插进城，一线引直，通过整个紫禁城到它北面的鼓楼、钟楼，在景山巅上看得最为清楚。”

当年，元朝重臣刘秉忠规划元大都时，中轴线就已经形成了今天的格局，历经明清两代未曾改变。中轴线上原有古建筑四十一座，由北向南依次是：钟楼、鼓楼、万宁桥、地安门、景山北中门、寿皇殿、大戟门、寿皇门、寿皇牌楼、景山万春亭、景山绮望楼、景山万岁门、景山北上门、紫禁城殿神武门、顺贞门、承光门、钦安殿、天一门、坤宁门、坤宁宫、交泰殿、乾清宫、乾清门、保和殿、中和殿、太和殿、太和门、内金水桥、午门、端门、天安门、外金水桥、中华门、正阳门、正阳门箭楼、正阳桥、正阳桥牌楼、天桥、永定门、永定门箭楼、永定门桥。虽然随着历史变迁和城市发展，其中地安门、景山北上门、中华门、正阳桥等六处古建筑今天已经看不见了，但它仍是中国保存最完好的城市中轴线。

北京中轴线的选址，可不是随随便便的。据说古人是沿着子午线的走向来划定的。上世纪50年代一次施工时，人们在地安门下挖出一只石鼠，在正阳门下挖出一匹石马。天干地支对应的十二生肖中，子为鼠，午为马，正好暗合了“子午”之说。

不过，近年有学者发现，北京中轴线并没有和子午线重合，而是偏了三百多米。有

站在景山上向南看的北京南中轴线，此照片拍摄于上世纪20年代。

鼓楼大街曾经也是北京内城最繁华的街道此图拍摄于上世纪20年代。

位于中轴线上的景山，此照片拍摄于上世纪 20 年代。

的学者认为是由于古代测绘技术不发达造成的；有的学者认为是地壳运动等自然原因导致；还有人研究发现北京中轴线遥指距京二百七十公里外的元上都——古开平（今内蒙古自治区锡林郭勒盟的兆奈曼苏默），当年忽必烈建城时暗含着“两都一线制”的意思。

中轴线还有太多传说，太多故事。它已经伴随着北京这座古城走过了八百年风雨岁月，成为北京的“魂”，北京的“神”。

旧时天安门，此照片拍摄于上世纪20年代。

地安门始建于明永乐年间，清顺治年间改名为地安门，是一座砖木结构的宫门式建筑。1955年，为改善交通，地安门被拆除。此照片拍摄于上世纪20年代。

上世纪20年代拍摄的钟楼。

中华门位于天安门和正阳门之间，明代叫大明门，清代称大清门，民国以后改为中华门。1959年，为扩建天安门广场，在苏联专家的建议下被拆除。此照片拍摄于上世纪40年代。

中轴线最南端的永定门城楼和瓮城，此照片拍摄于上世纪40年代。近年永定门的城楼已经复建。

清初实行旗汉分治，汉民都被迁至外城居住，前门大街渐渐成为北京的商业中心。此照片拍摄于上世纪40年代。

故宫老照片穿越百年

弹指百年。九十多年前的故宫什么样子？清朝最后一位皇帝溥仪与他的“小伙伴们”在御花园里会做点什么？最近，故宫博物院主办的《紫禁城》杂志放出一组高清“故宫穿越照”，引发关注。

这九张“穿越”照中，照片拍摄者、《紫禁城》杂志编辑任超手持宫廷人物老照片，与今天同一地点的部分背景迭合，从而拍出新照片，营造出古今同游的效果。

故宫出版社宫廷历史编辑室副主任王志伟介绍，这些老照片出自他们新近出版的一套名为《西洋镜旦的皇朝晚景》的明信片，是从院藏近四万张老照片中精选出来的。每一幅穿越照选择的基本门槛儿是：大致明确的时间、地点和人物。选好后，再经过任超的“古今结合”，照片中的人物仿佛穿越百年，来到了我们身边。

1917 年，复辟期间的溥仪在天一门。这张照片是难得比较容易找准位置的一张，天一门位于紫禁城内廷中路御花园内，为钦安殿院落之正门，明嘉靖十四年（1535 年）添建钦安殿院墙时所建。"天一门"之名取义"天一生水，地六成之"，以应钦安殿内主尊玄天上帝北方水神之意。

1923 年，皇后婉容在御花园中的一座凉亭前。据王志伟考证，这座别致的凉亭与宁寿宫花园（位于紫禁城外东路）中著名的"流杯亭"同名，均被称为"禊赏"，婉容身后的这座禊赏亭并没有保存到今天。通过老照片，紫禁城一座消失的建筑得以"再现"。这一天，溥仪与皇后婉容、皇妃文绣在御花园游玩，这群当时只有十六七岁的孩子们手持相机，拍下了自己游戏的瞬间。

1920 年，溥仪搂着一座宫殿立柱摆弄怀表。王志伟说，老照片原件上大多没有文字记录，需要根据一些细节判断当年的拍摄地，有时候能够提供的线索仅仅是一面匾额、一块吻兽，甚至是几株古树。这张照片中建筑梁枋上的雀替、彩绘和开间尺度"泄了密"。这里是养心殿前殿东侧偏殿，是溥仪在紫禁城内生活起居的重要场所。

1923 年，溥仪、溥杰、润麒和庄士敦在御花园。关于照片中人物的考证，是一件需要严谨态度与十足耐心的事情。溥仪、婉容和文绣，知名度高，留存照片也多，一眼便知，其他宫廷人物的锁定就不那么容易了。例如，溥仪的兄弟姐妹有九人之多，除了兄弟三人外，六位姐妹的相貌又很接近，考证具体人物时就需要通过已知人物信息的"标准照"来比对，再结合特定时期的宫廷历史判断出未知人物的身份。

1924年，老宫女在储秀宫。很多照片上的人物，已经无从查起。新中国成立后，故宫人曾经找到最后一批在宫廷里"上过班"的宫女和太监，辨认出一部分照片人物，溥杰先生在世时也曾参与过一些辨认工作。除了亲历者外，对逊清档案、老报纸、回忆录的查证也是今天辨认未知人物的方法。

溥仪、润良（婉容之兄）、毓崇（溥仪族侄）、溥杰、润麒（婉容之弟）等人在御花园。这张照片的拍摄地点同在御花园天一门前，拍摄时间在1924年。值得一提的是，作为皇帝的溥仪竟然"靠边站"，皇弟溥杰站在正中，反而成了照片里的主角。也许是意识到了皇帝身份受到贬损，溥仪特意叉起腰，仿佛要把镜头抢回来呢！

1924年，婉容、文绣、唐石霞（溥杰原配夫人）在御花园。这张照片本身并没有讲究太多的光线和拍摄技巧，将手中明信片与实际场景相互叠加，并使用超广角的镜头，利用大景深，将老照片的视角与现场环境相互对照，古今对比中的强烈穿越感便显现出来了。

深宫旧影

摄影技术是伴随着清末社会动荡走入中国的，最早风靡的地方当属故宫。资料显示，摄影术大张旗鼓地走入宫廷，是在光绪二十九年（1903 年），清政府驻法国公使裕庚任满回国，慈禧太后让他的女儿德龄、容龄随侍身边，并请来其子勋龄为自己拍照。

随后，勋龄勤勉地为这位年近七旬的老太后拍摄了至少五十张照片，并一连冲洗了七百余张。慈禧邀请公使夫人们到她的宫殿来聊天合影，并将照片当礼物赏赐。一时间，慈禧太后的形象频繁出现在欧美国家的书籍刊物上。

相对于宫内的一团和气，宫外显得水深火热。面对内忧外患，清政府的大臣们频繁需要与洋人打交道，合影必不可少。李鸿章、张之洞等历史名人的模样被永恒地记录下来。

到了末代皇帝溥仪，相机几乎成了他最钟情的玩具。1922 年，他的大婚为“小朝廷”迎来了两位重要人物——皇后婉容、皇妃文绣，一位十六岁，一位十三岁。再加上时常进宫的溥仪胞弟胞妹们，还有伴读，这些活泼好动的孩子们拿着几台便携式照相机在宫里玩耍。照片上，他们穿军装、做鬼脸、捉迷藏、逛花园……

一些清末民初在宫廷供职的太监宫女照片也保留了下来。一张张照片上，或新奇不解的面孔或麻木忧郁的脸庞，我们或多或少可以猜测出这些将青春埋藏在封建深宫中人们的生存状态。就在照片拍摄不久之后，溥仪将他们遣散出宫，这一群体便彻底退出了历史舞台。

这位末代皇帝也在 1924 年 11 月被逐出紫禁城。1925 年，10 月 10 日 14 时，故宫博物院正式挂牌成立。昔日帝王的皇宫禁地变成寻常百姓自由参观的场所，几百年来仅供

中国最后一个皇帝溥仪坐在乾清宫金銮宝殿上。

奕𫍽和卫兵合影，摄于1863年。这是故宫博物院现存可以查证年代最早的照片。当时奕𫍽还是醇郡王，因在1861年辛酉政变中得到慈禧、奕䜣重用，在1864年加亲王衔，获封醇亲王。

储秀宫原为慈禧太后寝宫。溥仪的皇后婉容也曾在此生活。图中是储秀宫浴室，中国特色的雕花卉八方罩内，摆着一个非常西洋化的浴缸。

清廷选秀分为八旗选秀和包衣选秀。八旗选秀每三年一次，被选中者为皇帝嫔妃或赐予皇室子孙做福晋。包衣选秀则每年举行，参加者为"内府三旗（镶黄、正黄、正白）秀女"，被选中者为宫女。图中即为正白旗包衣秀女。

皇家赏玩的珍宝变为全民族的共有财富。

据统计，至今故宫留下了近两万张老照片和两万多张玻璃底片，上到清代道光末年，下至民国晚期，历史背景广阔，内容丰富。当时宫廷和社会的内忧外患、新旧革新、东西交融、风土民情等种种家国世态均有体现。

在故宫博物院神武门展厅内，“光影百年——故宫老照片特展”正在展出，三百余张宫藏老照片珍品首次公开亮相。

本报从这些老照片中撷选部分，它们不是辉煌肃穆的紫禁城建筑，不是庄严其事的“摆拍”留影，而是几百年岁月中的日常掠影——故宫寻常、却又不太为人所熟悉的一个侧影。

上图：幼年溥仪。

下图：正在荡秋千的老宫女张玉春。张玉春起初服侍慈禧太后，慈禧逝世后服侍隆裕太后，最后侍奉端康太妃。

婉容和随侍太监。

溥仪的淑妃文绣曾居住的长春宫。文绣不受皇宠，座椅上的几个洋娃娃是她摆弄的玩具。

钟鼓楼沧桑

现存的钟鼓楼是清乾隆十年（1745年）重建的，但其址作为钟鼓楼早在元至元九年（1272年）就已经形成了。这里承载了人们太多的记忆和感情。钟楼上悬挂着明永乐年间铸造的现存体量最大、分量最重的古代铜钟；鼓楼上有一面主更鼓和二十四面小鼓。其中现存的主鼓直径近两米，由整张牛皮蒙制。在清乾隆时期，每天寅时和戌时要进行两次报时，先敲鼓后鸣钟，而这两个时辰也分别被称为“亮更”和“定更”。亮更时，城门开；定更时，城门关，交通断。在北京人习惯由北京站和电报大楼的《东方红》乐曲报时之前，钟鼓楼是北京城最重要的报时中心。几百年来，虽然高大的钟鼓楼在外观上没有太大变化，但两楼之间的小广场却一直在变。我们可以通过一系列老照片理出线索。

目前已知最早的钟鼓楼照片是1860年英法联军入侵北京时，由法军中负责地图测绘的查尔斯·杜宾上校拍摄的。他站在安定门附近的城墙上，为钟鼓楼拍摄了一张合影。到了1870年，借助约翰·汤姆逊拍摄的照片，我们有机会看到那时的钟楼广场：车轮在地面的泥土上留下深深的车辙，两边民居的地基比广场高出一块。这说明在汤姆逊拍摄钟楼广场时，这里经常积水。积水有多严重，可以从19世纪90年代的照片中看出来：广场西北角有座简易的石桥，桥洞大概有半人高。尽管钟楼的倒影在雨后积水中美丽安详，但这片水坑无疑会给周边居民和行人带来不便。民国成立后，政府发起卫生运动。钟楼广场的积水情况得到改善。

1925年，鼓楼下成立了“京兆通俗教育馆”，建有传播科学文化知识的固定陈列馆，展出矿物标本、海洋动物标本、昆虫标本、两栖动物标本和鸟兽标本，还有矿山模型、

1860 年，英法联军入侵北京，法军中负责地图测绘的查尔斯·杜宾上校在安定门附近的城墙上拍下了这张钟鼓楼的合影。它是目前已知最早的钟鼓楼照片。

油井模型、石膏做的人体骨骼模型等，还设有图书馆和代人写字处。钟楼则改建为教育馆附属的电影院，钟楼广场也被开辟为“民众商场”。别看面积小，这座“民众商场”与当时的天桥齐名，是固定的集市，也是平民娱乐场所。场内的东南角和西北角各设有一座固定的茶社，分别叫“第一民众茶社”和“第二民众茶社”。据说相声大师侯宝林就曾在第二民众茶社的剧团

上世纪 30 年代，赫达·汉默拍摄的钟楼和鼓楼。赫达有个更为人熟知的名字——“小莫”。她是曾经给袁世凯做过顾问的英国记者莫理循的儿媳。小莫镜头下的北京美丽、大气、安详，照片中的什刹海开满荷花，满眼凉意。

学过艺。民俗学家常人春说，这里还有卖药丸、吞宝剑、拉洋片、变戏法和耍狗熊的表演。“每逢过年，锣鼓喧天，声传遐迩。”少不了还有各式北京特色小吃，什么扒糕、凉粉、灌肠、豆汁儿、爆肚、炸糕、驴打滚、茶汤、油茶……每个摊子都在长案和板凳旁支起遮阳伞。孩子们则总是围在卖蜜饯杏干、螺丝糖等零食和卖木刀、面具、万花筒等玩具的摊位前，流连忘返。

随着城市的发展，钟楼前的小广场也在变。但不管怎么变，它独特的北京味不能变，它承载了几百年的北京文化不能变。

约翰汤姆逊1870年拍摄的鼓楼和钟楼广场，明显看出两边民居的地基要比广场高，深深的车辙也说明这里都是淤泥，可以想象曾经积水的面积和深度。

1922年在钟楼上俯瞰钟楼广场，透过鼓楼上打开的大门可以看见巨大的主更鼓。尽管广场地面已经垫高，但仍有很多泥土，地面的问题没有彻底解决。

1922年的钟楼大钟，这座铸造于明永乐年间的铜钟是国内目前已知最大最重的古钟，号称"钟王"。

在这张19世纪70年代拍摄的钟楼广场的照片中，钟楼和碑亭倒映在积水中，安静祥和，但淤泥和污水也势必影响周围居民的生活和出行。

19世纪90年代的钟楼和钟楼广场，几个小朋友正在烈日下玩耍。在广场的西北角搭了座简易的石桥，可见这里积水之深，之严重。

20世纪20年代，钟楼广场上开辟了"民众商场"。

大内镇山

——景山的前尘旧事

二百六十五岁“高龄”的景山绮望楼首次全面开放，吸引了大批游客前来一睹“芳容”。与对面的故宫和旁边的北海相比，景山显得不那么起眼。到此一游的观光者们，大多也是来登高远眺观赏紫禁城的。其实，景山对于北京城而言意义非凡，封建时代，它更是有“大内镇山”之称。

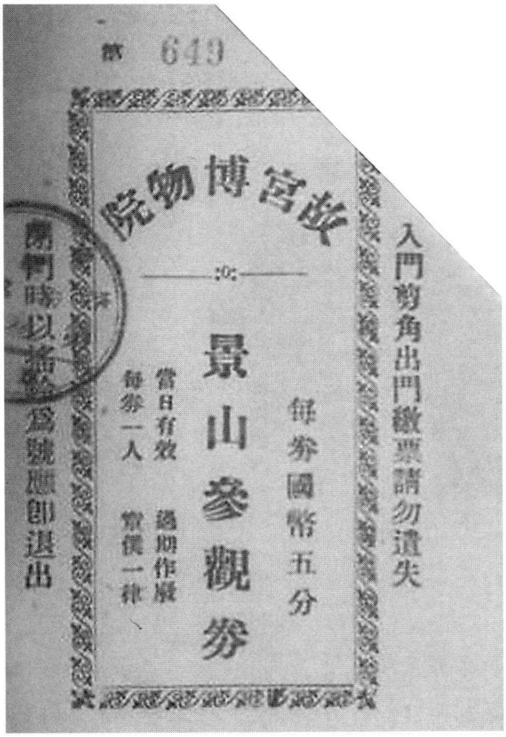

民国时期的景山参观券，售价国币五分，从票面可以看出当时景山公园归故宫博物院管理。

明永乐十五年（1417年），明成祖朱棣下诏营建北京城。在营建北京城的过程中，新的宫阙、城池、太庙、社稷坛陆续建成，元代故宫、城墙则被拆除。元故宫废弃的渣土和开挖紫禁城护城河、南海的废土，则被堆砌成了一座土山。这座人工堆砌的山被命名为万岁山，也就是今天的景山。

堆砌万岁山，可不是处理建筑垃圾的权宜之计，而是北京城总体规划的神来之笔。在传统中国建筑理念中，依山傍水的地段一直都被视为风水宝地，而万岁山正好坐落在

19 世纪 70 年代，在紫禁城西北角远眺景山。近处的筒子河租给农户养鱼、种藕。照片中的大牌楼为大高玄殿西牌楼，正面写着“弘佑天民”，背面为“太极仙林”。

贯穿北京南北的中轴线上。作为紫禁城的屏障，它五峰并峙，成为全城对角线的中心点。而且，万岁山的中央主峰正好压在元故宫的主要宫殿——延春阁上，大有“压胜前朝”的意味，因此也被称为“镇山”。

万岁山在民间又被称为“煤山”。明代沈德符的《万历野获编》中记载：“相传其下皆聚石炭，以备闭城不虞之用。”不过，后来考古学家实地钻探，发现山下只有土渣，并没有煤炭。“煤山”下有煤的传说也就不攻自破了。

最初，万岁山仅仅作为大内镇山，后来渐渐演变为皇家园林。《明宫史》中记载的万岁山野趣盎然：“山上树木葱郁、鹤鹿成群，呦呦之鸣与在阴之和互相答应，可并闻于霄汉。山之上，土成蹬道，每重阳日，圣驾在顶升座，可遥望靡涯矣。”然而，“万岁山”并没有保佑明王朝千秋万岁，反而成为明崇祯皇帝的葬身之地。1644 年，李自成的大军兵临城下，万念俱灰的崇祯皇帝在万岁山下的一棵槐树上自缢身亡。直到三日之后，李自成的部下才在这里发现了崇祯

1900 年，景山前的骡车和车夫。当时的街道仍是土路。

的尸身。

清代，万岁山改称景山，并在乾隆年间进行了一次大规模的改造。景山的标志性建筑——景山五亭和绮望楼，直到那时才建成。从《乾隆京城全图》看，当时这座御园东临御马监、西邻大高玄殿，南门名为北上门，正对着紫禁城的北门神武门。

新中国成立后，为了拓宽道路，景山的北上门及其左右围墙和筒子河畔的一百间值房被拆除。景山与紫禁城在空间上的联系，从此打破。于是，景山成为了一个独立的个体。

1900 年，八国联军占领北京城，各国驻守不同的区域，景山由俄军占领。照片中是在景山脚下的俄国侵略者。

1900 年，
从北上门看景山。

20 世纪 20 年代，摄影师赫达·莫理循拍摄的景山和大高玄殿建筑群，景山前街满是忙碌的车夫。

上世纪30年代，与紫禁城隔河相望的景山。

1921年，逊帝溥仪站在紫禁城的屋顶上，背后是景山五亭。

民国时期的景山寿皇殿内景。

前门旧影

1900年6月16日，大栅栏同仁堂药铺，伙计张翊亭像往常一样给顾客抓药，忽然街面上传来一阵呼喊：“要烧房子了！”他跑出去一看，不远处的洋药铺“老德记”已笼罩在火光之中，火还在迅速向相邻的店铺蔓延开来。见势不妙，张翊亭没顾上抢救名贵药材，赶忙搬来一个方凳，把“同仁堂”的老匾摘了下来，保住了这块“金字招牌”。

然而，当年北京城最繁华的前门大栅栏商业区，却未能像同仁堂老匾那般幸运。那场大火中，前门楼子和前门附近的商铺，几乎被烧成一片白地。

前门一带在明朝中叶就形成了商业街。到了清末，这里已是北京的商业中心，可谓“凡金银珠宝以及食货如山积，酒榭歌楼，欢呼酣饮，恒日暮不休。”然而这满目的繁华，却几乎被庚子年的一场大火焚烧殆尽。

1900年，义和团运动席卷北京。“扶清灭洋”的义和团把“洋货”也视作攻击对象，前门大街上出售洋药的“老德记”因此被放火烧药、烧店。前门大街的店铺那时多是木质结构，火借风势，一路烧开。金店、绸庄、参店、洋货店全都毁于一旦，一时间前门“商贾尽行闭歇失业。”

但是大火造成的停业只是暂时的，前门大街的商家们并未放弃这块商业上的“风水宝地”。最早恢复元气的是瑞蚨祥绸布店。掌门人孟觐侯找回了失散的老店员，在店铺的废墟前将花花绿绿的布料摆了一地，沿街叫卖。凭着几十年的信誉垫底，瑞蚨祥很快攒够了重新开业的本钱，仅仅过了一年，一座豪华别致的新大楼，拔地而起。此后瑞蚨祥又在大栅栏的西口和东口开办了“东鸿记”“西鸿记”茶庄，“鸿记皮货店”“鸿记绸布店”四处新店，经历一场劫难，买卖

这张照片是庚子年大火熄灭后一位外国摄影师在前门箭楼西侧的城墙上向南拍摄的，昔日繁华的前门大街和大栅栏已是断壁残垣，一片凄惨。

反而做大了。

同仁堂在大火中只是门面儿被烧，更大的损失是在火后。八国联军打进北京城，把药店强占成军队驻扎点，药材、店面损失惨重。直到侵略者撤走，同仁堂才重新修缮了前庭，那块被张翊亭抢救出来的老匾，也重新被挂了起来。重张之日，道贺之人摩肩接踵，店方向每位顾客赠送了一瓶虎骨酒和一盒再造丸。

1902年，前门大街的各家店铺经过恢复和修建，相继重新开业。随着前门火车站的落成，“京奉铁路”和“京汉铁路”终点站修到了前门北边。外地人下了火车，直奔前门大街。那个年代还流传着“没到过前门大街就不算到了北京城”的说法。就连亨得利钟表行、精明眼镜店，这些专卖洋玩意儿的店铺也相上了这块“风水宝地”，纷纷把分店开到前门。民国初年，前门大栅栏的商铺已经接近千家。从大火中复兴的前门大街，迎来了自己的全盛时期。

今人流连的前门大街，就是按那时的历史影像复建的。重修后的前门大街，“全聚德”吊

清末，洋货的供应已从皇家和富商扩大到普通百姓，诸如钟表、洋布和洋烟都是受欢迎的货品，而售卖这些洋货的店家也都集中在前门大街和大栅栏一带。这张照片是 1899 年在北京开设照相馆的日本摄影师山本赞七郎从前门大街东侧的一家店铺房顶向北拍摄的，展现了庚子年大火之前前门大街车水马龙热闹非凡的景象。

炉里的烤鸭香了半条街，“都一处”的烧卖还是薄皮大馅，“内联升”的千层底儿蹬在脚上依旧那么舒坦，大北照相馆拍出的照片仍然那么显人精神，已经行驶了半个多世纪的铛铛车穿梭在老字号扎堆的街道上，仿佛带人们“穿越”回旧日时光。

鲜鱼口是一条仅次于大栅栏的热闹街巷，以鞋帽业为主，聚集了众多老字号。

华乐园（原为天乐园）的戏码每天演到半夜才散场。目前这座有两百年历史的大戏楼已重张开业。

民国时期大栅栏商铺林立，车水马龙。

1900年，北京前门箭楼一带被义和团放火焚烧。

沧桑恭王府

1926年秋，溥心畬、溥僡兄弟因恭王府房产问题，将北京天主教会告上法庭。自打清亡便沉寂多年的恭王府，又一次回到了舆论的风口浪尖上。

在诉讼状中，溥心畬兄弟俩称，作为恭王府的合法业主之一，教会未与二人交涉，便购得恭王府，有违民国法律。教会方面则表示，他们是从小恭亲王溥伟那里买的房产。至于溥伟是否跟他们兄弟打了招呼，那是他们的家务事。教会不知情，也没有义务了解。经过几轮开庭，法庭最终来了个“和稀泥”的判决，恭王府府邸部分归天主教会所有，后花园归还给溥心畬兄弟。

有关恭王府房产的这场纷争，追根究底还要从一心复辟大清的小恭亲王溥伟说起。1898年，老恭亲王奕䜣病故，他的长孙溥伟袭了爵号，也成了恭王府的新主人。1912年，清王朝气数已尽。可溥伟不认命，他串联各地遗老遗少，组建了“宗社党”，对抗辛亥革命。然而，宗社党无法挽救清王朝的覆灭。1912年2月12日，溥仪逊位。没了朝廷的俸禄，溥伟只能靠变卖家产来维持复辟活动和庞大的组织。1912年，溥伟以四十万银元将府中除字画外的全部古董卖给了日本古董商山中定次郎。可是，没折腾几年，这笔巨款就让他捣腾空了。九年后，溥伟又以八万银元的价格将恭王府抵押给北京天主教西什库教堂。名为抵押，但对于“只出不进”的溥伟来说，根本没有赎回的可能。几年后，恭王府正式归天主教会所有。1926年，溥伟的同父异母兄弟溥心畬、溥僡从西山戒台寺回京居住，愕然发现恭王府早已易主。这才闹出了这场满城皆知的官司。

依照法庭判决，溥心畬兄弟很快搬进了恭王府后花园“萃锦园”。溥心畬是享誉海内的大书画家，萃锦园便成为京城名家荟萃

民国时期，恭王府棣华轩及长廊。

之地。启功曾回忆，每年海棠花开之季，溥心畬总会邀人到园中赏花赋诗，讨论书画技艺。在萃锦园的日子，他受教最多。

而判给天主教会的恭王府府邸一直闲置，直到 1937 年才被教会拨给辅仁大学作女生学部及校舍。辅仁大学成立于 1922 年。起初，校址选在李广校西街 10 号涛贝勒府。经过几年发展，涛贝勒府已经无法满足辅仁大学不断扩大的办学规模。1932 年，辅仁大学用 108 根金条，从北京天主教会购得了恭王府府邸。

为了将王府改造得更加适合办学，辅仁大学校长陈垣约请梁思成、刘敦桢、单士元等名家操刀，改造恭王府。1937 年，辅仁大学把恭王府后罩楼通向萃锦园的通道砌死，府邸与花园彻底分家。府邸成为学校女生部，后罩楼被改建成女生宿舍，府邸东路的多福轩变身图书馆，王

恭王府乐道堂月洞门多宝槅。

此照片最早出现于日本学者富田升的著作《流传的清朝秘宝》。据富田升在书中介绍，山中定次郎于1912年来恭王府购买文物藏品，此合影是当时拍摄。照片中还能看到保留下来的大门口的石狮子。

府原来的“神殿”嘉乐堂成了女院礼堂。许多建筑的门窗也因保暖、防尘等需要，进行了改动。

同年，溥心畬的母亲去世。因无钱治丧，他只得以十万银元的价格将恭王府后花园也卖给了辅仁大学。自此，辅仁大学拥有了整座恭王府，昔日的王爷府邸彻底变为辅仁学子们生活起居的场所。

此后的六十多年，恭王府已几度易手。王府古建曾经被作为学校、厂房使用。直到2006年，市政府完成了对占用恭王府的所有单位的腾退搬迁工作。2008年8月，修葺一新的恭王府整体对外开放，成为公众了解清代王府文化的一个瑰丽的窗口。

上图：民国时期的恭王府后罩楼。

下图：上世纪40年代，已被改造成辅仁大学女部图书馆阅览室的多福轩。此时，多福轩虽然已经变为图书馆，仍保留了较多的内部装饰，可以看到室内挂有“福”“寿”匾额。

1935 年，瑞典学者喜仁龙来华并结识了恭王府的最后一位主人——溥儒。溥儒，字心畬，别号羲皇上人、西山逸士，恭亲王奕䜣之孙，贝勒载滢次子。图为溥儒在蝠厅前，手里拿着一只鹦鹉。

远去的三山五园

“三山五园”是指清朝统治者在北京西北郊修建的皇家园林群，其中“三山”是香山、玉泉山和万寿山，“五园”是静宜园、静明园、清漪园以及畅春园、圆明园。这个皇家园林群的形成与康熙、雍正、乾隆祖孙三代的经营密不可分。

清朝的统治者崛起于白山黑水之间，他们大多性喜自然，不愿被紫禁城的枯燥、闷热束缚。1684 年，南巡归来的康熙皇帝无意间发现北京西郊的丹棱沜（pàn）泉水甘甜，于是便在附近明代清华园的旧址上，仿照江南山水修建了占地约八百亩的畅春园，用以“避喧听政”。此后，康熙皇帝每年约有一半时间都居住在这里，而王公大臣们也受他影响纷纷在畅春园附近兴建住所。1707 年，康熙将畅春园北的一块土地赐给四子胤禛建园，并为其题名曰：圆明园。当时的圆明园占地仅六百余亩，却是诸子夺嫡时胤禛的韬光养晦之地。1724 年，他登基成为雍正帝两年后，在圆明园原有“亭台丘壑”的基础上进行了扩建。“建设轩墀（chī），分列朝署，俾侍值诸臣有视事之所。构殿于园之南，御以听政”。最后全园面积增至三千余亩，有风景建筑组群二十八处。到乾隆即位时，因政权巩固，经济繁荣，乾隆帝便不遗余力地继续改造此园，修成了著名的圆明园四十景，并一一为它们取了诗情画意的名字，“镂月开云”“天然图画”“杏花春馆”等等。对于这番作为，他在《圆明园后记》中甚为得意地感叹道：“天宝地灵之区，帝王豫游之地，无以逾此。”此后，他又修建长春园，合并绮春园，从而形成了“圆明三园”的格局。与此同时，他还先后改建、扩建了玉泉山的静明园、香山的静宜园，并借疏浚西湖（即昆明湖）的机会兴建了万寿山的清漪园。至此，“三山五园”正式出现。

20 世纪 20 年代的西山碧云寺。碧云寺始建于元代，乾隆年间划入三山五园之一的静宜园，又增建了罗汉堂和金刚宝座塔。1925 年孙中山在北京病逝后停灵于此，后虽然移灵至南京中山陵安葬，但塔身一层仍然改为孙中山衣冠冢。这张照片拍摄时，金刚宝座塔尚未成为衣冠冢。

“紫禁围红墙，未若园居良”。这是三位帝王共同的心声。康熙欣赏畅春园朴素的江南景致，曾两次在其中大摆“千叟宴”。他的儿子雍正自号“圆明居士”，常在圆明园中泛舟福海，欣赏落日。乾隆则比他们更懂得享受姹紫嫣红的美景良辰，他喜欢在圆明园把玩字画、琢诗磨句，也喜欢举办烟火、灯戏。法国传教士王致诚就曾描述过当时灯会的场景：“在这一天，全中国都被照亮了，而最明亮的地方就在皇帝的宫殿里；没有一处楼阁、殿堂或门廊的天花板上没有挂上几盏灯笼……这些灯笼制作得极其漂亮，有鱼、鸟、兽、花瓶、水果、花卉和船等大小不一的各种造型。有些灯笼是用丝绸制成，有些则是利用兽角、玻璃、贝壳，以及其他上千种材料。与之相比，我们的灯笼就显得穷酸与贫乏。”

不过，“三山五园”绝不仅仅是统治者清暇享乐之所。几位帝王居住在西郊园林不仅可以更好地控制西山驻军，而且便于召见外国使节。康熙曾在畅春园接待过俄皇彼得一世的使节。到了雍、乾时期，畅春园成为太后的居所，圆明园则成为帝王处理国家大事的地方。

乾隆年间，玉泉山静明园建有妙高塔、玉峰塔、华藏海塔和圣缘寺琉璃塔四座佛塔。静明园在第二次鸦片战争中被严重焚毁，不过四塔仍在。此照片拍摄于19世纪70年代，近处的是华藏海塔，远处的是玉峰塔。

圆明园谐奇趣主楼东侧面。此照片为19世纪70年代德国摄影师奥尔末拍摄的最早的圆明园遗址照片之一。此时距离圆明园被毁仅十余年，通过照片仍能看出圆明园全盛时期的壮美。

同治年间，慈禧太后在清漪园遗址上重新修建了颐和园。颐和园昆明湖南端通往长河的出水口上，建有一座石拱桥，名绣漪桥，因桥拱很高，又俗称“罗锅桥”，是慈禧太后从西直门坐船前往颐和园的必经之路。照片中透过桥洞可以看到远处的万寿山，彼时佛香阁还保持着在1860年被英法联军烧毁后的废墟状态，桥洞右侧还能看到昆仑石碑的一角。

著名的马戛尔尼访华就发生在圆明园。1793年，英王乔治三世的使节马戛尔尼借贺寿之名率团来到中国。他们在圆明园正大光明殿向大皇帝展示了随行所带的六百多箱礼物，其中不乏威力强大的先进武器。乾隆对此却不以为然，只是将之作为一般贡品。后来双方因礼节和通商问题不欢而散，马戛尔尼空手而归。马戛尔尼虽然惊异于圆明园的宏伟，却一针见血地指出“大清是一艘破烂不堪的头等战舰”。五六十年后，英法联军轻而易举地轰开了大清的国门，烧毁了无法复制的梦幻家园。

“三山五园”既见证了大清帝国的巅峰，也成为它走向衰亡的象征。1886年，慈禧太后在荒弃的清漪园废墟上重建了一座皇家园林，这就是我们熟知的颐和园。虽然，它的规模比当年小得多，但仍然可以依稀感受到“三山五园”曾经的宏伟气魄。

20 世纪 20 年代，美国社会学家西德尼·甘博拍摄的香山卧佛寺佛塔。

站在香山远眺玉泉山和颐和园。此照片由美国社会学家西德尼·甘博拍摄于20世纪20年代。当年颐和园附近还是一片江南水乡风情。

断而复续的牛尾巴

2013年1月中旬，常去颐和园晨练的老人们发现，颐和园南湖岛涵虚堂前栏杆上的一个云龙纹望柱头不见了。这么重的柱头也能被盗，让人啧啧称奇。不过，您可能不知道，清末颐和园铜牛的尾巴都曾被人锯掉过。

1868年，圆明园被英法联军烧毁八年，园中一片萧索，负责看园的太监们每晚还照例巡视。5月13日夜里，当巡更的太监们走到澹泊宁静附近时，远远看见残破的墙壁后有人影晃动，还有窸窸窣窣的声响。太监们立刻将鸟枪从肩头摘下，悄悄靠近。

当他们走近时，看见几个人影正就着微弱的月光忙活着什么。听得有人过来，他们立即抛下工具四散而去。太监们旋即鸣放鸟枪，“砰砰”几声枪响后，只听一声惨叫，一人胳膊中枪倒地哀嚎，其余人则作鸟兽散。中枪者被扭送至内务府。经慎刑司审问，该犯系宛平县民石三，与首犯张八和同犯张对儿，半夜从藻园门附近坍塌的园墙潜入，欲盗挖碎铜铁卖钱，还没来得及动手就被拿获了。首犯张八到案后再经审讯得知，原来他并非初犯，清漪园内失踪的“牛尾巴”也与他们有关。

清漪园即今日之颐和园。乾隆十五年（1750年），为贺皇太后钮祜禄氏六十大寿而建。

乾隆二十年（1755年），清漪园建造过程中，一尊铜牛被安置于昆明湖东岸，取“永镇悠水”之意，牛身上还铸有乾隆皇帝手书的《金牛铭》。因为是铜铸，铜牛躲过了英法联军放的那场大火，可没想到却被周围的“园户”盯上了。

张八原属内务府正白旗，曾入圆明园充当园户。同治元年（1862年），他与主犯王十锯断了铜牛的尾巴，卖了废铜。案发后，张八被拿获，经刑部审讯，责杖一百，流放

上世纪20年代，眺望万寿山的铜牛。

两千里，并在脸上刺“盗官物”三字，同时销除旗籍，交大兴县编入民籍。

从此，镇水的铜牛便没了半截尾巴。从1875年英国摄影师托马斯·查尔德拍摄的照片中，可以清楚地看到没了半截尾巴的铜牛。

光绪十年至二十一年间（1884年至1895年），慈禧太后打着“还政”后退居休养的旗号，

没了半截尾巴的铜牛。此照片由英国摄影师托马斯·查尔德摄于1875年。

铜牛尾巴已经接好。此照片由日本摄影师山本赞七郎摄于1901年。

第二次鸦片战争中，英法联军烧毁佛香阁、排云殿、石舫洋楼等建筑。佛香阁被烧毁后，万寿山一片萧条。此照片由英国摄影师托马斯·查尔德摄于1875年。

19世纪80年代，正在重建但尚未完工的颐和园北宫门。

文昌阁，清漪园被烧毁之前仅有的四张照片之一。英国摄影师费利斯·比托摄于1860年。

挪用海军经费重修了清漪园，并改名为“颐和园”。此后，颐和园重新成为皇家禁地，外国摄影师不能随便出入了，因此这期间铜牛的照片不曾得见。1900年庚子事变，八国联军占领北京城，颐和园又成为外国摄影师可以自由出入之地。从日本摄影师山本赞七郎1901年拍摄的照片看，铜牛的断尾已经被接上了。据此推断，铜牛尾巴是在颐和园重建期间接上的。

如今铜牛依然静卧昆明湖畔，任由熙熙攘攘的游人在它身边拍照留念。重新制作的牛尾与当初被截断之处衔接得十分工整，几乎察觉不到有接痕。这也成为一个小小的悬案，原来的牛尾到底是什么样子呢？执行修补的人，是修旧如旧，还是顺势自由创作了一番？如今都不得而知了。正如维纳斯的断臂，注视之时，总给人留下一些遐想。

民国时期，一个外国参观者站在颐和园万寿山的排云殿与佛香阁前。

古仪蒙尘记

1900年8月14日，八国联军攻破北京城。北京这座“充满神话色彩的城市”毫无遮拦地展现在入侵者面前。巍峨的宫殿，精致的宝塔，古朴的庙宇，还有价值连城的古玩字画、金银珠宝都成为他们的囊中之物。当强盗们把能搬得走的宝贝都塞进自己的口袋后，安放在建国门外观象台上的天文仪器又成为他们争抢的对象。

见到这些天文仪器，任联军司令的德国统帅瓦德西惊叹道：“这些天文仪器有极高的艺术价值，它们的造型和各台仪器上的龙形装饰都极为完美。”法军统帅伏依隆也对这批仪器垂涎三尺。他向瓦德西提出，要把它们运往法国，理由是这些仪器在制造过程中曾得到过法国传教士的帮助。为此两个强盗争执不下。后来，在德军参谋长什瓦兹霍甫与法方代表马香的协商下，他们决定瓜分这些天文仪器。德国以观象台位于德国管理区为由，得到了天体仪、纪限仪、玑衡抚辰仪、地平经仪和浑仪，而法国则得到地平经纬仪、黄道经纬仪、赤道经纬仪和简仪。

在帝王时代，天文仪器不仅是科学工具，还是皇帝与天对话的工具，是君权神授的象征，乃国之重器。当得知德法两国要瓜分天文仪时，中国政府的和谈代表庆亲王瑛勖赶紧派荫昌去求情，希望德国人不要动这些仪器。荫昌当过驻德公使随员，在德国人面前容易说得上话。然而，不可一世的瓦德西拒绝了中国政府的请求。

1900年12月2日，德法两国士兵在光天化日之下拆散了这些仪器，并把它们分别运到德、法公使馆。不久后，因为各种利益关系，法国将它们还给了中国。而德国人则把它们装上轮船运回德国，并安放在了德皇威廉二世的皇家花园里。

第一次世界大战后，中国作为战胜国之

1873 年英国摄影师约翰·汤姆逊拍摄的玑衡抚辰仪。乾隆十九年（1754 年）制成的玑衡抚辰仪是古观象台上最晚制成的一件天文仪器，由当时钦天监的传教士戴进贤、刘松龄设计监制。

德国士兵在天文台上看守即将被拆卸的天体仪。天体仪，古称“浑象”，是我国古代一种用于演示天象的仪器。1669 年至 1673 年，由来华的比利时传教士南怀仁监制。天体仪因其重要的象征作用，被誉为“诸仪之统”。

正在拆卸中的天体仪。

为了拆除天体仪，城台上的部分城砖被侵略者拆毁用来铺设一段斜坡，天体仪的球体即由此滚下。照片中的天体仪球体已被包裹好准备运走，背景台上是已经拆卸了一部分的黄道经纬仪。

德皇威廉二世曾把地平经仪等天文仪器安放在皇家花园的草坪上。

民国时的古观象台。

一，向巴黎和会提出，要求德国将掠走的古天文仪器归还中国。巴黎和会把德国占领区青岛给了日本，在归还天文仪这样的小事上遂了中国的愿。巴黎和约第 121 条中规定："所有 1900 年及 1901 年德国军队从中国掠去之天文仪器在本约实行后十二个月概行归还中国。所有实行此项归还之举，所需一切费用，包括拆卸、函装、运送及北京建设之费用在内，亦由德国担任支付。"

1920 年 6 月 10 日，这批仪器在波茨坦拆卸后装上了日本的"南开丸"号轮船，准备途经神户再运到天津。不料轮船到达日本后，又出现了意外。日本政府竟强行扣留了这批天文仪，要求中国政府做出选择：要么放弃仪器，要么就承认巴黎和会上规定的日本在山东享有的种种特权。当时，德国政府希望能尽早与中国恢复外交及经济关系，于是委托荷兰公使欧登蒂克从中斡旋。1921 年 1 月 25 日，五件天文仪器终于运抵天津港。当年 4 月 7 日，阔别北京二十年的天文仪器重新回到了中央观象台（即古观象台）。当时《北京晨报》报道："今者赵璧重归，闻观象台不日将特开大会，刊印图说。俾邦人士共相观览，闻此项仪器交涉归还颇费手续，即就中央观象台搜集的证据而论，亦非一朝一夕之功，且归还事件，列为德国和约专条，盖国耻关系，各国颇视为巨大事件。"

1920 年 10 月 10 日，几件天文仪器重新安置好后，民国政府组织了一次规模空前的参观活动。看到这些历尽沧桑的天文仪终于重归旧址，参观者们无不百感交集。

京西古刹戒台寺

1884年的一天，一辆马车风尘仆仆，悄然停在戒台寺门前。住持妙性和一众僧人已在山门等候多时，从马车上下来一位“贵客”，此人便是刚刚被慈禧撤去了一切职务的恭亲王奕䜣。奕䜣平日喜读佛经，公务之余常到戒台寺修习，是住持妙性的方外之友。然而这次他到戒台寺来，却不是为了探讨佛法，而是奉慈禧懿旨“养疾”。

1861年，咸丰帝驾崩。奕䜣助慈禧太后发动辛酉政变，夺取了政权。此后，奕䜣当上了议政王，权倾朝野，但也引来了慈禧的猜忌。1884年中法战争爆发，慈禧以奕䜣“不欲轻言战”为借口，夺了他的实权。为了避祸，奕䜣干脆顺水推舟，带着福晋和儿女离开京城，住进了京西戒台寺，而且一待就是十年。

戒台寺位于门头沟区马鞍山麓，又名“万寿禅寺”，始建于唐武德五年（622年），原名“慧聚寺”。后来辽代高僧法均在这里设戒坛，引得四方僧众前来受戒，故又名戒坛寺。戒台寺因拥有全国最大的佛寺戒坛而享誉全国，被称作“天下第一坛”。它不但是一处佛教圣地，也是京西一处风景胜地。清代，康熙帝、乾隆帝多次为它题写匾联。乾隆皇帝还曾以戒台寺中无花为憾，特意命人从圆明园里移来了二十株丁香树。如今，这些“寿星”丁香枝干粗壮，树龄已有二百余岁。为了方便皇帝到寺中进香祈福，戒台寺在清代修建了北宫院作为皇室行宫。北宫院是一处两进的四合院，兼有江南园林的秀美风格。

不过，奕䜣决定在戒台寺“养疾”，绝不是仅仅因为这里风景优美，还因为它与京城若即若离的关系。戒台寺距北京城七十公里，朝廷一有风吹草动，快马半天就可以把消息送来。奕䜣虽然明面上归隐山林，实际上时刻关注着京城的动向。在奕䜣隐居的十

1871 年，恭亲王奕䜣在恭王府花园蝠厅前邀月台假山边。此时的奕䜣显得志得意满，正处于政治生涯的鼎盛时期。此照片由英国摄影师约翰·汤姆逊摄。

"潭柘以泉胜，戒台以松名，一树具一态，巧与造物争。"戒台寺最著名的有"抱塔松""卧龙松""九龙松""活动松"和"自在松"，合称"戒台五松"。

年间，他们一家人一直住在北宫院，北宫院也成了“第二恭王府”。奕䜣甚至把王府里的一座假山和七十六件家具，搬进了这个小院。因为奕䜣喜爱牡丹，便在这里广种牡丹，还命人从王府引来黑牡丹、千层牡丹等名品，亲手栽植。北宫院也因此得名“牡丹院”。

栖身戒台寺期间，奕䜣或作诗遣兴，或听僧人讲禅，没有政务在身，日子倒也舒服惬意。不过，1894 年甲午中日战争爆发后，朝廷上下无人应对，慈禧不得不将奕䜣重新召回朝廷，共商对策。无奈此时奕䜣已经年老体衰，再也不复当年的锐气，重返政坛仅仅四年，便驾鹤归西了。

这株“九龙松”位于戒坛山门殿的南侧，植于辽代，已逾千岁。据说这是现今华北地区最古老的一棵白皮松。树高十八米多，胸径两米有余，遮阴面积五百多平方米。

千佛阁内正中供有高大的毗卢遮那佛铜像，阁分上下两层，每龛内供奉一尊高 10 厘米的木雕佛像，共计 1680 尊。

戒台寺内的戒坛可以授佛门的最高戒律菩萨戒，成为中国佛教的最高学府之一。图为上世纪 20 年代的戒台寺僧人。

上世纪 20 年代，美国社会学家西德尼·甘博和同伴到戒台寺游览，拍摄了许多关于戒台寺的照片。

戒台寺千佛阁始建于辽代咸雍年间，为三层檐楼阁式木结构建筑，庑殿顶，门额上挂有清乾隆手书的匾额。千佛阁由于年久失修被定为危险建筑，于 1965 年经北京市政府批准拆除，进行落地保护。2011 年，千佛阁复建工程启动。

西风古道

夕阳西下，骆驼颈下的铃铛有节奏地当当作响。往北京城里运煤的商贾们赶着驼队，三五结伴，从西山石道上缓缓走来。直到清末民初，这还是京西古道上的寻常光景。

早在明初，京西一带就遍藏“乌金”。每逢秋季来临，京城内外的商贾就会套好骆驼骡马，前往西山窑头买煤炭。数百年来，拉煤运货的驼马成群结队，在西山石道上来回穿梭，走出一条商旅大道——京西古道。来自西山的“乌金”正是通过这条古道，被运送到北京城中的千家万户。

明清时期，北京城的用煤量大增，清朝康熙皇帝曾特意降旨，专门增建香山道往京城运送煤炭。除了官修之外，民间组织也会定期募资修建道路，并由当地百姓进行施工。天长日久，原本出于军事考虑修筑的一些零散道路，经过元明清三代的屡次整修，逐渐成为了颇具规模的官商大道，并形成了京西古道网。

这条京西古道大致可以分为北、中、南三路，即西山大道、玉河古道和庞潭古道。这三条支线各自经过三家店、圈门和潭柘寺进入西山腹地，在王平口处会合，然后继续西延。明清时期的京西古道，实际上是当时一个大型的物资中转站，除了运煤之外，关外的一些土特产也经由这里运往京城。当那些关外客商们赶着骡马回返时，骡马的背上又满载着从京城采购的日用百货。

遥想京西古道，商贾云集，驼马络绎，沿途散落着各家旅店、商铺和茶棚，接待来自远方的客商。岁月流转，坚硬的石板路上留下一长串蹄窝印记，至今清晰可见。峰口庵处有一段十三米长的小路，就凹陷着大小深浅不一的一百多个蹄窝，似乎在提醒人们不要忘记当年的繁华景象。

京西古道上除了商旅，还有很多虔诚的香客。西山寺庙众多，既有潭柘寺、戒台寺

在香道上，有一种特殊的交通二具名叫山轿，俗称"爬山虎"，类似于南方的滑竿。"爬山虎"是在一个圆背木椅的外侧，绑有两根长竿。到了民国，"爬山虎"更加轻便，木椅改成了藤椅。

俗话说"妙峰山的娘娘——照远不照近"。妙峰山地处京郊，许多外地香客都慕名而来，有来自天津、河南、山东的，民国初年还有来自江苏、浙江、南京、上海等地的。

在香道途经的许多村口，人们修建了过街楼。过街楼上实际是一座小庙，人们每经过一次就等于礼佛一次。过街楼已经成为门头沟特有的风景。

等千年古刹，又有妙峰山、百花山上众多寺庵。古香道主要有两条，一条从卢沟桥起始，经长辛店西行上山，穿石佛村到戒台寺，然后翻越西峰岭至潭柘寺。清康熙帝、乾隆帝走的就是这条古道，当地人称之为御道。另外一条实际上就是西山大道的南端。到妙峰山进香的古道，则多达六条，足见香火之旺，其中又以中北道最负盛名。这条古道修建于清末，是总管太监安德海为了讨好慈禧，专门出资修建的，慈禧还因此对他特别嘉奖。

四月山花开，香道上随处可见云游僧人和四方香客。为了方便香客出行，乐善好施的殷实人家自掏腰包，每隔数里便建一个茶棚，烧粥煮菜。经过茶棚的香客们，也得先烧香参拜，然后才能到茶棚下面去打尖休憩。

玉河古道峰口庵有一段十三米长的小路，分布着上百个蹄窝，是由运输货物的骡马商队踩出的“印痕”，历史在蹄窝中沉淀。

抗日战争时期，香火最旺的中北道又成为一条红色交通线。八路军的游击队活跃在这条山道间，许多热血青年取道妙峰山投奔平西、晋察冀等抗日根据地。珍珠港事件爆发之后，在燕京大学任教的林迈可、班威廉等国际友人，也是经由这条山道逃出北平，并由地下工作者护送，一路辗转到了大后方。

1941年，在燕京大学执教的英国人林迈可就是通过香道去的晋察冀边区。

庙会期间，周围百姓为进香成立了一种组织，被称为香会。图为香会成员在赶庙会。

上世纪 20 年代，妙峰山脚下的涧沟村。到妙峰山娘娘庙进香的六条古香道，最后都会合于涧沟村，从这里再走两公里路才能爬上金顶，到娘娘庙去上香。

繁华旧日隆福寺

隆福大厦要拆了复建隆福寺。这条消息在报纸上一登，就在北京四九城传开了。早年间，隆福寺不但在北京，就是在全国也是一等一的繁华之处。有句老话儿说："南有夫子庙，北有隆福寺。"现在，夫子庙还是南京的一块金字招牌，可隆福寺却已经门可罗雀了。特别是十八年前，一把大火烧了曾经兴旺一时的隆福大厦后，隆福寺地区就没缓过劲儿来。难道说就让北京城内这块黄金宝地这么萧条下去吗？北京人不甘心。这不，隆福寺终于要动"大手术"了。据了解，隆福寺地区除了复建古寺，还将建成艺术品交易中心、演艺中心和传统商业文化街区。这不禁让人想起了老隆福寺的繁华景象……

隆福寺始建于明代景泰三年（1452年），清代改成了喇嘛庙，与坐落在西四的护国寺遥遥相对，一个俗称"东庙"，一个俗称"西庙"。由于隆福寺曾是朝廷的香火院，香火极盛。再加之这里离南方客商运粮常走的朝阳门不远，他们经常把随身货物拿到这儿卖。久而久之，隆福寺发展成北京内城首屈一指的大庙市。据《日下旧闻考》记载，隆福寺"每月之九、十有庙市，百货骈阗，为庙市之冠"。花鸟鱼虫，绫罗绸缎，字画古玩，衣服饮食，百货云集；星卜杂技，民间绝活，无所不有。每逢市日，这里人山人海。不但京城的平民百姓、达官贵人经常光顾，就连东交民巷使馆区的外国人也是常客。《北京竹枝词》曾用"一日能消百万钱"来描绘隆福寺的兴盛景象。

可惜1901年隆福寺里的喇嘛用火不慎，把隆福寺烧毁了。庙虽然没了，但庙市依然火爆。据统计，上世纪30年代，隆福寺庙市共有商贩946户，营业面积达13000多平方米。摊位从庙里一直延伸到神路街、隆福寺街和现在的东四西大街。

隆福寺街文奎堂古旧书铺的店员在修补书面。

上世纪 30 年代隆福寺街景。

隆福寺山门至万善殿之间场院上的庙市。

隆福寺距离曾经的北京贡院不远。各地来京赶考的举子络绎不绝，渐渐地，这里的书肆兴盛起来。清末民初，隆福寺有三十多家书肆，甚至能跟南城的琉璃厂相媲美。书店里不但卖书，还能淘到价格低廉的珍本、孤本。据说当年胡适在北大当教授的时候，曾经对学生们说：“这儿距隆福寺很近，你们应该常去跑跑。那里书店的掌柜的不见得比大学生懂得少。”

1951 年，政府部门把隆福寺一带的浮摊儿、游商安排到隆福寺的空地上，并改建成常年营业的“东四人民市场”。东四人民市场建在老隆福寺前门和第二道大殿之间，第二道大殿到第

隆福寺街还是京城有名的鸟市。

三道大殿之间改建成办公用房和仓库。后来，市场东边又盖起了东四小剧场和电影院。除了电影，还演曲剧和杂技。

上世纪80年代，在东四人民市场的基础上盖起了隆福大厦。大厦里安装了当时还是稀罕物的电动扶梯，着实在京城火了一把。没想到，1993年的一场大火把隆福大厦烧了个精光。更想不到的是大火不但烧掉了大厦，似乎也烧掉了隆福寺地区的人气儿。从此，隆福寺地区不论是改成小吃街，还是电子市场，始终聚不起人气儿来。

如今隆福寺就要恢复了，那一片儿的繁华盛景又要回到北京人的生活里了。

隆福寺庙会上
游人在看拉洋片。

两名妇女在买
鸡毛掸子。

原隆福寺三宝殿内的藻井。

旧日东交民巷

1861 年，第二次鸦片战争结束，清政府与英、法、美、俄列强签订城下之盟——《天津条约》。依据条约规定，各国可派公使常驻北京。东江米巷开始耸立起一座座异域风格的小洋楼，这条胡同也由此改名为东交民巷。从此，这里成为浓缩近代中国丧权辱国历史的小舞台。一百多年后的今天，这些西洋建筑有的已经拆除，有的还在使用，它们已经融入北京的城市记忆。

1900 年，义和团杀入北京城，围攻东交民巷。不过，血肉之躯抵不过洋枪洋炮，仅仅五十六天后，八国联军攻陷了京城。第二年，清政府与英、美、日、德、俄等十一国签订《辛丑条约》。其中第七款规定"大清国国家允定各使馆境界以为专与住用之处，并独由使馆管理。中国民人，概不准在界内居住。亦可由行防守。"使馆区的四至，南起东城根，北到东长安街，西至东交民巷西口（户部街），东到崇文门大街，是原来使馆区面积的二十倍。

《辛丑条约》还赋予各国"常留兵队分保使馆"的权力。于是，各国纷纷开始在东交民巷大兴土木，建造兵营。使馆区四至建起六米高的界墙，上设炮台、碉堡，下挖壕沟。图为民国时期东交民巷入口，原来的木栅栏门改成铁门，白天由外国士兵把守，晚上关闭，俨然是一个"国中之国"。

1861 年英国在北京设立公使馆之初，英国公使额尔金曾先后相中了怡亲王府和肃王府。但清政府考虑到怡亲王和肃亲王在满清皇族中地位较高，若将其府邸改建为英国公使馆有碍国体，所以没答应。最后，额尔金用每年 1200 两白银的租金，租下东交民巷北边玉河西岸的梁公府。梁公府本是清康熙帝第七子爱新觉罗·允祐的宅邸——淳亲王府。根据清代爵位降等世袭的制度，到了其孙奕梁这辈，爵位已降为镇国公。

图为梁公府原有的大门。英国人把大门的墙拆除，只留下柱子，改成一个长廊。庚子之后，英国公使馆又占了翰林院、銮驾库、鸿胪寺及兵部、工部的一部分。

图为建设中的美国使馆西兵营。美国兵营位于使馆西侧，原有东西两座营房，都是一层的连廊建筑。为了扩充驻华军队，1918年在原有的西侧营房基础上修建了新的营房，从原来的一层变为四层。这张照片是在正阳门城墙上向北拍摄的。

奥匈帝国公使馆原为清顺治帝第二子裕亲王福全的宅邸。英法等国在北京设立公使馆后，奥匈帝国也以“利益均沾”为由，要求在北京设立公使馆。

义和团运动期间，奥匈公使馆遭受重创。从照片中可见，原有的欧式建筑已成为废墟。《辛丑条约》签订后，奥匈帝国像各国一样，借机扩大了使馆面积，较之前面积扩充数倍，并修建了新公使馆和兵营。如今保存下来的奥匈公使馆是1910年前后建成的。

在使馆区中，英国公使馆的位置最为隐蔽。它的南边和西边被美国公使馆和俄国公使馆遮蔽，东边被法国、德国、奥地利、日本和肃王府遮蔽。围困期间，这些建筑为英国公使馆阻挡了不少来自清军和义和团的炮火。英国公使馆的西边为上驷院，北边为翰林院。从这两个方向，清军又很难发起进攻。得天独厚的地理环境，使英国公使馆在围困期间成为使馆区非战斗人员的避难所。图为英国、美国海军陆战队员在英国使馆门前摆弄“国际炮”。

1862年，普鲁士代表除奥地利之外的德意志各邦，在北京设立公使馆。

图中的德国公使馆建于1875年至1879年，位于东交民巷路南、洪昌胡同北口西侧，设计师是德国人恩斯特·奥尔末。奥尔末在北京工作期间曾拍摄了一组圆明园的照片。它们目前被公认为是圆明园被毁后最早的影像资料。图中的建筑是德国公使的住宅和办公室。

曾经的水影桨声

“春湖落日水拖蓝，天影楼台上下涵。十里青山行画里，双飞白鸟似江南。”五百多年前，大诗人文徵明在北京盘桓数日后，写下了这样的诗句。诗中描绘的北京，与我们今天熟悉的这个缺水城市大相径庭。据《光绪顺天府志》记载，清末北京有河沟一百四十条，湖潭二十八个，有名的泉二十六个。其实，北京自古就有一派水乡风情。

1291年，元世祖忽必烈听取郭守敬的建议，开凿通州至元大都的运粮河道。郭守敬设计了一条“西折南转”的引水路线，把昌平白浮泉的水，经京西北的瓮山泊（今颐和园昆明湖），然后再向东自和义门（今西直门），进入元大都，汇聚为积水潭。自此，积水潭成为大运河的端头。积水潭的水向南连通皇城内的太液池，向东出地安门外万宁桥，沿皇城东墙外南行，经文明门（今崇文门）出大都，再往东流向通州汇入北运河。京城水系由此初现端倪。

鼎盛时期，元代打造了八千多艘运河漕船，每天川流不息地把从江南运来的漕粮运到积水潭码头。渐渐地，积水潭附近的烟袋斜街、钟鼓楼一带，商贾云集，湖光水色，岸边歌台酒榭，文人骚客吟风弄月，成为元大都中最为繁华的所在。

明朝初年，朱元璋定都南京，北京失去了都城的地位，南方漕船不再北上，积水潭也渐渐衰落。明成祖朱棣夺取皇位后，重新定都北京，但他考虑到皇城的安全，下令不准漕船入城。积水潭从此失去了漕运码头的功能，成为了一片没有活水的内湖。朱棣为了满足追随他北上的南方大臣的思乡之情，下令在积水潭周边种植稻米、莲藕，并建观耕亭。稻荷飘香时，积水潭附近呈现出一派江南水乡风景。此时，连接六海（即西海、

东便门角楼旁的护城河，隐约可以看到远处的大通桥。清末这里还能行舟。

后海、前海、北海、中海和南海的合称）的护城河，承担起北京城里主要的水路交通。夏天，河道里百舸争流。冬天，河面结冰，护城河成为方便廉价的冰上通道。不论到哪个城门，坐冰车都比乘车、骑马快得多。在人烟稀少的南城，妇女们成群结队地到河边洗衣，孩子们在河里嬉戏。农民们则引水浇灌菜畦。大清早，小贩在护城河里把菜根洗净，挑到城内叫卖。人们在河里游泳、养鸭，河边钓鱼、唱戏。护城河带给北京人无限的生活乐趣。

清代，京西玉泉山的水资源被开发出来。康熙至乾隆的百余年间，清廷不惜人力、物力，营建了畅春园、圆明园、万寿山清漪园、玉泉山静明园、香山静宜园等皇家离宫，统称为“三山五园”。这些皇家园林将中国古典园林的建造艺术推向极致。令人痛惜的是英法联军和八国联军先后打进北京，短短几年，“三山五园”化为废墟。

清末民初，国势衰微。北京城里的护城河缺乏疏浚维护，护城河上的桥被毁。1929 年，国民政府对北平全城河道进行了调查和规划。1934 年《北平市河道整治计划》出炉，但随着日寇

人们在神武门前的筒子河里收集菱角。此照片由西德尼·甘博摄于 1917 年至 1919 年间。

的入侵，这些计划都没来得及实施即化为泡影。

自清末至新中国成立，北京的水系一直没有得到有效治理，河湖淤塞，肮脏污秽，流水不畅，臭气熏天。老舍先生笔下的龙须沟就是当时北京城市水系的典型写照。新中国成立之初，正是以治理龙须沟为开端，北京开始了规模浩大的古都清洁运动，城市面貌焕然一新。

新中国成立后，北京对城市水系进行过三次较大的整治，但随着经济迅速发展，人口急剧增加，河湖遭到新的污染。1998 年，北京正式启动城市水系治理工程，继六海清淤后，又对昆玉河等河道进行整理，初步实现了“水清、岸绿、流畅、通航”。按照规划，通过对城市河湖水系的综合治理，北京将恢复明清时期的城市水景，从而形成世界内陆城市中独一无二的环城景观水系。

到了冬天，北京的许多水面上冻，滑冰成为市民喜闻乐见的一项活动。本片摄于 1946 年，一名老者在北海太液池冰面上滑冰，他虽然已经须发皆白，但身手不凡。

清末，北京永定门外，夏天在护城河里玩水的人们。

20 世纪 30 年代末，一个老爷子在紫禁城筒子河边遛鸟，河里隐约能看到角楼的倒影。此照片由小林清治拍摄。

民国时，从玉泉山上看到的水田。元世祖将昆明湖的水引入北京城内，形成了什刹海和太液池。之后，乾隆帝把玉泉山的水引入昆明湖，并疏浚了附近的水道，使其附近流域都有丰富的灌溉水源，因此水田大量被开垦，水稻也得以种植。隔着水田可以远眺颐和园万寿山和昆明湖。此照片摄于 1927 年之前。

运河帆影

现在的大运河之于北京，早已没有了运输的意义，成了一条排水河道。绿树掩映、水波粼粼之中，大运河风景独具，而曾经“万舟骈集”的繁华胜景，只能在历史旧影中追忆。

众所周知，京杭大运河开凿于隋朝，运河最北端的涿郡就是现在的北京。不过，那时的大运河是以洛阳为中心。元定都大都，为了把南方的粮食运到北方，先后开凿了三段河道，把原来以洛阳为中心的隋代横向运河，修筑成以大都为中心，南下直达杭州的纵向大运河。

元代的大运河可以直抵大都城，它的北起点是什刹海。江南漕粮可北至通州，再由坝河或通惠河运抵大都城中。自1293年京杭大运河直通什刹海开始，至1432年通惠河城区段停航，什刹海作为大运河漕运终点码头的历史共延续了一百三十九年。漫长岁月为什刹海遗留下大大小小、不胜枚举的文物古迹。

到了明朝，明成祖朱棣夺得皇位之后，把首都从南京迁到了北京，在元大都的基础上重建、扩建了北京城。因为筑起了高大的城墙，北京城内的水系不再通航，大运河的北起点就挪到了通惠河的大通桥(今东便门)。南方运来的漕粮到达通州后，一部分由通惠河继续走水路进城，另一部分则运到岸上，存放于京城和通州的漕仓之中。

清朝国力鼎盛时期，也是大运河最为繁华的时期。现在京城中仍在沿用的海运仓、北新仓等地名，就是当年为大运河漕运而建的漕仓。清中期有皇家粮仓十三仓，其中城内七仓、城外六仓，专供八旗三营和文武四品以下官俸禄米及军马豆料等。据记载，漕运发达时期，从天津到通州的北运河上，每年要承载两万艘运粮的漕船，官兵十二万人

19世纪70年代，大通桥运粮的情景。此照片为玻璃底片，曾经过修整，树的部分有笔触痕迹。

次，连同商船共三万艘，“万舟骈集”，场面极为壮观。

时人有诗云：运河遗迹何处寻，一支塔影认通州。据说当年的船工，一路沿运河运货载客非常辛苦，而只要远远看到夕阳下一座高大的塔影，就知道辛苦的旅程即将结束，通州就在前方。

正是在这一时期，以马戛尔尼为首的英国使节团访华，他们乘船顺着运河到达通州。那时的通州是运河上最繁忙的码头，马戛尔尼在回忆录中写道：“……（通州）工商业显得非常兴旺，表现出来是一个为首都服务的城市。商店铺面都上了五颜六色的漆，有的甚至涂金，悬挂着很长的招牌来吸引顾客。”

顺着大运河来到北京的马戛尔尼没能敲开中国的大门，觐见乾隆皇帝时还发生了要不要行叩拜大礼的争议。不久后，马戛尔尼使团被礼送出境。他们又顺着大运河离开北京，一路南下，最后从广州乘船返回了英国。

大运河在中国内陆贯通南北，清王朝也只专注、自满于广袤的内陆领土，对外闭关锁国。几十年之后，英国人用坚船利炮从海上打破了“老大帝国”的门户。

清中后期，内政腐败，战火连绵，大运河连年失修，河道浅阻，难以通航，运抵通州的漕粮数目逐渐减少。而同一时期，铁路、公路运输飞快发展起来，大运河的航运功能越发式微。特别是京津铁路通车后，自光绪二十六年（1900年）起，北京段运河漕运功能彻底停止，昔日的繁盛景象已渐渐走进历史深处。

1900 年，大运河上运送美军装备的平底帆船。庚子事变中，八国联军攻陷天津后，用平底帆船搭载辎重，沿大运河向北京进发。此照片由詹姆斯·利卡尔顿拍摄。

此照片摄于20世纪30年代，通州附近的大运河河面宽阔，河水漫散，很浅，一艘货船满载货物正从天津方向驶往通州。因迎风行驶，故落下高帆，由数名船夫用篙撑进。

摄影师站在今潞城镇杨坨村附近河边面西拍摄。从天津运到的大批货物在此地卸船，用草帘盖着堆放在岸上，等待向北京城内转运。同时，这里也设有渡口，一艘挤满乘客的摆渡船正驶向码头。

通惠河上的摆渡船。

一支塔影认通州

2017年，北京市属行政事业单位就将整体或部分迁入通州了。通州这个京东卫星城一下子升级成了北京的行政副中心。不少土生土长的通州市民乐开了花。其实，早在明清时期，通州就是京都东大门，拱卫京畿，兴盛一时。

通州这个名字，取自“漕运通济”之意。在纵贯南北的京杭大运河上，通州因其地理位置独特，自明清以降，一直担任着“皇家码头”的角色。每年都有大批船只在运河上频繁往来，由各地向京城运送物资漕粮。漕船到达通州后，一部分船只载着粮食经元代郭守敬开凿的通惠河继续向西，进入北京护城河后在朝阳门码头靠岸，将粮食送至东城一带的十三仓。由于北京城内储藏能力有限，更多的漕粮货物都被暂存在通州。今天在通州仍有许多以仓命名的地方，它们多是当年规模巨大的粮仓。

通州因漕运而兴盛，通州百姓因漕运而富裕，各业也因漕运而兴旺。全国乃至世界各地的物资都汇集到此处，形成了货品丰富、琳琅满目的繁华市集。清乾隆年间，英国马戛尔尼使团来华，一路沿着运河北上，在通州上岸进京。在这里，他们亲眼目睹了“天下第一通漕之处”的繁盛景象。运河上往来的船只运送着“各类供应首都的棉花、铜币、大米、丝绸、盐、茶以及其他商货”，码头上一片繁忙，搬运工们“从船上把东西搬上岸，表现得敏捷、有力量和灵活……绝非其他国家的人在短时间内能够做到”。城内集市车水马龙，人来人往，“许多家庭的房子前面开设店铺或作坊，后面住家。工商业显得非常兴旺……货品中有的是来自南方各省的茶叶、丝织品和瓷器，有的是来自鞑靼区的皮货。”马戛尔尼等人甚至还在售卖的货品中发现了少量的英国布匹。此时的通州，

通州燃灯佛舍利塔。此照片是1860年英法联军攻打北京城时，随军记者费利斯·比托拍摄的，也是北京最早的照片之一。比托站在今天通州西海子公园西门外、通惠河北岸拍摄了这张照片。燃灯佛舍利塔位于通州旧城北门内，乃镇河之塔。此塔当时是通州的地标建筑，清诗“一支塔影认通州”流传至今。

不愧是“水陆之要会，畿辅之襟喉”。

通州以西的八里桥是通往北京城的必经之处。第二次鸦片战争期间，僧格林沁、胜保、瑞麟曾统率三万清军在这里与英法联军展开生死决战，力图守住京城的最后一道屏障。但落后的大刀长矛终究敌不过先进的子弹和火炮，最终将士血战殉国，北京城被攻破。咸丰皇帝从圆明园逃往热河避暑山庄。四十年后，相似的一幕再次上演，八国联军侵占北京，慈禧太后逃往西安。后来，慈禧太后试图运粮到西安不成，只得接受庆亲王奕劻、大学士李鸿章的建议，下令停止漕运。通州的漕运官署相继撤销，为其服务的行业以及商业也随之萧条。

如今，大运河早已没有了漕运的功能，而通州则将承担起行政副中心的使命。相信这座过去的“京东粮仓”、北京的东大门，将会再造辉煌。

大成门。拍摄者站在今天通州大成街文庙棂星门前拍摄。大成门是文庙大门，于1900年被八国联军烧毁，后重建成四柱三楼式的牌楼门，今已不存。

上世纪20年代，通州小红牌楼。拍摄者在大红牌楼胡同（今北苑街道辖区内新仓路）中间部位面南拍摄。明代，在大运西仓与负责漕运仓储的衙门忠瑞馆之间形成了一条大街，街的南北口建有大小两座牌楼。该牌楼于新中国成立初期被拆除。

民国时期，通州农村的市集。

1860 年，英法联军随军记者比托拍摄的通州八里桥。八里桥，即永通桥，因其坐落于通州旧城西门外八里，故称八里桥。1860 年，清军在这里与英法联军展开激战，血染长桥，史称八里桥之战。

通州漕运东仓遗址。

民国时期的通州鼓楼。鼓楼元代称为齐政楼，历代几经毁坏和复建。清末，鼓楼的暮鼓晨钟指挥着全城的作息。1934 年改为通县县立民众教育馆，今鼓楼遗址尚存。电影《野火春风斗古城》曾在这里拍摄。

没落的外三营

1922年，一位名叫穆儒丐的满族作家在沈阳《盛京时报》上发表了长篇小说：《同命鸳鸯》。故事情节并不复杂，主要叙述了清末民初时期一段两男一女的爱情悲剧。然而，书中的情节感人至深，因为这是当时京西地区外三营旗人的真实心境。

所谓外三营，即清代中叶以后清廷在京城西北郊地区（今海淀区境内）陆续建起的圆明园护军营、香山健锐营和蓝靛厂外火器营。这三大军营都是官、兵携眷而居，四周围建营墙，形成“营房”格局。一般说来，圆明园护军是负责皇帝在圆明园安全的特设护军，其主要任务是拱卫圆明园地区，确保皇帝来园往返途中和驻园期间的安全。健锐营与外火器营则是特种部队，前者专司云梯，后者专司火器，他们的主要职责是完成机动作战任务，哪里有重要战事，就出现在哪里。清廷在国运鼎盛时期一直对八旗实行恩养政策，外三营一名前锋每月饷银四两，每季饷粮五石半；委前锋每月饷银三两，每季饷粮五石半；养育兵（后备兵）每月饷银一两半。除此之外，旗兵还有五垧旗地收入，出征时另有每月饷银二两。再加上临时“恩赏”，如祭祖钱粮、寡妇钱粮和婚丧钱粮等。可以说，外三营旗人的生活相当优越，因此有“老米树”“铁杆庄稼”之称。

随着清王朝的衰落，外三营也日渐没落。虽然比起疏于军训、武事渐废的京师八旗，“远屯郊圻，不近繁华”的外三营英气未泯，但也难以摆脱京师八旗的痈疽。道光元年（1821年），道光帝曾担忧：“健锐、火器两营，操练本属认真，遇事并能得力，然近日风气，亦不逮从前远甚。”

更糟糕的是，晚清国力衰弱，旗人生齿日繁，旗兵的饷银逐年减少。至光绪末年，已降至五成。如健锐营一个前锋（正兵），原定每月饷银四两，到手却不足二两；每季

等待观看节庆表演的人群。维持秩序的绳子后面，无论是孩子还是成人都翘首以待，等待表演的开始，一位梳旗头的女子在人群里非常显眼。

一个正蹲在院门前撒尿的孩子被好奇的摄影师摄入镜头。

春耕在即，没有了收入的旗人也不得不开始耕种自己的田地。图为三头骡子拉着铁犁翻地。

行进在乡间道路上的葬礼队伍，看起来只是收入一般的普通人家，死者的亲人坐在马车里，几个人抬着的棺材上盖了一幅经被。

应发饷粮五石半，实际只按二成发一石多。按当时的物价，这点钱粮只能维持一对夫妻生活，孩子一多就贫困不堪。

为了保持八旗子弟的纯洁性，清廷规定八旗子弟不得随便离开旗地、不得从事民间技艺、不得经商、不得与民人通婚。这些条条框框把他们逼进了以吃粮当兵为唯一出路的死胡同。虽然光绪二十四年（1898 年）光绪帝准许旗人“各习四民之业，自谋生计”，但八旗子弟的谋生技能非常有限。外三营旗人只能进城做些拉洋车、泥瓦匠、制作兔儿爷的营生。到了清廷编练新军后，大批青壮旗人便离开了外三营，只留下老弱妇孺，从此西郊外三营营房就变成了稀落的村庄。

辛亥革命后，外三营正式解体。虽然袁世凯与民军达成的皇室《优待条件》规定：“八旗禁军归民国改编，饷如旧”，但是实际上这一条款从未兑现。在北洋军阀和国民党政府统治下，排满之风盛行，旗民生活更加穷困。在穆儒丐看来，西山脚下宁静的外三营原是满目田园风光，“差不多是人间仙府”了。可是，民国之后，“营子里拆毁的不像样了，一条巷没有几间房子存着，其余的都成了一片荒丘”。

民国以后，八旗子弟粮饷断绝，一下子陷入了困顿。1923 年 5 月，北京《益世报》刊载：“近年绝了旗人月饷，断了他们衣食之源，没有门路就业者，或身体病残者，靠典卖衣物度日，

团城演武厅全景。团城位于香山南麓，始建于乾隆十四年（1749年），是乾隆皇帝检阅八旗的地方，其南方即演兵场，如今已开辟为果园。

几位耄耋老者坐在石桌旁，有的在抽旱烟，有的在喝茶，细看还有两位老者在揉核桃。他们都曾经是八旗士兵。

两个孩子随父亲外出归来，小一点儿的可以享受坐驴子的待遇，而稍大一点儿的就只能像父亲那样步行了。

而家中无物典卖者，便到粥厂领粥充饥，军阀混战粥厂停止放粥后，靠领粥糊口的满人陷入生活绝境，出于万般无奈，有的沦为娼妓……”

清朝的缔造者们也许没有想到，他们推行的恩养制度把曾经骁勇的八旗子弟变成了一群不仕不农不商不贾、非农非兵非工之徒。当清王朝覆灭后，八旗子弟们也跌入到社会的最底层。

北京西郊蓝旗营一位抱孩子的满族妇女。民国以后他们的生活大不如前，但是满族妇女仍保持着干净的衣着和精致的梳妆。

北京曾经的跑马场

赛马在中国有上千年的历史，战国时“田忌赛马”的故事，人们耳熟能详。老北京也有自己传统的赛马活动。不过，作为一种正规竞技项目的西式赛马，则在第二次鸦片战争后才传入北京。进行这项运动的主要是驻京的外国人。为此，他们还在北京西郊开辟了一个跑马场。

这个跑马场时称西绅跑马场，大致在今白云观以西，北京西站以东的位置，横跨西城、海淀地界。1913年出版的《京汉旅行指南》在介绍京汉铁路跑马场车站时，对这座跑马场曾有提及：“……距前门站十四里，自西便门车站至此计程二里，因站西南为西人赛马之区得名，车行过站之后，遥见四围乔木蔚然深秀者即跑马场也。”1935年马芷庠先生编辑的《老北京旅行指南》中也有关于跑马场的介绍：“跑马场在西便门外三里余，平汉铁路之第一站也。昔日为清室王公驯马之地，庚子事变后，西人鉴于该处广阔，遂在该地建筑跑马场。”

实际上这座跑马场的建设年代很早，在庚子之前就已投入使用。早期来华的外国人，人生地不熟，业余生活很贫乏，因此常组织赛艇、赛马、野餐等集体活动。曾掌管中国海关近半个世纪的赫德就曾在他的日记中频繁提到“外出骑马”。赫德骑的是一匹中国官员赠送的蒙古马，这种马虽然骨骼粗壮，四肢强健，耐力好，但体形较英国马及阿拉伯马矮。庚子之前，蒙古马是赛马场上的主力，后来渐渐有阿拉伯马参加比赛。

在义和团的“灭洋”运动中，这座赛马场也没能幸免。据意大利公使塞尔瓦戈·拉吉的日记记载，1900年6月9日义和团焚烧了跑马场的看台。野史《综论拳匪滋事庸臣误国西兵入京事》一文中也提到，义和团“烧外城姚家井一带教民房屋，其彰义门西人赛

骑手们正向终点冲刺。

观众向获得冠军的骑手致意。

八国联军占领北京后，联军总司令瓦德西（中）来到跑马场观看赛马比赛，当时看台还没有修好。

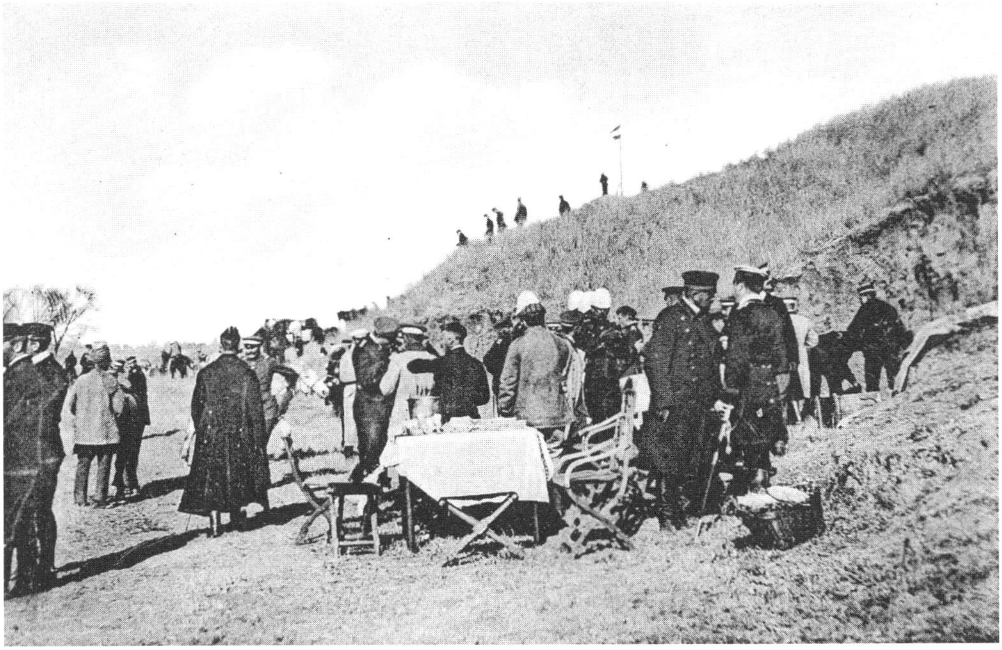

比赛间隙选手在更换毛巾。

一匹名叫"黑美人"的赛马。

马场亦同日被焚”。

庚子事变之后，洋人在京的赛马活动很快又恢复起来，并重建了西便门外的跑马场。重建的跑马场呈环形，有直道和弯道，占地二百多亩。跑道周围设有两圈木制白色栏杆，内圈略高，两圈相距约二十米。跑道北侧有一座两层的看台，上下各六间，楼外有台阶可上下。此外跑马场还设有马厩、骑手休息室及票房，来观看赛马的观众可以到票房购买马票。

跑马场只接受欧美骑手，但观看比赛和赌马对各国人都开放。《老北京旅行指南》记载：“每当春秋两季，举行赛马会。各国侨民等皆乐此不疲，故当赛马会日期，各西商等则为例假。今年交通便利，乘人力车只费二角，汽车所费亦不过四角耳。每逢赛马之期，附近乡愚及平市士民，纷往购买香宾马票。输赢甚巨，亦变相之赌博，幸为日无多耳。”

除了观看比赛，各界人士汇聚西绅跑马场，更看重的是这里的社交功能。清末民初，很多官员就经常光顾这里，与使馆官员、记者以及洋商交谈应酬，如曾署理邮传部大臣的梁士诒、《泰晤士报》驻京记者莫理循都是这里的常客。

1937年卢沟桥事变之后，跑马场成了日本人娱乐赌博的场地。日本投降后，内战爆发，物价飞涨，民生艰难，赛马活动及赛马场都渐渐被人遗忘了。

西绅跑马场看台全景。从照片中可以看出，外国人是这里的主要观众。

梁士诒（左）和外国人在跑马场交谈。

燕大往事

电视剧《北平无战事》中，“燕京大学”频频出镜。这所沉寂已久的大学，重新被推到观众面前。燕大存在了三十三年，曾是中国教会大学中的执牛耳者。它的前世今生，如今能说清者已然不多。

提到燕京大学，有一个不得不说的人物——司徒雷登。司徒雷登是生于中国杭州的美国传教士后裔。他曾经是美国基督教长老会传教士，做过美国驻华大使，而他最引以为豪的一个身份是燕京大学校长。

1918 年，汇文大学和华北协和大学有意联合，于是邀请司徒雷登出任校长。当时在南京金陵神学院任教的司徒雷登，一心传教，婉拒了邀请。后来，几经周折他才接受了这所“分文不名”的大学。1919 年春，司徒雷登就任这所合并而成的大学的校长，并给学校起了个新名字——“燕京大学”。次年，华北协和女子大学也并入燕大。燕京大学成为中国最早实行男女合并授课的大学之一。

建校伊始，燕京大学的处境非常窘迫。据冰心的老师包贵思夫人回忆：“那时的燕大是一无可取。我们很局促地住在城内，没有教员，也没有设备，学生不到百人，教员中只有两位中国人。许多西方教员都不合于大学教授的条件。”为此，司徒雷登费尽周折，在美国好友亨利·卢斯的帮助下，为学校筹集资金。他骑着毛驴、自行车转遍了北京四郊，为燕大寻找新的校址。最后经朋友建议，决定买下陕西督军陈树藩在北京西郊的二百多亩的宅子——勺园。司徒雷登准备了二十万美元的巨款，赴西安与陈树藩协商，令司徒雷登惊喜的是“督军仅以六万大洋的价格把这块地让了出来，不仅如此，他还把其中三分之一的款项作为奖学金”。校址定下来后，司徒雷登邀请毕业于耶鲁大学建筑系的亨利·墨菲主持设计了校园，建造了极

1922年，燕京大学女生在女子学院大门前合影留念。

富中国特色的燕园。1926年夏，燕京大学各院系正式迁入新校园。司徒雷登曾自豪地宣称：“凡是来访者无不称赞燕大是世界上最美丽的校园。”

虽然是一所教会大学，但燕京大学的气氛十分自由。司徒雷登为使燕大更加世俗化、中国化，对中国教员和外籍教师一视同仁。他甚至自筹经费，聘请了诸多知名学者来任教，如留洋归来的刘廷芳、洪业、胡适、闻一多、吴宓、冰心、冯友兰、萧公权等，还有国内久负盛名的陈垣、

1929 年，北平市长何其巩与燕京大学校长司徒雷登等人合影。

周作人、郑振铎、钱穆、钱玄同、俞平伯、朱自清、顾颉刚等。燕大成为当时大师云集的人才重地。短短几年的时间，燕京大学一跃成为与北京大学、清华大学齐名的一流大学。

司徒雷登鼓励燕大学子“应与社会和国家发生密切关系”。燕大的进步学生经常到北京大学参加活动，在中国共产党成立几年后，燕京大学就开始有了共产党员。燕大文科生戎之桐于1923年加入中国共产党，成为燕大的第一位中共党员。此后，燕大党支部成立，张淑仪、赵宗复、张兆麟等纷纷加入。到1935年，全校880名学生中有46名党员。这些进步学生积极参与爱国活动，为抗日战争和新中国的诞生做出了贡献。

1952 年，中国实行大学院系调整，教会大学被全部取消。燕京大学文、理、法各系并入北京大学，工科并入清华大学，新闻系及一些社会学科并入中国人民大学，改组后的北京大学迁入了燕园。

1931 年，燕京大学女生在波逸德（Boyd）体育馆里上体育课。

1938 年 5 月，燕京大学女子学院学生在进行舞蹈表演。

上图：1938年，燕京大学学生在操场进行“夺旗”游戏。“夺旗”是一项欧美传统游戏，率先爬上旗杆抢到旗子者为胜。

下图：1940年复活节，燕京大学的同学们在郊外聚餐。

上图：1941 年，燕京大学女生走出宿舍楼。

下图：1941 年，燕京大学女生在向外教报体育测试成绩。

“贝满”一百五十年

2014年10月，北京市第一六六中学建校一百五十周年。这所百年老校的前身是著名的贝满女中。一百五十年前，美国传教士贝满夫人创立了北京第一所女子学校——“贝满女塾”，由此开启了北京女子教育的先河。

1864年，丧夫不久的贝满夫人用丈夫的遗产在北京创办了一所女子学校，并命名为“贝满女塾”。贝满女塾最初坐落在灯市口大街北面的大鹁鸽市胡同，规模较小。草创时期，校务由贝满夫人一人主持。在女子“大门不出二门不迈”的封建时代，让女子公开受教育，可谓是“冒天下之大不韪”。起初，只有揭不开锅的贫寒人家才把女儿送来混口饭吃。甲午战争后，中国风气渐开，贝满女塾的规模也渐渐扩大。此时学校设立四年制女子中学，并改名“贝满中斋”。

民国时期，贝满女中已经是北京首屈一指的女子中学了。1914年，刚刚从山东烟台迁来北京的冰心，便被长辈送进了贝满女中。贝满女中是一所教会学校，宗教气息浓郁。冰心记得她身边的同学几乎都是基督徒，“很拘谨、严肃，衣着都是蓝衣青裙，十分朴素”。

当时，贝满女中实行“分科教学”和“班级授课制”，在华北地区也算首创。学校开设的课程，不仅有国文、代数、英文、历史、地理等，还包括蒙学、养心等学科。学生时代，冰心成绩优秀。据她回忆，她圣经、英文几乎都在95分以上，作文老师还给过她100加20的高分。至今，冰心的成绩单仍保留在北京市第一六六中学的档案室里。

贝满女中不但教学质量高，学生们的课外活动也很丰富。物理学家谢希德在《母校贝满女中》中回忆道：“短短的四年中，伴随着紧张学习的，是丰富多彩的业余生活；歌咏队和年级之间的各种球赛、讲演比赛、

20世纪初的贝满女中校园。

辛亥革命前，贝满女中毕业生合影。

1917 届八名毕业生在校园留影赠字"愿作明星"。虽然仅仅相隔数年，但此时女学生的精神面貌与清末已迥然不同。

话剧表演赛等等，陶冶着青年的身心"。学校专门开辟了练琴房、绘画室，还有藏书丰富的图书馆和阅览室。除了体育课之外，学校还组织了乒乓球队、排球队、网球队、篮球队等。话剧演出、歌咏比赛也是课外生活中丰富多彩的一面，贝满女中的歌咏队，甚至还在上海百代公司灌制过唱片。

学风严谨的贝满女中可谓桃李满天下。新中国卫生部第一任女部长李德全、著名女作家冰心、我国第一位"南丁格尔奖章"获得者王琇瑛、教育家景宴茹等，都是贝满女中的校友。

20 世纪 30 年代初，贝满女中学生课外小组活动。

1942 届同学在进行排球比赛。

1943届毕业生排练团体操——"高三我们就要毕业了"。

1946 届学生话剧演出剧照。

20 世纪 40 年代后期，贝满女中组织学生春游，船上的牌子写着“贝满女校包船”。

百年“石电”送光热

烧尽了厂里的最后一块存煤，石景山发电厂1、2、3号机组于2015年3月19日相继熄火、退出运行。这座北京最老的燃煤发电厂贡献了百年光和热后，为北京的蓝天白云做出了最后的奉献。

石景山发电厂的前身是1905年成立的京师华商电灯股份有限公司。

20世纪初，除了清宫廷和使馆区有发电的电灯房外，电灯尚未进入公用事业领域。德国商行抢先在东交民巷建成电灯房，专供使馆区用电，并拟在使馆区外筹建电厂进行商业扩张。

1902年，候补同知冯恕、刑部员外郎史履晋、御史蒋式惺向清廷呈文，奏请批准成立“京师华商电灯股份有限公司”。

京师华商电灯股份有限公司在前门西建了电厂（前门西的北京电力公司现址即是京师华商电灯股份有限公司的旧址），不收官银一股，不借外债一文，是中国最早的民族电业，1906年11月25日对外供电营业，发电量为7000千瓦，大约能点亮8000盏电灯。

电灯照亮了北京灰砖灰瓦的四合院，也照进红墙黄瓦的紫禁城。北京有钱的市民从此可以用上电，紫禁城也从电厂拉了电线。

1919年，京师华商电灯股份有限公司又在永定河畔兴建石景山发电分厂，发电量17000千瓦，1922年2月向京城送电。1933年，京师华商电灯股份有限公司又扩建了青龙桥变电厂，向清华大学和燕京大学供电。

自1906年至1938年，京师华商电灯股份有限公司为发展我国的民族电业、培养电力人才做出了卓越的贡献，为北京的电力事业发展奠定了基础。

1937年，七七事变后，北平沦陷，石景

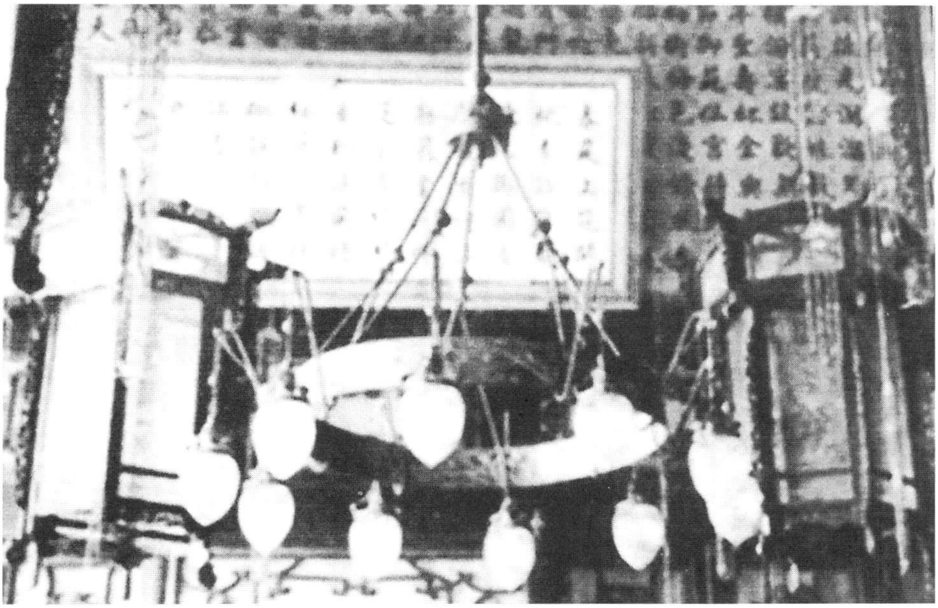

上世纪初电线拉进紫禁城。

上世纪 20 年代的石景山发电厂。

上世纪 20 年代为石景山发电厂送煤的驼队。

京師華商電鐙有限公司股票

京師華商電鐙公司為發給股票事今據
建業堂附入伍百圓

拾股

董事
朱道夫
琦璋
江朝宗
劉若曾
岳榮堃
周鴻球
王紹常

丙字第貳仟伍佰柒拾伍號

中華民國十三年五月一日

左列息票不得與股票分離每年付息憑此支取翦用完時再換新票

財政部印刷局製印

1924 年发行的京师华商电灯有限公司股票。

上世纪 30 年代的石景山发电厂。

上世纪 40 年代的石景山发电厂。

上图：上世纪40年代推煤的工人。

下图：1949年初护厂的工人。

1949年新中国成立前，工人抢修发电机定子，保证人民的北京城用上电。

山发电分厂被迫改名“北京发电所”。日本投降后，1946年改称“北平发电所”。

1948年12月11日，石景山发电分厂中共地下党组织接到华北局城市工作部“建立护厂队迎接解放”的指示，成立护厂委员会，配合解放军战士，保护了厂房和发电设备。

1948年12月17日，总装机容量5.5万千瓦的石景山发电分厂完整地回到人民手中。

中华人民共和国成立后，1949年11月1日，石景山发电分厂改名为石景山发电厂。

经过半个世纪的发展，石景山发电厂发展成石景山发电总厂，拥有火力发电厂3个，水电站4个，燃油汽轮机电站1个，总装机容量达176.6万千瓦。

“丰泰”留影
——北京最早的本土照相馆

在不久前结束的“华辰秋拍”上，一组由丰泰照相馆拍摄的旧京风物老照片，以10.35万元价格成交。丰泰照相馆是北京最早一家由中国人开设的照相馆。此次上拍的十二帧老照片包括故宫、天坛、北海、景山等北京风景名胜。在那个洋照相馆一统天下的时代，丰泰照相馆代表了北京本土照相馆的最高水平。

丰泰照相馆开业于清光绪十八年（1892年），老板任景丰是辽宁法库县人。任家是当地的名门望族，据说他祖上还跟努尔哈赤沾亲带故。青年时代，任景丰东渡日本考察实业，学习了现代的物理学和照相技术。他敏锐地发现，照相业在中国的前景可观。回国后，他在琉璃厂开设了北京第一家由中国人创办的照相馆——丰泰照相馆。

丰泰照相馆一开业便得受到北京人欢迎。多年西风东渐，当时北京人对照相早不像摄影技术刚进入中国时那样心存疑虑了。正像康有为所说，相片在中国“家置户有，人多好之”。丰泰照相馆的成功引来许多跟风者，一时间琉璃厂土地祠一带成了“照相一条街”。不过，在众多照相馆中，丰泰照相馆无论在规模还是技术上都首屈一指。据记载，丰泰照相馆有员工十多人，有名的摄影师有刘仲伦、徐子和等多人。丰泰照相馆以为京剧名伶拍戏装照闻名京城，他们为名伶田际云、朱素云、路三宝拍的合照最为有名。据说，丰泰照相馆通过出售名伶照片获利颇丰。

1905年，距法国卢米埃尔兄弟发明电影已经十年，国人对电影的热情日渐高涨。任景丰在前门外开了一家大观楼影戏院。当时，能放的都是外国影片，而且片源奇缺。任景丰萌生了自己拍电影的想法。他在祁罗孚洋行购买了一架法国制造的木壳手摇摄影机和十四卷胶片，并且邀请当时最著名的京剧名

紫禁城午门外广场。看上去当天似乎在举行着什么活动。图片放大后可以看出图中人物多身着西式服装，照此推测，这张照片应该是拍摄于八国联军入侵北京之后不久。皇家宫殿成了西方人猎奇、游览的场所。

清朝末年的天安门。这张照片应该拍摄于八国联军入侵北京后，天安门上的弹痕依然清晰可见。

故宫神武门。这张照片应该是在景山上拍摄的。

角谭鑫培拍摄《定军山》。

京剧史论家许姬传在《舞台生活四十年》中记载了丰泰照相馆为谭鑫培拍电影的一幕。有一天，许姬传的老友吴震修经过丰泰照相馆附近的一个广场，看见那里临时支着一块白布。走近一看，才知道他们正在拍“活动照相”呢。只见谭鑫培扎着黄靠，手拿金刀，耍了一个“定军山”里的大刀花下场。丰泰照相馆伙计刘仲明回忆，负责拍摄《定军山》的是摄影师刘仲伦。这次拍摄持续了三天，因为只能利用太阳光拍摄，所以每天只能拍一会儿。当时摄影机需要通过“摇”的方式来拍摄，而“那时的胶片只有二百尺一卷，很快就摇完了”。第二天拍摄时，刘仲伦光顾着看戏忘了摇机器，结果报废了两卷胶片。任景丰只好让刘仲明去祁罗孚洋行再买十卷胶片备用。

最终，这部中国最早的电影拍摄了《定军山》里“请缨”“舞刀”“交锋”三个场面。后来，

紫禁城神武门外。画面中人物神态、姿势随意而自然，富有日常生活情趣。在清末留存至今的照片中，这样的画面非常难得。

夏天的北海。经典景致，经典构图，代表着丰泰照相馆的摄影水平。

景山的围墙已经破败不堪。丰泰照相馆留下的这张照片，似乎是一张具有象征意义的晚清图景。

《定军山》在大观楼影戏院放映时，受到观众热烈欢迎，竟出现了“万人空巷来观之势”。自此，中国电影从这间小小的照相馆中拉开了帷幕。

1906 年至 1909 年，丰泰照相馆又先后拍摄了京剧名伶俞菊笙、朱文英、许德义及俞振庭演出的《青石山》《艳阳楼》《收关胜》《白水滩》《金钱豹》等电影。遗憾的是，1909 年一场大火烧毁了“丰泰”照相馆的机器设备，丰泰此后多次易址，在照相行业的地位大不如前，但是由“丰泰”而生的大观楼却历经百余年沧桑，一直延续至今。

谭鑫培饰演《定军山》的戏装照。这张照片历来被认作是丰泰照相馆拍摄的"剧照"，流传广泛。但是华辰拍卖曾上拍的这张原版照片，却印着"源记照像"的标识。基本可以判断这张照片不是1905年"丰泰"拍摄中国第一部电影《定军山》时的剧照，而是"源记"拍摄的谭鑫培《定军山》戏装照。"丰泰"也许拍过《定军山》的剧照，但很可能随着1909年那场大火化为灰烬了。

故都的雪

——北京最早的本土照相馆

北京连续下了几天雪。纷纷扬扬的雪，如鹅毛般飘洒下来，漫天漫地。对于早已习惯暖冬的北京人而言，如此大雪已不多见。大雪覆盖下的北京，似乎少了一分现代都市的浮华，多了一分古都的拙朴。甚至有人感慨，“一下雪，北京就变成北平了”。

郁达夫在《北平的四季》中写道，“北方生活的伟大幽闲，也只有在冬季，使人感受得最澈底。”下雪的早晨，“从厚棉被里张开眼来，一室的清光，会使你的眼睛眩晕。在阳光照耀之下，雪也一粒一粒地放起光来了，蛰伏得很久的小鸟， 在这时候会飞出来觅食振翎，谈天说地，吱吱地叫个不休。数日来的灰暗天空， 愁云一扫，忽然变得澄清见底，翳障全无。”而雪后北平的郊外，无数枯树林、西山隐隐现现的白峰头，和时时吹来的几阵雪样的西北风，实在是深刻，伟大，神秘，不可以言语来形容。

鲁迅先生在散文《雪》中对比南方和北方的雪时写道：“暖国的雨，向来没有变过冰冷的坚硬的灿烂的雪花。”“但是，朔方的雪花在纷飞之后，却永远如粉，如沙，它们决不粘连，撒在屋上，地上，枯草上，就是这样。”

我们为您找了一组 1946 年冬，美国《生活》杂志拍摄的北平雪景，带您领略一下真正的故都的雪。

如今的长安街在明清之际并未完全贯通，而是被天安门东西两侧的长安左门和长安右门分隔开来。八国联军占领北京时，这条路曾经一度开放，直到 1915 年朱启钤主持前门地区的改造才拆除围墙成为一条通衢大道，当然长安左、右两门仍然保留在原地。照片中 1946 年的冬天，石狮子都白了头，长安街上积雪不浅，但仍然人来车往，可见已是一条重要街道。

在天安门和午门之间是端门，建于明永乐年间，明清两代主要用于存放宫廷仪仗。照片中端门和天安门间的小广场种满了树木，不似现在之空旷。

大雪过后，北平一片银装素裹，空气干冷。站在正阳门城楼上向北远眺紫禁城，灰暗的天空被积雪反射的阳光照亮，本来金碧辉煌的屋顶全都变成白色。曾经神秘的千步廊在进入民国后已经改建为公园，大清门也易名"中华门"，一条在雪中被踩出的黑色道路直通中门。昔日只有皇帝能走的中门，已向所有的民众敞开。

透过天安门城楼中间的门洞向北看，可见端门。从端门的门洞又可以看到午门的门洞。一门套一门，层层锁"深宫"。然而"深宫"已经不再是神秘的大内禁苑。1924 年，末代皇帝溥仪出宫，次年故宫博物院成立，任何买了门票的民众都可以去参观。照片中尽管大雪纷飞，但仍没有阻止游人的脚步，地上的积雪已经被踩出一条黑漆漆的路。

清代，作为皇城的入口，天安门南边的区域是由长安左门、长安右门、大清门以及连接这三门的围墙圈起来的“T”形区域，区域内东西两侧围墙下是办公用的千步廊，普通百姓不得入内。1915 年朱启钤主持北京城改造，东、西长安街打通，拆除千步廊，这一区域绿化为公园。站在天安门城楼上向南看，长安街上没有车来车往，如今广场的位置遍植树木，雪后更显宁静。

一下雪，故宫就成为京城赏雪的大热门。在这种情形下，要想拍一张没有人的故宫雪景，那是痴心妄想。然而，这一切在1946年的北平都不是问题。摄影师镜头下大雪中的紫禁城静谧祥和，透过照片似乎能听到雪落的声音。

进入北海公园南门，正对着的就是海子里的琼华岛以及永安寺，一座石桥飞架水面之上，连接岛与岸。桥南有坊额“积翠”，桥北有坊额“堆云”，所以这桥又被称为“堆云积翠桥”，过了这桥就是永安寺山门。夏天，海子里开满荷花，石桥好像浮在绿叶和粉花之上；而到了冬天，特别是雪后，万物萧条，北平城只剩下黑白灰三色，石桥则涂抹出一番古意。

旧京图说

下

北京日报《旧京图说》编写组 编著

北京日报出版社

目录

洋眼看京

日下旧俗

京工百技

洋眼看京

老北京的色彩

有人说老北京是灰色的，因为百姓的房子多是灰墙灰瓦，冬天的天空也是灰色；有人说红色才是北京的色彩，因为这里拥有许多宫苑殿宇，宫墙的红色是最具代表性的颜色；也有人说老北京是绿色的，因为旧时的京城几乎院院都有树，到了盛夏满眼都是绿荫。

摄影术发明之初，还不能真实地记录色彩。再绚丽多彩的美景，在照片上呈现的也只是不同层次的黑白两色。然而这难不倒有创意的摄影师们。在摄影术传入中国以后，那些当时已经熟练掌握西画技法的广州外销画家们，成为最早学习摄影术的中国人。他们结合自己的特长，开始为照片手工上色。这多少为今天的我们留下了一些旧日中国的色彩。

摄影术的发展促使科学家们一直在探索制作彩色照片的方法。到 1907 年，法国卢米埃兄弟发明了真正意义上的全彩感光底片。法国银行家阿尔贝・肯恩意识到自己所处的时代是人类社会发展的一个重要时期。因而他决定制作一套地球档案，用影像的方式把世界记录下来。他向世界各地派出了摄影师，并将中国作为他自己的拍摄对象。

1909 年初，肯恩和他的司机兼摄影师阿尔贝・杜帖特来到中国。他们携带了大量的摄影耗材，其中包括四千块黑白玻璃底片、约三千米电影胶片、一百多个用于录音的蜡筒，以及几百张卢米埃彩色玻璃底片。于是在彩色照片诞生两年后，北京就把它的色彩留在了照片上。不过遗憾的是这些照片今天已无缘得见，第二次世界大战中法国被德国占领，肯恩保存的“地球档案”所有影音资料被当局没收。二战结束后，这些重要的资料又被苏联当局接管，直到 2000 年才归还给法国肯恩博物馆。但此时，其中一些资料已

永定门前的儿童，1912 年至 1913 年。斯蒂芬·帕瑟拍摄。晚清，北京城的护城河已经完全丧失军事功能，而成为水利调节、排污和儿童嬉戏的地方。照片中的孩子赤裸上身，站在永定门前的护城河边，痴痴地望着摄影师。

经失踪，包括 1909 年在中国拍摄的彩色照片底片和记录声音的蜡筒。

然而值得庆幸的是，除了他本人于 1909 年到中国拍摄外，肯恩还于 1912 年向中国派出了另外一位摄影师斯蒂芬·帕瑟。帕瑟在中国停留了两年，拍摄了大量彩色照片，而且这些照片都保留至今。从照片可以看到，尽管当时民国已经建立，但很多北京人依然留着辫子。照片里的北京人，大多穿着蓝色的粗布褂，脚蹬白袜黑鞋，生动得仿佛穿越时光而来。

在这之后，彩色底片因价格昂贵而并未普及。摄影技术朝着器材更轻便、曝光时间更短的方向发展，彩色照片技术的发展放缓了脚步。

在摄影技术重回黑白照片的时代里，老北京摄影师们为照片手工上色的技术也日臻成熟。好的上色照片，宛若一幅精致的油画。尽管色彩的选取有主观和艺术再创作的成分，但至少为我们提供了那一时期北京的彩色资料。

上世纪 20 年代的前门大街。1924 年，俗称“铛铛车”的有轨电车在前门大街开通，为这条古老繁华的商业街更添活力。这张照片是一张人工上色照片。

20 世纪 30 年代，柯达公司和埃克发公司分别推出彩色卷片。这种轻便的彩色底片，在之后的数十年里呈现了整个世界的色彩。1945 年，美国《生活》杂志的摄影师迪米特·卡塞尔来到北京，他拍摄了日军投降后北京的很多照片。这些照片里的北京，丰富而真实，一个个场景仿佛迎面而来。这正是人们记忆中的颜色，在熟悉的灰、红、绿之外，更有一种时间沉积的色调。

骑骆驼的人，20 世纪 30 年代，阿东照相馆拍摄。旧时北京，骆驼是往来北方和西部的主要交通工具，城中经常可见驼队行走。照片中的小伙子正赶着两头骆驼，背后是高大的慈寿寺塔。

东直门运粮车队，1912 年，斯蒂芬·帕瑟拍摄。东直门一直是运粮的主要通道，如今东直门内还保留着很多带“仓”字的地名。

回音壁前的游客，1946 年，迪米特·卡塞尔拍摄。回音壁是天坛内皇穹宇的围墙，因其特殊的结构，在墙壁的一端小声说话可以在另一端听到回音。照片中的两名男女正把耳朵贴向墙壁听传来的回音。

城墙外的小吃摊和人力车，1912 年，斯蒂芬·帕瑟拍摄。夏日炎炎，一名敞怀的人力车夫正眯着眼盯着摄影师。城外一大丛绿绿的柳树透着些许清凉。

景山上喝茶的人们，1946 年，迪米特·卡塞尔拍摄。民国之后，景山不再是皇家禁苑，而向国民开放成为旅游景点。直到今天，景山万春亭也是城里看日出日落的好地方。照片中的几名游客正在享受悠闲的喝茶时光。

明信片里的彩色老北京

1865 年，一位德国画家在硬纸板上画了一幅画，并写上了几句问候语，打算寄给远方的朋友。可他怎么也找不到能装下这幅画的信封。于是，邮局建议他把收信人的地址和姓名直接写在画的背面寄出。这件事给邮政部门一个灵感。四年后，德国的邻国奥地利发行了世界上第一枚明信片。

1876 年，清政府委托任大清海关总税务司的英国人赫德试办国家邮政。虽然此时明信片已经风靡欧洲，但不愿意公开信件内容的中国人却很难接受“明信”的方式。直到二十年后，邮政总办英国人葛显礼觉得明信片是近代邮政不可或缺的一种形式，才申请发行邮资明信片。据说，首批官方发行的邮资明信片是在日本印刷的。设计者德国人费拉尔认为，欧洲总雕刻不好中国汉字，而日本却能出色地完成。而且，在伦敦印刷“每千枚得赔大约十元”，而在日本印刷则能大大降低成本。这批明信片采用中国传统的竖版设计，显得非常朴素，除了“大清国邮政”和传统的龙纹花饰外，并没有过多装饰。这批明信片中没有我们后来常见的风景图案。印有大量风景画的明信片多是 19 世纪末由民间印制的无邮资明信片。

无邮资明信片由商家自行印制，从邮戳显示的日期和邮票来看，它们基本上印制于 1897 年大清邮政正式成立之后。清末，照片制版技术已经广泛应用于印刷业，这些明信片大多用实地拍摄的照片制版印刷。其中老北京的街景、人物是明信片热衷的题材之一。由于明信片的拍摄者和印制者大多是外国人，因此明信片上的北京也反映出他们观察中国的不同视角和心理。明信片里，既有巍峨的城墙、高大的城门、绵长的护城河、长城、十三陵、前门街景，也有泥泞满地的街道和残酷的行刑现场。明信片里的北京人，

永定门外的景致。

东菜市，坐落于东单路口西北角，现为东方新天地。

东单布市。明信片上贴的是大清国邮政一分钱邮票，邮戳显示这张明信片于 1912 年 12 月 22 日从北京寄出。当时刚刚民国，这张大清邮票被盖了中华民国的戳，就变身为民国邮票了。

既有市井街头的贩夫走卒、名伶剧照，也有衣着光鲜的达官贵人，甚至连至高无上的太后老佛爷也上了明信片。

为了吸引消费者，出版商们不满足于明信片黑白灰的单调颜色。他们开始尝试用手工着色的方式给黑白照片上色。于是，一个老照片中反映不出来的彩色老北京在明信片上复活了。蔚蓝的天空，明黄的龙旗，老百姓们的蓝色长袍，身着朝服顶戴的官员……虽然这些彩色明信片看上去跟实际的色彩还有些差别，但与黑白照片相比，还是让人眼前一亮。

宝善银号金珠店门外。

上图：身着朝服的清朝官员。

下图：1905 年由日本传入的人力车成为北京人出行的交通工具。

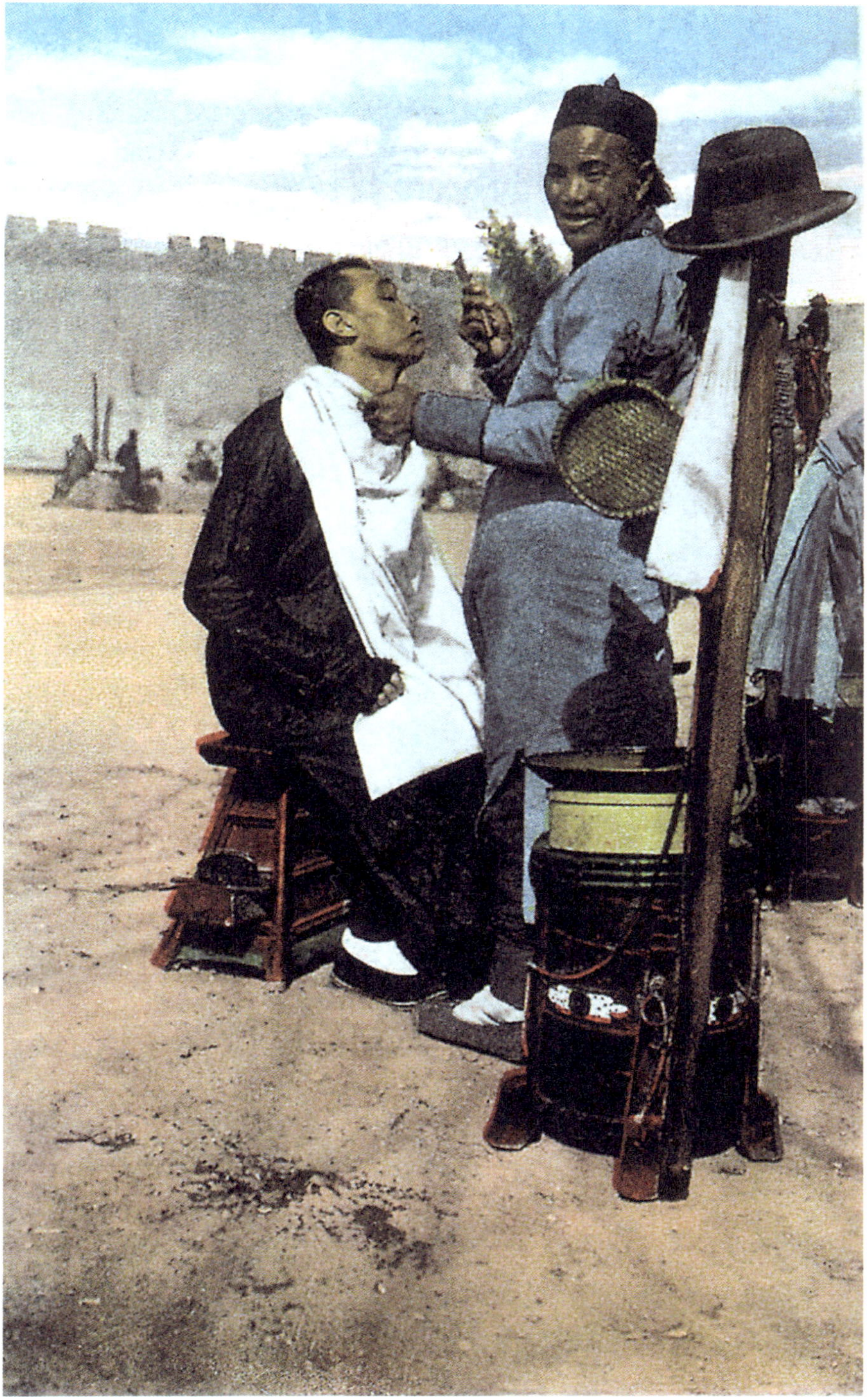

城墙根的剃头挑子。

画报中的北京

——《伦敦新闻画报》的北京绘画报道

创刊于1842年的《伦敦新闻画报》是世界上最早以图画为主的新闻刊物。它一经问世便获得了巨大成功，创刊当年发行量就达到六万份。创刊不久，《伦敦新闻画报》便流入中国。1857年，当《伦敦新闻画报》首位驻中国画家兼记者沃格曼来到香港和广州时，颇为吃惊地发现，到处都能看到这份杂志。

此后的一个世纪，《伦敦新闻画报》对中国进行了长期、系统的报道。其中刊登的版画和老照片覆盖了1842年至1949年间中国社会的方方面面。在这些图文报道中，有关北京的记录占据了很大篇幅。《伦敦新闻画报》为我们提供了一个探知那一时期北京的独特视角，也为我们保留了一个镜像中的北京。

1861年第二次鸦片战争后，西方列强纷纷在北京设立公使馆，大批西方人涌入北京城。这些西方人当中，有不少是《伦敦新闻画报》的忠实读者。

当时，摄影术虽然已经发明半个多世纪了，但在报纸杂志中大量印刷照片的技术，则要到19世纪末才出现。因此，19世纪下半叶至20世纪初，《伦敦新闻画报》的插图多是便于印刷的版画。

1872年至1873年间，在北京采访的辛普森就是一位技艺高超的画家。他从中国发回的大量速写，许多年后仍被《伦敦新闻画报》的编辑采用。他不仅画技出众、文笔流畅，而且观察力也非常敏锐。

1873年9月13日刊登的一张插图是辛普森画的一幅北京街头的速写，有趣的是路边店铺的幌子上用中文写着:“伦敦钮乎斯”。“钮乎斯”是英语“News”（新闻）的象声词。这很可能是《伦敦新闻画报》的销售广告。

除了以速写制作的木刻版画外，19世纪末至20世纪初，《伦敦新闻画报》还采用了大量的水粉画插图。水粉画的特点是画面的质感

《伦敦新闻画报》刊载的天坛全景。显然，画师当时还没有条件真正从高处俯瞰天坛全貌，画面中有许多不合实际之处。

画家用笔勾画出北京商业街熙熙攘攘的人群和热闹非凡的场景。有人认为此处描绘的是前门大街，也有人认为这里是东单。

更好，立体感更强，当然色彩感也更加真实、鲜明。一幅描绘1900年占领北京总理衙门的俄国士兵的插图，就像照片一样给人以身临其境的强烈现场感。

进入20世纪，《伦敦新闻画报》中的版画逐渐被照片取代。不过，在版画减少的同时，也出现了一些制作精美的套色版画和彩画插图。这些彩色图画，色泽艳丽，造型准确，为我们保存了浓郁的“京味”。

一幅以北京城门为背景的彩色插图，就是其中的代表作。一个身穿虎皮衣的小男孩正在把玩小鸟，远处是北京的一座城门。虎皮衣现在看来颇为奇特，但是在清末民初却极为常见。清代，绿营兵在进行军事操练时，经常穿着这样的服装上阵，以求达到威慑敌方的效果。小孩手上拿着一根小棍，一根细绳连接小棍和小鸟的腿。这样小鸟就无法逃脱主人的掌控了。这也是老北京一个常见的习俗。直到后来，这根小棍才被更为复杂和笨拙的鸟笼所代替。

上图：一个穿虎皮衣的北京小男孩。

下图：1900年，占领京师总理衙门的俄国士兵。

北京天坛献祭供品的祭坛。由于文化的差异，在外国画师的眼中，天坛的祭祀仪式带着神秘、怪异乃至恐怖的气氛，因而他们把这个场面描绘得有些阴森、诡异。

SKETCHES IN CHINA: STREET SCENE IN PEKIN.

北京街头一位持鸟出行的男子。画面左边的条幅"伦敦钮乎斯"可能是《伦敦新闻画报》的销售广告。

MARRIAGE OF ENGLISH IN CHINESE DRESS AT PEKIN.

北京一对身着中式服装的英国人在举行婚礼。新郎是在山西传教的英国内地会传教士德治安。他爱上了一位名叫克里克曼丽的英国女传教士。当时中国内地的交通状况十分恶劣，但是他俩为了能到北京的英国公使馆登记结婚，顶风冒雪，骑着毛驴在路上整整走了十六天，终于赶在 2 月 1 日那天在英国公使馆的小教堂里举行了一场中西合璧的婚礼。画面中的新郎、新娘和伴娘都身穿中式服装，新郎还头戴瓜皮小帽，梳一根大辫子。他俩在牧师的见证和祝福下，正在相互交换戒指和婚姻誓言。新郎身后的伴郎西装革履，显然是英国公使馆的一位工作人员。

北京初印象（上）

——西洋版画中最早的北京城

在摄影术未发明之前，纪实绘画实际上具备了今日照相的功能，又因印刷传播的需要，图画刻版的技术一日千里。

1656 年，荷属东印度公司向中国派出使节团，西方人第一次有组织地来到中国。荷兰使节由广州登陆，经福州，北上南京，穿越山东、河北，再由天津进入北京城。时值明清交替之际，他们不仅饱览中华风光，会见明清两代的官员，记录了民间社会的情形，也听闻了十年前清军在扬州屠城的悲剧。随团画师约翰・尼尔霍夫（John Nieuhof）一路走一路画，记录下西方人眼中最早的中国形象。

1665 年，荷兰文的《荷兰东印度公司使节出访大清帝国记闻》正式出版。书中版画家根据尼尔霍夫所画的三百余幅图画，创作了版画。其中一幅北京城远看图，给西方读者留下深刻印象。它也成为三个半世纪前欧洲人心目中的北京城，被多次翻刻，着上美丽的色彩。

1792 年 9 月，英国使节马戛尔尼勋爵展开了为时两年的远东之行，希望打开与中国进行贸易的大门。中国皇帝将英使节团当成传统的朝贡团，与一般周边小国贡使团并列，予以接见，随后即勒令他们三天内离开北京。

虽然马戛尔尼使节团并没有完成使命，但他们发现当时中国的科技水平已经远远落后于欧洲。马戛尔尼团的不同成员后来在英国所发表的中国见闻图文纪录，成为欧洲人了解中国的重要参考书。其中威廉・亚历山大（William Alexander,1767–1816）的铜版画几乎是 19 世纪初中国图像的“样板”，备受推崇。威廉・亚历山大作为马戛尔尼团的绘图员，随团由天津进入北京，但没有被安排赴热河晋见乾隆皇帝。尽管如此，他凭着亲眼目睹和同行者的描述，画出了大量有关

尼尔霍夫著作中的首页，以大清皇帝的威仪展开中国见闻录的开端，下方的囚犯哀求着皇帝赦免他们的罪。整幅画反映的是大清王朝皇权的强大无比，这也是西方人对当时中国国力的敬畏表现。不过从画中人物的服饰、五官来看都有明显的西方色彩，特别是囚徒脖子上戴的枷锁，更为夸张，带有创作者很多主观想象的色彩。

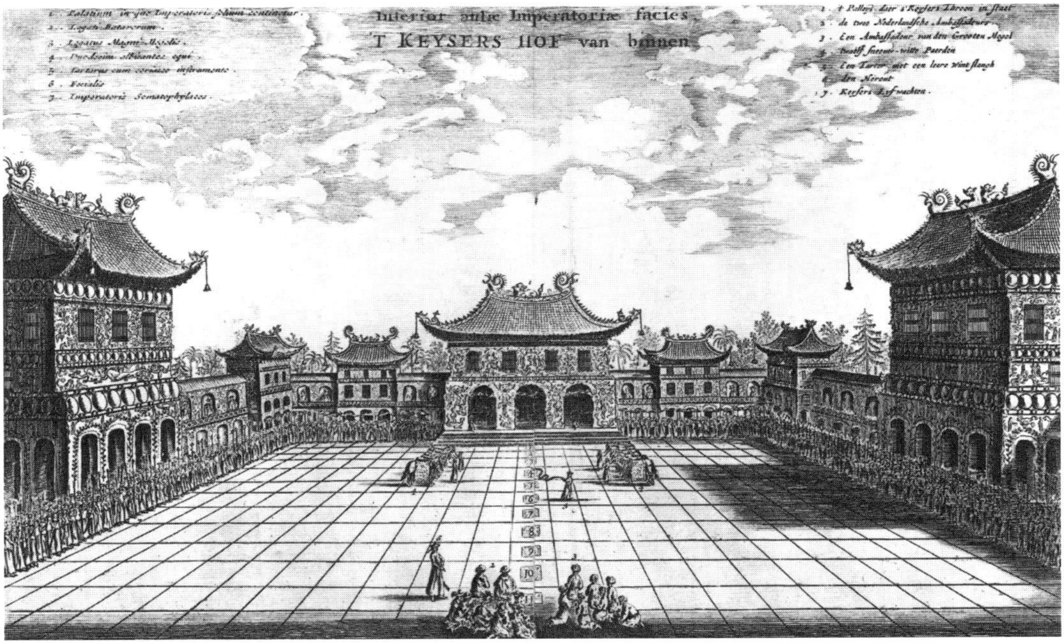

图中的场景为尼尔霍夫随荷兰使节团在午门等待顺治皇帝接见的场景。画中午门的建筑形式很不准确，明显带有西方审美标准。图中的方砖地上甚至还写着从 1 到 11 的阿拉伯数字。尼尔霍夫在附图的文字中提到，荷兰使节在等待接见时站在第 11 排。为了能在画面中表示出这个信息，他在地上标上了阿拉伯数字。尼尔霍夫不知道他所说的“站在第 11 排”乃是“品级山”，即皇帝朝会时官员排班行礼之位标。由此可见，清政府对这个荷兰使节团并不怎么重视，只把它和前来朝贡的属国排在一起。

中国的水彩画，并陆续被精选刻成单色和彩色铜版画。其中最著名的是 1797 年使团副使斯当东（George Leonard Staunton）出版的三册巨著《大不列颠国王派遣至中国皇帝之大使的真实报告》（*An authentic Account of an Embassy from King of Great Britain to the Emperor of China*），书中采用了威廉·亚历山大四十四幅单色铜版画。接着，1805 年出版的《中国的服饰》（*The costume of China*）采用了威廉·亚历山大四十八幅手工上色的铜版画。这些精美的画作较之繁琐的文字描述，更能吸引读者的注意。

关于北京城及其周边，亚历山大有七幅作品，最常被后来西方画师翻刻的是西直门和圆明园等。它们取代尼尔霍夫的图画，成为西方人眼中北京的典型形象。此后约半个世纪，另外一位英国画师汤玛斯·阿罗姆（Thomas Alom）延续了欧洲人两百多年来对遥远中国的美好想象。

不过，他们画作中北京的形象带有明显的主观想象成分。此时的北京在西方人眼中，还是一个可望而不可即的梦幻城市。

17 世纪荷兰版画家根据荷兰画师尼尔霍夫的画制作的版画——北京城远看图。图中描绘了荷兰东印度公司使节团取道通州向北京城进发时看到的情景。恢弘的城墙、城门、城中的宝塔、远处的西山和蜿蜒在山上的长城，这些都是典型的北京元素。

这幅版画后来不断地被欧洲其他画师翻刻，成为西方人心目中最早的北京形象。在尼尔霍夫画作原稿中并没有此图。这幅版画很可能是版画家根据尼尔霍夫的诸多北京写生图综合而成。

阿罗姆绘制的长城图，这张画大致上仿照了威廉·亚历山大的作品，再添上官员的马车和队伍。威廉·亚历山大是最早绘制长城图的西方画师，阿罗姆则仿照威廉·亚历山大的作品描绘长城。有趣的是，他们两个都没有亲自去过长城，不过绘画的内容与真实的长城场景，却相去不远。

此图是 19 世纪英国画家绘制的圆明园铜版画，画中描绘了清朝皇帝在圆明园招待各国来使的盛况。园中摆设着西方机械工具，同时有射箭表演，十分生动。图中转轮的杂技表演曾经出现在许多版画中，被人反复抄袭。

威廉·亚历山大绘制的北京城门，根据图中瓮城的形状、城门的方向和城内露出的护国寺白塔的塔尖，许多学者认为这应该是阜成门。从北京城里前往圆明园通常是经西直门，使团应该没有经过南边的阜成门，但亚历山大笔下的这座北京城门却被后人无数次翻刻，成为西方人眼里北京城门的标准像。不过，北京史研究会副会长韩朴指出了图中明显的不合理之处："阜成门瓮城的门洞朝北，图中光线照到门洞上，但太阳光是不可能从北边照来的。"也就是说，画家至少是搞错了城门的方向。这也不奇怪，画家随大队人马从城门下匆匆经过，不可能记得那么准确。

北京初印象（下）

——西洋版画中最早的北京城

1840年之前，西方人对中国大多抱有美好浪漫的想象。受《马可·波罗游记》等文学作品的影响，在他们的印象中，中国是一个富庶而神秘的东方古国。其中，甚至带有某些"理想国"的色彩。在那一时期的版画中，中国的场景尽管似是而非，但大多平和美好。经过两次鸦片战争，西方人用坚船利炮轰开了古老帝国的大门。他们发现想象中的"理想国"并不存在。固步自封的大清帝国，已经落后于世界先进科技水平两百年了。此时，反映在西方版画中的北京，褪却了想象的成分，变得更加写实和准确。

1860年，区区几千人的英法联军，由天津白河长驱直入。大清帝国的精锐部队毫无招架之力，溃不成军。当时，摄影术已经发明。英军和法军的摄影部主任菲力斯·比托（Felice beato）和杜宾（Dupin），用照片记录下战争场景。这也是北京最早的照片。摄影术虽然发明，但还没有照片印刷术。照片仅能单张冲洗，无法直接印在画刊上。为了解决这一矛盾，英国和法国发行量最大的画刊《伦敦新闻画报》（The Illustrated London News）和《画报》（L' Illustration Journal Universel）采取了折衷的方式。他们让画师根据照片刻版，如此制作的版画与照片中的场景，分毫不差。另一方面，此时摄影术感光时间较长，基本无法拍摄动态的瞬间画面，因此英法联军攻进北京城等种种画面，仍然依赖画家本身的想象力。

中西方冲突面扩大，参与者众多，场面复杂，事件频繁。过去少数使节团外交官和随团画师长时间雕琢的方式，已无法满足大众对于信息的需求。侵华战争中的英法军官、士兵、工匠、医师等众多人员，都成为庞杂信息的提供者。

1860年之前，很少有西方画师能进入皇

1870 年，德国版画家柏格绘制的北京煤山石印画，柏格本身是著名的版画家，自己画，自己刻版，因此画作充分贯彻了他的创作意志。这张北京煤山的彩色石印画，是他的北京作品中唯一一幅彩色的（彩图见内封），且非常写实。画家创作此画的位置是在今天故宫西北的角楼附近，视线向东，远处为景山，近处的牌楼已经拆除，唯有南向的牌楼前几年刚刚恢复。

城，仔细描摹。但随着英法联军侵入北京城，他们有大量时间坐下来，仔细玩味北京城从皇宫到市井的方方面面。他们或见到皇室成员，或踏入北京市坊街道，见证底层百姓的生活百态。此时，反映在版画中的北京城无比细腻和生动。

最后，必须说明的是，这一时期有关北京的图像是在侵略战争背景中完成的。一些图画流露着敌对情绪，甚至丑化了中国人。随着西方侵略行动日增，这种丑化现象越来越严重，在 1900 年庚子事变中达到了巅峰。在这种趋势中，唯一例外是 1870 年德国版画家柏格（Berg），

19 世纪 80 年代，法国画师绘制北京城胡同生活的铜版画。图中从西方引进的西洋反射镜，吸引过往百姓付费观看。此图生动地反映了刚接触西方事物的北京庶民的生活场景。

他的版画作品写实而传神。柏格游历泰国、日本、天津和北京等地，绘制有关北京的石印画有七幅，制作精美绝伦，堪称新一代的版画大师。在此后的几十年间，日臻成熟的照片印刷术彻底取代了版画的传播作用，柏格的北京西洋版画成为绝响。

1860 年，刊载于法国"L'univers illustre"画报的铜版画。这幅画描绘了京城繁华商业街上，店铺林立、华洋杂处的热闹景象。这幅画非常写实，应该是画家现场作画。从画中人的服装，可以清晰地分辨出法国人、英国人、英国军队里的印度人，以及法国军队里的越南人。

1861年，英国《伦敦新闻画报》上刊载的北京百姓休闲生活的铜版画。原刊的图片说明写着，该图描绘的是北京人的“下午茶时间”。喝茶是北京人重要的休闲活动，大街小巷均可见卖茶水的摊贩。图中所画的骆驼是当时北京重要的交通工具。

这幅画刊载于1980年的法国《画报》。画面描绘了1860年第二次鸦片战争时，英法联军攻打北京城朝阳门的激烈战况。画家不可能身临其境，所以这幅画纯系想象之作。事实上，英法联军是由安定门入京，并非画中所画的朝阳门。英法联军兵临城下时，咸丰皇帝已经逃出了北京城。虽然画中有许多画家主观臆想的成分，如城墙上的鬼面，但战争场面并不离谱。

1900 年，法国画刊“L'univers illustre”刊载的北京街头木偶戏铜版画。

北京最早的航拍影像

1900年，八国联军入侵北京。在各国派往中国的部队中，法国远征军的侦察部队还携带了一具氢气球，在北京和天津两地用其进行侦察，并留下十余张航拍照片。这些照片是目前已知的中国最早的航拍影像。

拍摄航拍照片最多的，是八国联军中法军的一名上尉科蒂特（Curtet）。去年，科蒂特遗留下来的相册在英国被拍卖，其中收录有九十八张黑白照片，全部都是1900年八国联军侵华时期拍摄的北京、上海和天津等地的景物。从气球上航拍北京的照片有六张，从他选取的摄影对象看，科蒂特上尉显然对破败的战场不大感冒，引起他浓厚兴趣的，倒是充满了悠久历史气息的中国风貌。

法军中喜欢摄影的人并不只有科蒂特一个。1902年法国出版了一本名为《气球下的中国》（*La Chine A Terre Et En Ballon*）的图册，收录了包括科蒂特在内的三名法军下级军官拍摄的二百七十二张中国的照片，其中航拍照片有十二张，八张拍的是北京城。

法国是世界上较早把气球用于军事目的的国家之一。早在1783年，法军就装备了热气球，此后便在战争中尝试使用。1884年中法战争中，法军动用了一个四具气球组成的军事侦察分队，多次升空帮助法军侦察清军动向。值得一提的是，在1886年，清军也采购过军用侦察气球，但实际上并未认识到这种航空装备在军事侦察上的重大意义，也没有在战争中应用的记录。清廷官员多半是将其当成了一个“玩意儿”。

八国联军侵华时期，法军已经普遍采用氢气球，当时法军氢气球容积已经接近三百立方米，可以承载一个小型吊篮和一名侦察兵及相应摄影器材。侦察气球升空后，上面的侦察人员可以观测到远处数公里甚至十几公里的军队调动和重要目标，为己方的兵力

法军部队准备让气球升空。早期的载人气球不能自由地控制航行，需要地面的人员拖拽。图中可以看到大量的法军官兵，不远处也有留着大辫子的中国人在好奇地观望。

部署提供及时准确的情报，指引本方火炮对目标进行较为精确的射击。

八国联军侵入北京后，法军上尉科蒂特等“摄影爱好者”们，很快有了乘着氢气球航拍北京的想法。不过，科蒂特等人并没有用文字记录他们的这些气球飞行，现在也更没法了解当时目睹气球升空的国人对这一新鲜事物作何感想，只能试图通过摄影师拍摄的这些照片来还原当时的过程。

科蒂特等人把气球运到西苑（今北海公园）琼华岛东侧，升空后分别向东拍摄了景山，向东南拍摄了紫禁城，向西拍摄了琼华岛白塔；然后热气球由地面人员牵引移至西安门东侧，摄

从气球上拍摄的北京城西什库教堂一带的景象。

影师又向北拍摄了西什库教堂东北角炸药爆炸后的巨大弹坑，向西拍摄了西什库教堂，向东拍摄了景山、金鳌玉蝀桥和紫禁城，向东南方向拍摄了已经腾出但尚未拆除的旧蚕池口教堂。此外，法军气球还曾在东交民巷法国使馆附近升空，向东南拍摄了使馆区。

第一次空中看北京的，竟是侵略北京的人。这些一百多年前的照片，在记录下侵略者胜利姿态的同时，也真实记录了当年北京的旧貌。重温这些照片，让人顿感百年沧桑，唏嘘不已。

即将乘着气球升空的摄影师。图中可见气球吊篮的空间勉强只能容下一人，幸好当时已经使用干版摄影，摄影器材变得比较轻便了，摄影师不用带着几个大盒子组成的照相机上天。

俯瞰琼华岛永安寺白塔。

西什库教堂东北角巨大的弹坑。弹坑之上原本是西什库教堂的仁慈堂，义和团通过挖地道埋地雷的方式炸毁了这里。据说这个弹坑有七米多深，直径四十多米，可知爆炸威力之巨大。

从空中看到的北京城墙。占据画面大部分的是东交民巷和使馆区，照片左上角即崇文门。

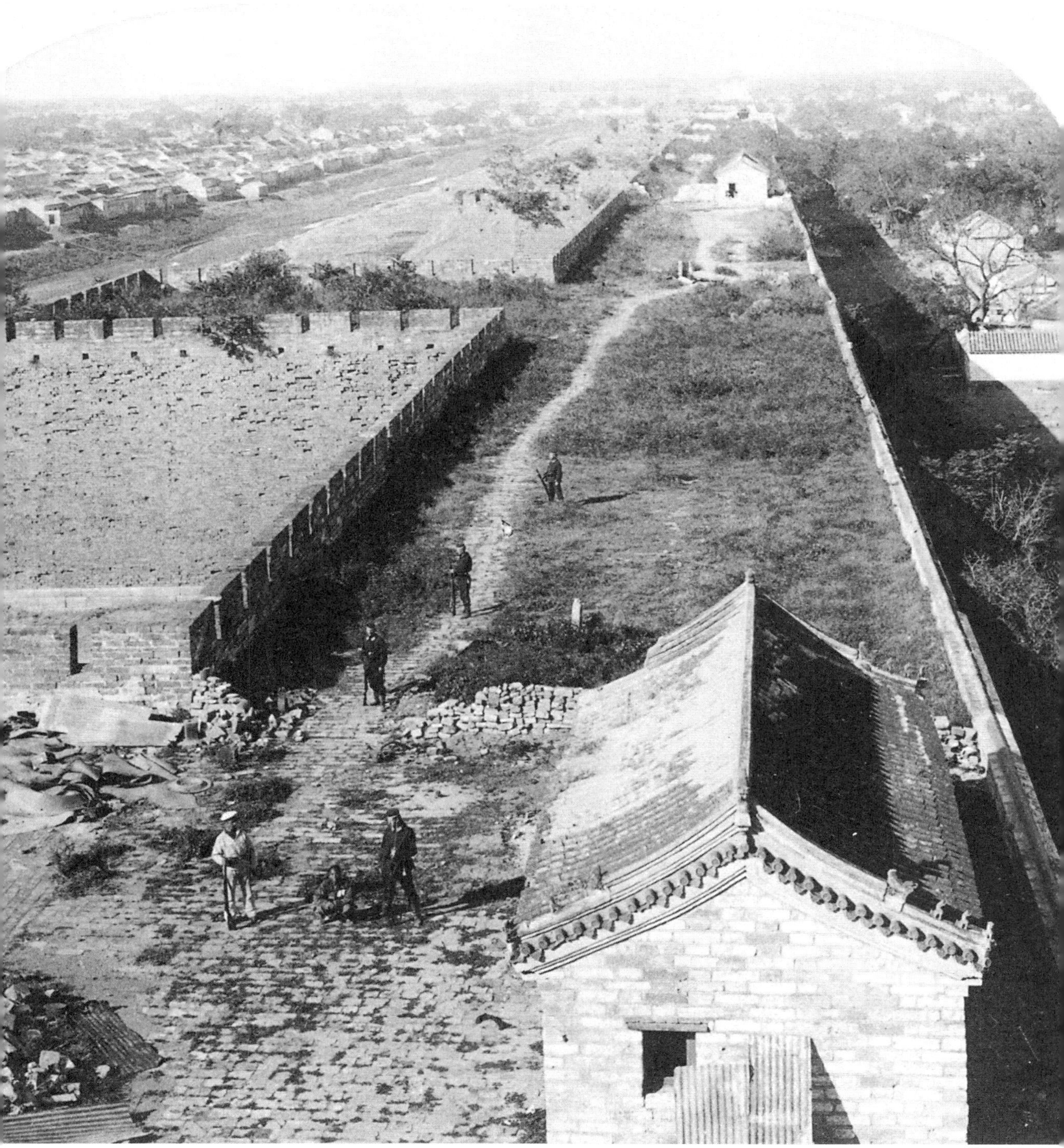

从崇文门向西拍摄的画面，其中还能分辨出两名联军士兵和一名中国百姓。

最早北京全景照片细读

这张北京全景照片的拍摄者名叫费利斯·比托——一位跟随着英法联军进入北京的摄影师。费利斯·比托1832年出生于威尼斯，当时的威尼斯是英国旗下的保护国，因此他的出生证明上是英国籍。这样的身份对他之后的事业和经历起了很大作用。

1860年第二次鸦片战争，英法联军攻入北京，刚刚诞生不久的摄影技术随之留下了北京最早的影像。当时的随军摄影师不止一位，但其他人拍摄的内容都不如比托全面。比托也就成了最早为北京拍照的摄影师中最著名的一位。

1860年10月的某日，比托将他的照相机安放在正阳门城楼上，把正阳门以北的古

史上最早北京全景照片。

老都城收入镜头之内。比托捕捉到的画面与今天车水马龙的现代城市有着大体一致的格局，风貌细节上却早已沧海桑田。那是与北京有关的摄影史能够追溯的起点。

以当时的摄影技术，没有哪支镜头能将北京的全景“尽收眼底”。比托拍摄的北京全景照片，实际上是六张照片拼接而成。在比托的年代，拍摄这样的照片是一项技术要求非常高的事情，每拍完一张照片后必须调整相机的镜头方向，完全依靠肉眼的观察和判断来保证影像的连续。

全景照不仅花费精力，花费的时间也很长。在 1860 年，比托采用的技术还是湿版摄影法，底片要在拍摄时现场制作。拍摄时，每张照片的曝光时间也比现在要长得多，即便是在晴朗的室外，曝光时间也要两秒，室内则需要十秒以上。这种摄影技术只能拍摄静止的景物或人像，一旦被拍摄对象处于移动状态，就会造成影像虚幻或者干脆拍不下来。再加上比托拍摄的时间正值北京十月份的正午，街上几乎没有行人，因而，在这张偌大的北京全景图中，只留下了两个人物形象。一个蹲坐在墙根的人，在拍摄时姿势未变，相对清晰，另一个卖苹果的小贩，因为身形移动而变成了一个模糊的人影。

比托拍摄了最早的北京全景图。以蛋白照片的标准来说，其拍摄质量、清晰度都达到了极高水准。但是，这张全景图毕竟已经有一百五十多年的历史了，画面昏黄，原本城市的景深和层次感变薄了。而且，囿于当时的照片拼接技术，六张蛋白照片的衔接部分有明显的线条痕迹，对全景画面造成了割裂感，削减了北京城全景的壮阔气派。

2013 年，秦风老照片馆在这张全景图原版的基础上进行了修复。整个照片的底色恢复为黑白，去掉照片衔接部分的黑影和模糊

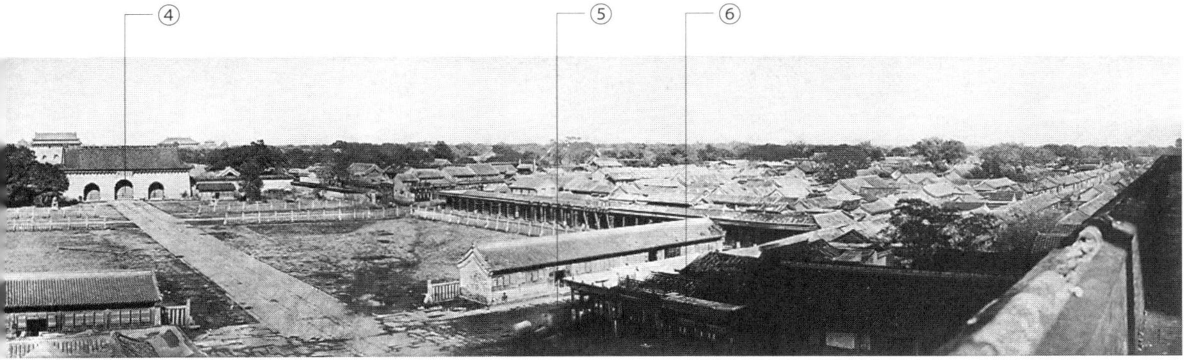

①正阳门登城马道。为了向高高的城墙上运送武器辎重，北京的城墙内侧都要修建左右对称的缓坡道，并利用砖的棱角砌出涩角，增大摩擦力，方便车马上下；马道下方往往设一朱漆栅门，有卫兵把守。英法联军占领北京后，城内的军队已经散退，照片中前门西侧的马道大门紧闭，已无人把守。

②天棚。老北京有句形容四合院的俗语叫"天棚鱼缸石榴树，先生肥狗胖丫头"，其中"天棚"是炎炎夏日里，在大户人家的四合院搭的一种席棚，有专门的棚铺负责。用竹竿搭起高高的架子，大棚搭起后可罩住整个院落，顶部留有空当。空当口上搭有可卷起来的席子，早晚可拉开通风透气，中午太阳暴晒或下雨时，拉动绳子可放下席子，挡住空当。待伏天结束，仍由棚铺负责拆除天棚。英法联军到达北京的时间正值伏尾，照片中可以看到好几个院子都搭着天棚。

③千步廊。在天安门、长安左门、长安右门和大清门构成的T字形广场里，东西两侧就是千步廊，是“吏兵两部月选官掣签，刑部秋审，礼部乡会试磨勘”的所在。

大清门“门前地正方，绕以石栏，左右石狮各一，下马石碑各一”。这块“正方地”被称为棋盘街或天街，“街东坊曰敷文，为东江米巷；街西坊曰振武，为西江米巷”。振武牌楼四柱三间冲天式，额为满汉两种文字书写的“振武”。这座牌楼最早称为“武功”牌楼，顺治年火灾后改名。

大清门是皇城的南门，因此通过被称为“天街”的大清门前东西向的棋盘街，无论官员平民，都要下马或下轿，此街两端各设一通下马碑。

之处，最后再设定光源，加强景深……五个多月的修复工作等于是重新描绘了整张照片。目前呈现在读者面前的北京全景照片，忠实地重现了比托镜头中的老北京面貌。

值得一提的是，比托虽然是随军摄影师，并以战地摄影闻名，但他的风光和人

④大清门。大清门是皇城的正门，建于明永乐年间，门南面曾悬一石匾，上有青金石刻字"大明门"。清军入关后，顺治元年（1644年）改称"大清门"。1912年10月9日，北洋政府在辛亥革命周年庆的前一天欲将匾改成"中华门"。当时最省事的办法是将"大清门"的匾翻面，重新刻字。但工匠们摘下这块匾才发现，当年顺治帝已经用过这招儿了，只得临时制作一面横木匾，几年后换成中国建筑传统华带牌样式的竖匾。1954年为扩建天安门广场，在苏联专家的建议下此门被拆除。

画面中的大清门只是拼接照片其中一张的局部，如果将其放大到足够大，还能看到大清门旁边的墙上摆放着一排刀。当时清军的火枪只装备给火器营、神机营等"精锐部队"，看守紫禁城的御林军只有冷兵器可用。这些刀应该属于看守大清门的门卫。比阿托拍摄照片的成像质量和清晰度令人赞叹。

像作品却宁静而平和。这种感觉在他拍摄的北京城全景中更能深刻地体会到。这张图中，没有战争的硝烟和狼藉，古都北京是那样的肃穆、祥和。这座城市特有的感染力，是每一个发现美、记录美的摄影师无法抵挡的。

⑤ 人影。照片中这个抱膝坐在棋盘街值房前的人是整张北京全景图中最清晰的人物形象，说明他在照片曝光期间没有大的动作。当时正值正午时分，坐在太阳下一动不动，很难猜测原因为何，为今天的观者留下了小小的疑问。离他不远的是一个苹果摊，小贩在拍摄时正好移动，因而影像虚化成一团。倒是摊位上的苹果清晰可见。英法联军攻占北京的十月，正好是苹果的主要上市期。这张照片虽然是黑白照片，但看得出苹果又大又圆，留下的影像颜色很深，应该是果色红艳，想来美味至极。

⑥ 天街旁的商铺。"大明门前棋盘天街，百货云集，乃向离之景也。"自明代起，天街旁就是非常繁华的商业区，可见"国家丰豫之景"。照片中，大明门随着朝代更替改成了大清门，而天街四周仍是商馆林立，靠近正阳门的这家叫"天来号"的商铺，招牌上写着"自置雨衣油单"和"发卖高丽纸张布疋"。高丽纸，顾名思义产自高丽，质地坚韧、光洁，受墨微渗有韵，宜做书画之用。

镜头里最早的北京

19世纪40年代，随着西方列强的坚船利炮，现代科技也作为附产品被带入中国。1842年《南京条约》签署后，西方摄影师开始在香港、厦门、上海等通商口岸开设照相馆。至今可考的中国最早的照片是1844年法国摄影师于勒·埃及尔（Jules Itier,1802−1877），在澳门所拍摄的清朝官员耆英的肖像。此时西方人的脚步仍停留在长江以南，中国皇帝不准许西方外交官和商人长驻北京，直至1860年第二次鸦片战争爆发，外国人才真正进入北京。

最早在北京拍摄的照片，免不了带着时代的悲剧色彩。1860年第二次鸦片战争中，英法联军以征服者的姿态踏进北京城，英军摄影部主任费利斯·比托（Felix Beato,1832−1909）和法军测绘部主任查尔斯·杜宾（Charles Dupin,1814−1868）拍摄的照片是北京最早的影像。英法联军攻占大沽炮台时，比托拍摄了一系列清军惨败、尸横遍地的照片。这些照片后来被制成版画，反复刊载在书刊上，成为英法联军侵略中国的罪证。由于咸丰皇帝率后妃和亲信大臣逃到承德，英法联军未遭遇任何抵抗就由安定门进入北京城。在相对平静的状态中，比托拍摄了大量皇家园林的照片，其中大部分集中在清漪园（今颐和园）。1862年比托的作品集结成册，出版了《中国影集》，其中六幅标注为圆明园被毁之前的建筑。不过经考证实际上是清漪园内的琉璃塔、智慧海、万寿山、昙花阁、文昌阁以及德胜门外的偏融法师塔。比托的误植，误导了西方研究者，

在安定门瓮城上向南拍摄，安定门内大街非常宽阔，看热闹的京城百姓聚在路障之后。此照片由杜宾拍摄。

在安定门瓮城上向东看。原本安置在城墙上的清军大炮，在英法联军占领北京后，都被调转方向，炮口朝向城内。远处可见外城东北角楼和雍和宫。此照片由杜宾拍摄。

北京街头传统的店铺门脸，可以看到极为精美和繁复的装饰，几乎每一座店铺都堪称艺术品，相较之下现在的店铺门脸装饰则乏味很多。此照片由比托拍摄。

摄影师在安定门西、中轴线偏东的位置向北远眺北京城，视野内最高的建筑是钟楼和鼓楼，远处隐约可见景山。此照片由杜宾拍摄。

也使许多中国学者跟着混淆多年。

至于杜宾，他不似比托那般出名，却以另一种方式留下了戏剧化的事迹。他将拍摄的作品制成了三十张玻璃立体照片，所谓立体照片就是借着两张同样的照片和简单的观赏装置，运用视觉原理，使得照片呈现立体 3D 效果。杜宾的玻璃立体照片易碎，存世量极少，主要内容是在安定门城楼上架炮的法军、北京城墙以及雍和宫等。此外，杜宾还参与了对圆明园的劫掠，并将劫掠品拿去拍卖，因此恶名昭彰。

然而，对于火烧圆明园这场悲剧，无论比托还是杜宾都没有留下任何影像，他们本人从未对外解释原因，后世史学家也因缺乏证据而难以给出合理的答案，从而成为中国摄影史之谜。在比托和杜宾拍摄北京十年之后，出现了另一批重要的外国摄影家，如德国人恩斯特·奥尔末（Ernst Ohlmer,1847–1927）、英国人托马斯·查尔德（Thomas Child,1841–1898）、泰奥菲勒·皮瑞（A Theophile Prry,1851–1918）、约翰·汤姆逊（John Thomson,1837–1921）以及日本人山本赞七郎（1855–1943）。他们拍摄的北京影像，具有更多的客观性，显得更平和，也使得这座伟大的城市能以具体的形象，传播到全世界。

清漪园（今颐和园）内花承阁琉璃塔。花承阁是清漪园万寿山北麓的一座寺院，院内曾有一座精美的多宝琉璃塔。因为琉璃不怕火烧，因此在 1860 年的大火中幸免。这是清漪园被毁之前仅有的四张照片之一。此照片由比托拍摄。

远眺北海白塔。摄影师站在景山上向西拍摄，左边是北海琼岛上的永安寺白塔，右边是太液池。绿树、红墙、白塔、碧波，组成了旧时北京最美的一景。此照片由比托拍摄。

旧京初影

2013年5月14日，苏富比拍卖在伦敦拍卖一组十八张北京城旧照。这些于1860年英法联军入侵北京时拍下的照片，有通州八里桥、北海、被毁前的清漪园（颐和园前身）昙花阁等，还有一幅北京城全景图。

1860年，英国人费利斯·比托跟随英法联军一路从天津大沽口进入北京城。作为随军摄影师，他拍摄了北京最早的一批照片，既有大沽战场、联军攻占大沽口炮台、占领京城的过程，也有被焚毁前的清漪园。有学者称，这些照片拼接起了英法联军入侵北京的路线图。

1860年9月23日，英法联军攻占北京前，比托将相机对准了通州燃灯塔，拍下了目前已知的北京最早的一幅照片。彼时，通州地标式建筑——燃灯塔一派祥和，倩影倒映在运河里，河畔还停靠着几艘静待游人的木船。拍摄完这幅照片后，比托又拍摄了通州八里桥、内城东北角楼、安定门城楼等沿途景观。其中一张拍摄于八里桥的照片，显示为某贵族陵墓。“1860年10月2日至3日，英军曾在那里驻扎，把陵墓作为补给站。”伦敦苏富比书籍及手稿方面专家理查德·法托里尼介绍说。

1860年10月18日，英法联军大肆抢劫并纵火焚烧了著名的皇家园林——圆明园和清漪园。而在10月18日之前，比托曾拍摄了一些清漪园的古建风景照，其中就包括清漪园被毁前的文昌阁、昙花阁等皇家园林的恢弘气象。昙花阁为三层建筑，设计精巧，呈六角星形，宛如盛开的昙花。在这张照片背后有两行比托留下的记录，字迹虽已暗淡，却尚能辨识，英文原文为：“The great imperial palace yuan ming yuan, before the burning, peking October 18th 1860”，译为：“伟大的帝王宫殿圆明园在烧毁之前，北京

位于八里桥附近的贵族陵墓，摄于 1860 年 10 月 3 日至 5 日间。

1860 年 10 月 18 日。”照片里的建筑与这段文字说明略有出入，它其实是清漪园的昙花阁，重建颐和园时，那里被改建为景福阁。

历史上首幅北京城全景图（曾刊于 2012 年 7 月 24 日本版），已被确定为 1860 年 10 月 24 日站在老北京城墙上拍摄的。据法托里尼介绍，这件作品由六幅独立照片组成，合并起来成为一幅高 21.7 厘米、长 173 厘米的全景图。这是第一张 180 度表现北京城样貌的照片。法托里尼介绍说，当时摄影师站在正阳门上拍摄。“同现在的北京城相比，当时的京城非常宁静，建筑很低很整齐。”

由于身份特殊，比托还用镜头记录下英法联军与清政府谈判及签字的珍贵资料，并拍下皇城禁地的照片，留下了雍和宫、天安门、午门及部分北京城区街道的早期影像。

这幅清漪园全景图由两张照片拼合而成。从照片中可以看到当时万寿山上的佛香阁已经被毁。

法托里尼说："这些照片是首次出现于欧洲的中国照片之一，很多欧洲人通过它们才第一次知道北京是什么样子。它们不仅是重要的历史记录，也展示了中国城市在过去一百五十年的建筑变化。"据他介绍，这些照片都是当时在北京冲洗出来的。后来它们被一位名叫爱德华·亨利·科特尼的陆军军官收藏，他在照片上做了注释。

据了解，整辑照片估价为10万至20万英镑（约合96万到192万元人民币）。据法托里尼透露，已有不少买家来电话咨询，其中也包括来自中国的个人收藏者。

Pagoda on the Hill, in the Summer Palaces, Yuen-min-yuen, near Pekin.
October 1860.

虽然照片下的文字说明标注此塔位于万寿山上，但根据塔上的石刻"敕封阐教禅师塔"判断，该塔位于今天海淀区塔院。

清漪园内昙花阁。昙花阁是清漪园万寿山东麓的一座阁楼，结构复杂，工艺精美，平面呈六角星形，不幸罹难于1860年的大火，后在原址重建了另一座阁楼，名景福阁。这是清漪园被毁之前仅有的四张照片之一。

天坛祈年殿。

位于内城北城墙外的喇嘛庙——西黄寺的牌楼。

蛋白印相老北京

在北京老照片中，有一种摄影技术颇为独特，叫蛋白印相工艺。通俗地讲就是这些老照片，是通过鸡蛋清“印”成照片的。

蛋白印相工艺是一种古老的摄影工艺，是最早期的摄影技术之一。1850年，就在达盖尔公开其摄影工艺将近十一年后，法国摄影师路易·德西雷·布兰卡儿·埃夫拉尔发明并公布了蛋白印相工艺。

蛋白印相工艺属于直晒式印相工艺，利用纯棉轻质纸张，把蛋清中的蛋白与氯化钠（或氯化铵）形成的乳剂作为感光材料的附着剂，在纸张表面形成光亮的涂层。制作照片时，将蛋白纸浸入硝酸银和水组成的溶液中，对蛋白纸进行感光处理，然后在专用相框中使底片与之接触，暴露在紫外线下，即可形成影像。

这种工艺在1860年至1890年达到高峰，20世纪以后逐渐被淘汰。有数据表明，1866年，光是英国就消耗了六百万只鸡蛋用于制造相纸，可见其生产规模。如今所能见到的19世纪的照片，大多数都是蛋白相片。

也正是在蛋白印相工艺占据摄影印相技术统治地位的时候，一位名叫托马斯·查尔德的英国摄影师来到北京，留下了同时期最细致、最全面、在摄影艺术上也堪称最高境界的一批北京蛋白印相照片。在中国摄影展览馆陈列的百余张老北京照片中，出自他手的就有十二幅，是入选作品最多的一位。

查尔德1841年出生于英格兰一个建筑学世家，1869年他成为一名非职业摄影师。1870年，他受雇于中国海关作为燃气工程师来到北京，负责设计北京地区军事管辖区的煤气系统。也正是从这时开始，查尔德利用业余时间，带着相机游走于北京城内外，拍摄了数百张照片。

查尔德拍摄的内容主要是北京各处的风

婚礼上的新娘。据查尔德留下的照片信息，这位新娘是曾国藩的孙女。

查尔德于 1877 年拍摄的圆明园西洋楼。从照片中可以清楚看出，曾经美轮美奂的西洋楼已是破败不堪。

景，也有一些室内肖像。

1877 年，查尔德拍摄了毁于英法联军大火的圆明园西洋楼遗存。曾经美轮美奂的西洋楼已是破败不堪。同时期拍摄的清漪园万寿山，山下曾经富丽堂皇的大报恩延寿寺也已经面目全非。

这些照片，真实记录了近代中国的屈辱历史。不过，查尔德的作品并不局限于此，还有很多温馨的画面。比如他镜头下的北海团城和白塔，是那样的静美。白塔、团城，岸边柳树、白皮松，倒映在因长时间曝光显得亦幻亦真的湖水中，让人陶醉。这也使查尔德的照片成了当时

1875年的观象台浑仪。

拍摄于19世纪70年代的清漪园十七孔桥和铜牛。图中可见铜牛基座周围被毁的栏杆、昆明湖上的芦苇，曾经繁盛无比的皇家御苑显得一片萧瑟。铜牛旁坐着一位落寞的平民，更为画面平添了几分凄凉。

北京辟雍石牌坊。北京国子监内有座乾隆皇帝讲学的地方，名辟雍，其南侧有座建于乾隆四十八年（1783年）的琉璃牌楼，南额“圜桥教泽”，北额“学海节观”。

抢手的热门商品。也许是为了便于销售，查尔德拍摄的照片都会留有亲笔签名，并且对照片分类整理、编号排序。查尔德的细心，为这些珍贵的蛋白照片附加了更多的历史信息。

1889年，托马斯·查尔德一家回到英国，定居伦敦，但他一直深爱着中国，甚至将自己的家命名为“长安堂”。1898年，查尔德遭遇严重的车祸离世。

查尔德采用蛋白印相工艺摄制的照片，无论是从构图、光线运用、蛋白照片的印制水平来说，在当时都已达到很高的水平。一百多年后的今天，再次翻看他的作品，依然能感受到古都的静美。

北海团城和白塔。

京城街头的驼队。作为当时重要的长途交通工具，骆驼曾是北京城中常见的动物。

驮轿。用骡子来“抬”的轿子，曾经是中国的一种独特的交通工具。

禁城真容初露

1906年，日本东京帝室博物馆限量出版的五百本《清国北京皇城写真帖》，轰动一时。这本图集最吸引人眼球的是，它第一次向世人揭开了紫禁城的面纱。作为皇宫大内，紫禁城一直戒备森严、不为人知。即便是被允许进入紫禁城的清廷高官和外国使节，也只能窥见豹之一斑。然而，1900年八国联军杀入北京，神秘的紫禁城也被轰开了大门。成批侵略军、记者、游客涌进神秘的禁地，四处参观。一位日本摄影师也在参观的人群中，他用手中的相机拍下了紫禁城的真颜。他就是《清国北京皇城写真帖》一书的作者——小川一真。

1901年7月，日本著名文物摄影师小川一真，在东京帝室博物馆的资助下，随建筑工程师伊东忠太等来北京考察。此时，慈禧太后早带着光绪皇帝逃到西安。北京城被八国联军全面控制。

到达北京以后，小川一真等人在日本驻清公使小村寿太郎及驻京第五师团长山口素臣的介绍下，见到了八国联军统帅即德军司令官瓦德西。经过交涉，小川等人从瓦德西手中，拿到了进入紫禁城殿内调查的许可证。在内务大臣一行官员的带领下，小川一真等人从正阳门进入紫禁城。此时，宫中混乱不堪，更无人按常规清扫管理，有些宫殿院落草深过膝、满目疮痍。小川一真镜头下的紫禁城，与人们想象中华丽气派的宫殿有着很大差别。

如今，小川一真拍摄的紫禁城，有一部分景致已经绝迹。如皇城建筑最南面的一道门，明代为大明门，清代基本保持原貌，只将门额改为“大清门”。民国建立后改为“中华门”，现在该建筑已不复存在。小川一真拍摄的大清门仍为清代原貌，门前的棋盘街，天安门前两旁的长安左门、长安右门都还存

养心殿位于乾清宫西，自雍正皇帝起一直被作为清代皇帝的寝宫，在经过乾隆年间的改造后更成为皇帝接见群臣、处理政务、看书居住的场所，慈安、慈禧两宫太后"垂帘听政"也是在这里。养心殿是紫禁城内最早安装玻璃窗的宫殿，照片中门两侧就镶着玻璃窗。

千秋亭，位于紫禁城内北部御花园中。它的形制奇特，下层呈方形，四面出抱厦，上层为圆形，有“天圆地方”的象征，亭内有贴金雕龙，口衔宝珠，异常精美。如今亭子外的竹篱墙已没有了。

在，门额是满汉文并列的“大清门”。在宫中最大的太和殿，殿内原挂有“建极绥猷（yóu）”匾额，后柱上有一对楹联。小川一真进入皇宫拍摄时，殿内还保持着原样，但在袁世凯“洪宪帝制”的闹剧中，紫禁城前三殿所有宫殿和宫门上的匾额都被拆下剔除了满文，改成了汉文匾额。此外，御花园内的竹篱墙、神武门外的朝房等诸多景致也都消失了，现在只能从小川一真的照片中略窥端倪。

百年过后的今天，当我们细细品味这些照片时，会发现一个更凝重、更深厚的紫禁城。它交织着宏伟与衰落，也诉说着屈辱与苍凉，为人们重温那段历史提供了一个独特的视角。

雨华阁是紫禁城内最大的一座佛堂，位于内廷外西路的春华门内。乾隆十四年（1749年）雨华阁在明代建筑的基础上，仿照西藏阿里古格的托林寺坛城殿改建为密宗佛堂。"两宫西狩"之后，紫禁城内只有一些太监留守，香炉旁就站着一个身着便装的当值太监。

清末的中国国力衰微，太和殿前杂草丛生，一片衰败景象。太和殿前东侧是体仁阁，西侧是弘义阁，这三座建筑与南侧的太和门共同围成了一座小广场。

"文渊阁"是明清皇家藏书楼的名字，现在故宫内的文渊阁始建于清乾隆三十九年（1774年），专门用于贮存《四库全书》。

大清门是明清时北京皇城的正南门，位于天安门和正阳门之间，明代称大明门，清代改称大清门，至民国又改为中华门。此建筑现已不存在。

英国画家笔下的同治大婚

1872年10月初，英国画家威廉·辛普森作为《伦敦新闻画报》的特派记者昼夜兼程赶到北京。他得知大清皇室即将为十六岁的同治皇帝举行一场盛大的婚礼。他的使命是为婚礼的各个场景画速写，记录整个过程。在照片制版技术应用到报刊之前，版画和速写是刊物插图的主要表现手段。辛普森为《伦敦新闻画报》做的这组同治大婚图文报道，为西方读者揭开了中国皇室的神秘面纱。

同治皇帝的婚礼，早在三个月前就开始准备了。慈安、慈禧两位皇太后指派恭亲王奕䜣负责各种复杂的预备仪式，包括纳彩礼、大征礼、册立皇后礼等。备受关注的婚礼行列（又称奉迎礼）则是大婚礼仪的高潮。奉迎礼定于当年农历九月十五日（公历10月17日）凌晨正式举行。同治皇帝的两位婶母——恭亲王福晋和醇郡王福晋负责“迎亲”。农历九月十四日晚上，她们来到了地安门外翰林院侍讲崇绮的宅邸。

崇绮是蒙古正蓝旗人，有清一代唯一一名非汉族状元，未来的新皇后阿鲁特氏是崇绮的女儿。清代，皇后是从秀女中遴选的。当时垂帘听政的两宫皇太后意见不一，慈安相中了阿鲁特氏，慈禧属意于富察氏。同治皇帝没有顺从亲生母亲慈禧的意愿，选择了秀外慧中的阿鲁特氏。

同治大婚是一次奢华、盛大的婚礼庆典。前一天，紫禁城内喜气洋洋。前殿后宫都用绸带搭起了彩架，大红双喜、吉祥祝语抬头可见，御道铺设了红毡，挂起了宫灯。紫禁城外也格外热闹，人们纷纷驻足观看大街上来来往往的各地贺礼和皇帝聘礼。从未来皇后宅邸到午门的一路上处处宫灯高悬。

九月十五日子时一到，钦天监的官员立即向外报告吉时，女官们便开始为新皇后阿鲁特氏梳头、着装。最后，身穿大红龙凤同

迎接新娘的仪仗队。刊登于 1872 年 12 月 28 日《伦敦新闻画报》，木刻版画。根据辛普森的描述，这些轿夫穿着红色外衣，上面装饰着白色的圆点。队伍最前面举的是绣有龙凤图案的各色旌旗，后面是三重华盖，再后面跟着新娘乘坐的花轿。

和袍，手握玉如意和苹果（象征如意、平安）的皇后坐进了十六人抬的婚轿。

因为只有即位前没有成婚的皇帝才能举办大婚典礼，上一次清朝的皇帝大婚，要追溯到两百多年前的康熙大婚了。两宫皇太后希望同治大婚典礼办得“普天同庆”。于是下谕：凡是穿花衣的人都可以到午门观看皇后的仪仗。此谕一出，全城的花衣被抢购一空。没有买到花布花衣的人们，干脆用花纸裁成彩衣穿在身上。由于多年没有操办皇帝大婚，宫廷侍卫也没有经验，居然有不少小偷混进了午门，浑水摸鱼，偷走了宫中不少值钱的东西……

特地来记录这场皇室大婚的辛普森不在喧闹的人群中，他没有花衣，官方更禁止洋人观看大婚典礼，所以他不得不躲在街道旁的店铺里“偷窥”。在报道中，辛普森写道：“那惊鸿一瞥也足以撼人心魄。婚礼行列并不算太长，然而那些服装和家具堪称精美绝伦……三十二

面旌旗和四十八面扇子、两顶黑色的华盖、两个白色的假人、两个用刺绣做成的黄色人和一百九十二盏灯笼。骑在马上的恭亲王显得英俊潇洒，他身旁有一个四杠大轿，这个轿子呈金色和黄色，由十六个身穿猩红色长袍的轿夫抬在肩上（在这个轿子里显然坐着皇后）。”

奉迎礼后，再经过召见礼、颁诏礼、筵席礼，到农历九月十八日的庆贺礼后，同治大婚才算全部结束。此后，辛普森陆续把自己的速写寄回伦敦的报社，他风趣的报道、精彩的插画大受欢迎，掀起了西方世界“中国热”的又一次高潮。

上图：年轻的同治皇帝。《伦敦新闻画报》在报道中写道：中国年轻的皇帝一定忙碌得很。他刚刚娶了皇后，同时还娶了其他四位妃子，而且以后还会有更多的妃子。对这张同治皇帝的肖像，该刊特意说明，中国的皇帝是至高无上的“圣人”，因此他不可能来为画家的肖像画摆姿势。唯一的办法就是临摹一张中国人画的皇帝肖像画。

下图：午夜的迎亲队伍。婚礼队伍的行进安排是有严格时间控制的，必须在子时结束前将新娘送入宫中。画中的轿夫抬着皇后的金册，两边是护卫的官员，由专人提着灯笼。

位于东堂子胡同内的新娘家大门。同治皇帝大婚的日子，按照清政府给驻京各国大使的照会，要求各位公使禁止本国的公民上街观看婚礼仪式，但辛普森并没有把这个通知太当回事，他早早就进行了策划，与几位朋友及向导躲在一家婚礼队伍必经的鸦片馆内，偷窥了整个的婚礼队伍的行进过程，并写下一篇详细且“惊心动魄”的文章发表在《伦敦新闻画报》上。

上图：百姓偷窥皇帝婚礼。该刊在报道中详细描述了偷窥的方式：中国店铺的门窗上都饰有一层薄薄的窗纸，你只需用手指头在窗纸上戳一个洞，就可以放心大胆地偷看而不被别人发现。你可以看到街上的一切，而别人却看不到你的眼睛。

下图：根据辛普森的描述，画中队伍前面骑马的是恭亲王，而本来十六人抬的新娘大轿被画成了三十二抬，多出来的十六个人应该是随时准备替换的轿夫。新娘轿旁持香的官员曾被辛普森误认为是一个滑稽角色，后来他才知道那是一位“钦天监监正”，他手持的香是用来计算婚礼队伍行进速度的，确保迎送队伍在正确的时刻将新娘送入宫中。

残园遗影

——最早的圆明园影像

1860年，英法联军的一把大火焚烧了"万园之园"圆明园。不过，一些建筑逃过劫难，在焦土上留存下来。1873年，一位德国人拍下了西洋楼残迹的照片。这组留存在玻璃底片上的影像，是迄今已发现的最早的关于圆明园的照片，也是最接近于西洋楼原貌的照片（理论上讲，圆明园未毁前也应有人拍过照，但目前尚未发现）。

西洋楼是长春园内西洋建筑和园林的统称，包括谐奇趣、海晏堂、方外观、远瀛观等建筑及黄花阵、大水法、养雀笼等奇趣园林景致。大火之后的圆明园成了一座废园，但西洋楼众建筑多由石材和琉璃建造，虽在大火中燃去屋架等木制构件，主体却相对完好，并未倾塌。

1872年，一个叫恩斯特·奥尔末（Ernst Ohlmer）的德国人到北京海关任职，他来到北京的时候，圆明园变成废墟已有十二年。然而这座光华不再的残园还是给奥尔末留下了极其深刻的印象。他在日记中对西洋楼使用了大量溢美之词："这里的装潢……五彩缤纷，如彩虹般绚烂……映入你眼中的是装饰物丰富而动人的色彩，浸润在北京湛蓝色的天空里，随着观者移动的脚步和太阳的光影不停变幻，建筑物白色大理石的映衬让它们格外醒目，倒映在前方的湖面上，如同幻影……"

奥尔末是一名摄影师，他在北京期间拍摄了多少照片已不得而知，但最终为人所铭记的是，他留下了迄今为止已发现的最早的圆明园影像。

通过这些照片，今人能够看到圆明园火焚之后的衰败景象，谐奇趣和黄花阵在大火后依然完好，养雀笼、方外观、海晏堂主体建筑也完好，大水法、观水法、远瀛观也保持着原有的格局，与我们今天能够看到的残

观水法曾是清帝坐南朝北欣赏喷泉的宝座所在地 曾经庄重威仪，此时除了石质屏风上威武的西式甲胄外，其余已是一片萧条。

迹相去甚远。借着这些相对完好的西洋楼主体结构，以及建筑上那些极尽精美的西洋风格雕饰，万园之园的瑰丽恢弘，依稀呈现在这些黑白影像的背后。

在19世纪70年代西洋楼残迹保存尚好时，除奥尔末以外，还有几位摄影师也拍摄过圆明园，其中有据可考的有托马斯·查尔德和泰奥菲勒·皮瑞。这两人拍摄圆明园的时间跨度长达三十余年，不像奥尔末那样集中，而且他们照片标注的年代都晚于奥尔末。照片中呈现的细节也能证明这一点，比如查尔德和奥尔末几乎在同样的角度拍摄了远瀛观正面，但在查尔德的作品中，正门上的钟形装饰已经没了踪影，显然在奥尔末拍摄后数年，远瀛观又遭到了破坏。

圆明园大火之后，虽有军队和太监守卫着这片废墟，但盗掠与破坏从未停止，相比那些一次性化为灰烬的木结构中式建筑，西洋楼在荒废中一点一点倒下去。园内的铜饰多数都在联军

花园门正面，即黄花阵的南门，石阶上坐着四个外国人，隐约可见阵中心造型别致的石亭。

从东南向西北远望谐奇趣，只见一片沼泽，衰草萋萋。

谐奇趣左侧之八角亭，为音乐喷泉的组成部分，盛时清帝曾在此享受音乐、喷泉的视听盛宴。

此时的大水法巨型石龛式喷泉机关仍比较完整，连同其后的远瀛观构成层次较为分明的视觉画面，但杂草丛生、凌乱不堪的周边环境使这里再也不能与往昔相比。

洗劫时被掠走。之后，精致的石刻构件成为盗取的对象。守园太监参与盗卖活动，很多装饰构件被移到别处。1900年庚子之乱时，残存的西洋楼再次遭到土匪、流民的大肆破坏。清亡后，圆明园更是长期处于无人看管的状态，大量石材被任意盗拆，到上世纪40年代日寇占领时期，

谐奇趣北面，照片中可见菊花式喷水池，该喷水池曾散落于北京城内，20 世纪 80 年代被运回园内，成为游客驻足之地。

大部分西洋楼已经被彻底破坏了。

一个王朝经一百五十年倾力营造方得鼎盛的万园之园，如今只剩一片断壁残垣。西洋楼从极盛时的皇家游乐园变成了绿树丛中白石堆砌的残迹，其中缺失的时光，在一张张底片上定格下来。当我们面对这十二张玻璃底片，仿佛还能感觉到石墙上烈火炙烤的余温，光影中散落着我们对那些已经消失的细节的追寻，对一段历史的哀思，对那些不复存在的美景的纪念。

1927 年奥尔末逝世后，这组底片由其遗孀交给德国建筑学者柏石曼。1931 年，在德国柏林大学攻读美术史学博士学位的中国青年滕固，得知柏石曼藏有奥尔末的圆明园底片后，将这批玻璃底片借至上海印制成书，即 1933 年由上海商务印书馆发行的《圆明园欧式宫殿残迹》。遗憾的是这批底片在运往上海途中受损，大水法的底片断为两半，在滕固的书中仍能看到痕迹。

方外观东南侧影，此时的方外观主体尚存。方外观曾是乾隆爱妃——容妃，即传说中的香妃做礼拜的地方。

滕固用完这批底片便将它们寄还给了柏石曼，此后柏石曼再没将这些底片示人。1943 年，柏林在盟军的轰炸下几乎变为废墟，坊间一直传说这批底片已毁于战火。实际上，这批底片一直由柏石曼仔细保管，直到他去世。1987 年，这批底片被他的孙子售出，之后又辗转流传，最终被秦风老照片馆收藏。

1874：俄使行摄录

1874 年 3 月 14 日，一支俄罗斯赴华贸易探险考察团从圣彼得堡出发。这支考察团由沙俄政府派出，俄国总参谋部索斯诺夫斯基上尉带队，成员包括地质学家马图索夫斯基、科学家派亚塞特斯基博士、翻译员安德烈里耶夫斯基、摄影师鲍耶尔斯基、一名官员、一位姓徐的中国老绅士和三名哥萨克骑兵。他们此行的主要任务是考察从陆路进军中国的新通道、调查贸易增长前景，并寻找合适的地方建立领事馆和工厂。

考察团在中国的考察历时一年。他们取道乌兰巴托、张家口、北京、天津、上海，然后沿长江溯流而上，经丝绸之路穿过哈密绿洲、斋桑泊，最终回到俄罗斯。在游历中，他们不但用文字记录下沿途道路、水源和畜牧业的详细资料，而且摄影师鲍耶尔斯基还拍摄了两百多张照片。这些照片，记录了当年沿途的风土人情和日常生活，为今人留下了一笔宝贵的财富。后来，这些照片被装订成册，其中一本赠送给当时的巴西皇帝佩德罗二世，佩德罗二世又将其转赠给巴西国家图书馆。一百多年后的今天，当我们通过地球另一端的遥远国度，再一次发现这些影像时，感觉既惊讶又奇妙。

这些照片中，有相当一部分是考察团路过北京时拍摄的。照片中，19 世纪 70 年代的北京城和北京人与今天可谓天差地别。

俄罗斯是与中国接触最早的西方国家。清康熙年间，一直向东方扩张的俄罗斯与清帝国发生了领土争端，并最终引发了雅克萨之战。雅克萨之战以俄罗斯的失败而告终，被俘的阿尔巴津人被带到北京。康熙皇帝对待阿尔巴津人相当慈悲，不但把他们编入满洲八旗的镶黄旗，而且还允许他们保留东正教信仰。阿尔巴津人一直生活在今天东直门附近。俄罗斯考察团抵达北京后，专程寻访

图为一名居住在北京的阿尔巴津人后裔。他们身着旗人的服饰，脑后留着发辫，从外表看一点也没有俄罗斯人的影子了。

俄罗斯考察团在北京曾拜访过一名姓阎（音译）的先生。图为阎先生的妻子坐在自家花园里，神态悠闲。从她的服饰可以判断，她的丈夫应该是一名满洲贵族。

了阿尔巴津人的后裔。照片中，阿尔巴津人留着发辫，身着长袍马褂，从外貌看已经与普通旗人无异，丝毫看不出他们是俄罗斯人的后裔。

俄罗斯考察团在北京还拜会了蒙古阿拉善厄鲁特部扎萨克和硕亲王贡桑珠尔默特，也就是我们常说的阿拉善亲王。阿拉善亲王自乾隆朝被册封和硕亲王，并得到了“铁帽子王”世袭罔替的殊荣。1862 年，陕甘地区的东干人发动叛乱，史称“同治陕甘回乱”。第六代阿拉善亲王曾率队参与清军平叛。在平叛过程中，第六代阿拉善亲王开通阿拉善驿站和粮台，为左宗棠筹集西征军粮、传递文报，为战争的胜利立下了汗马功劳。由于这场战争发生在中俄边境附近，有许多东干人后来逃到俄罗斯境内。因此俄罗斯对于这场战争非常关切。考察团到京后，便拜访了与此战关系密切的阿拉善亲王。由于久居北京，阿拉善亲王的儿子已经是一副旗人打扮，丝毫看不出蒙古人的样子了。

俄罗斯人在北京留下了许多印记，包括最早的俄罗斯教堂和俄罗斯公使馆。这些建筑后来在城市变迁中消失了。不过，来访的俄国考察团将它们摄入了自己的镜头，使它们的影像得以留传下来。

上图：当时在北京大街小巷常见的流动小吃摊。19 世纪 70 年代，北京人显然还不习惯被拍照。几个正在吃饭的食客面对镜头显得十分茫然。

下图：阿拉善亲王的一个儿子，这位久居京城的蒙古王子看上去与满洲贵族子弟无异。

几名身着戏服的京剧演员。从行头看他们上演的戏码应是《二进宫》。只是几名角儿还没搞明白拍照是怎么回事，表情非常木讷。

南堂位于宣武门内大街，由意大利传教士利玛窦始建于明万历年间，1900 年毁于义和团运动，1904 年重建。此照片留下了南堂被毁前的影像。

正阳门南边是护城河，河上横跨着三座石拱桥，即"正阳桥"。当时桥上坐满了乞丐，以至于俄罗斯摄影师在图片说明中把它称为"乞丐桥"。

1883：北京旅行日记

1883年9月21日，美国旅行家伊撒博拉·斯图尔特·加德纳和她的丈夫抵达北京。这位家境殷实的美国女子，为了排遣失子之痛，踏上了环球旅行之路。没想到，从此她爱上了旅行。1883年，在游历了大半个地球后，加德纳夫妇来到了中国。他们在北京游览了十九天，其间他们依照1876年版的《北京旅行指南》游览了北京及周边的主要景点。伊撒博拉是个很用心的旅行者，每次旅行都会制作精美的图文日记，除了照片和文字记录，还有树叶和花瓣拼贴的装饰以及她自己绘制的水彩画。她喜爱北京，喜爱中国文化，对中国的宗教建筑和佛像尤其感兴趣。虽然在北京的旅行中，她几乎没有机会和普通中国人接触，但我们还是可以通过她的记录管窥一百多年前的北京，体味“尘土、污秽、各种生动和有趣的事物交织在一起”的旧京风情。

9月21日

早上7点抵达通州，早餐后，于8点半骑马前往北京城。通州是一座城墙围起来的城镇，城内还有一座塔。穿过城镇，沿着石板路就能抵达北京，一路上有很多座陵墓和石碑，还有驼队、送葬队伍、独轮车和遮天蔽日的尘土，城墙很高，很多层的城楼非常壮观。穿过一条很长的街道抵达旅馆，尘土、壮美的景色以及有趣的事物交织在一起。在酒店又用了早点，那里有很好的房间。杰克（伊撒博拉的丈夫）出去寄信后与何天爵先生（美国驻华公使馆秘书）一同回来，坚持要我们搬到使馆去住，在那里喝了很棒的下午茶，然后洗了热水澡，接着晚餐，然后上床睡觉。

伊撒博拉中国日记中粘贴的一张照片，由托马斯·查尔德拍摄的北京街头店铺。从日记看，她在北京的每一天几乎都在和丝绸和古董商人打交道，购买的商品除了扇子、丝绸、鼻烟壶外，还有很多首饰，其中多数现在都成为其博物馆的藏品。

9月24日

和古董商短暂会面后带着马夫和侍童去了观象台，然后去了前门，从那里进入皇城，那里有很多黄色的屋顶。午餐后又见了几位古董商，下午3点，使馆的书记员摩尔先生带着我们去参观国子监，这是乾隆皇帝建造的一座巨大的亭式建筑，并且有座很漂亮的拱门。然后我们去了雍和宫，非常有趣的建筑，一个院子接着一个院子，所有的喇嘛都穿着黄色的“斗篷”，戴着黄色的帽子。法事还在进行，一个喇嘛站在院子里用低沉的声音念着奇怪的咒语，并用劈开的两个木片伴奏。其中一座大殿中有座非常巨大的镀金佛像，站立在挂满唐卡的圣坛之上。回去的路上我们在一间本地的茶馆停留，喝了茶，品尝了茶点，两样都非常美味。回到住处正好赶上晚饭，在街上还遇到迎亲的队伍。

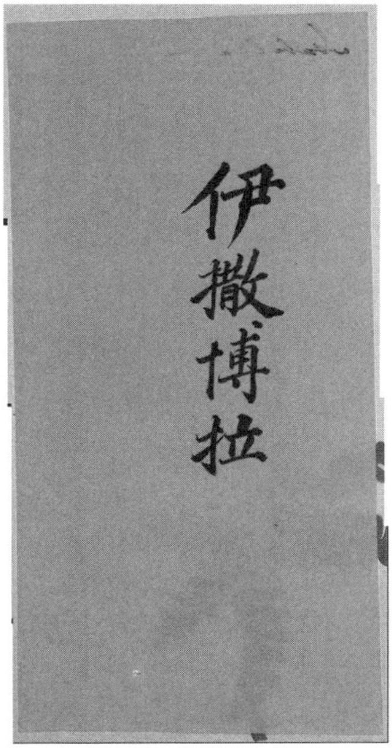

左图：伊撒博拉的中式名刺，即名片。

右图：伊撒博拉 1888 年拍摄的肖像，正是这位有艺术天分的美国女子，为我们留下了一份生动的一百多年前的老北京记忆。

9 月 26 日

早上与何天爵先生去外城买扇子、鼻烟壶。中午和摩尔先生去了天坛，真是一次激动人心的经历，开始我们还很担心是否能成行，因为很少有女性被允许进入，但我们最后还是成功地从大门进去了，太棒了！

9月27日

早上9点，我们启程前往长城，先是乘骡轿，然后骑马。杰克和马夫骑马，Yu-Hai和行李乘马车，到沙河的时候已经下午3点了，太晚，我们不得不放弃继续赶往南口的计划，转而前往昌平州，到那里已经是晚上7点40分，吃了晚饭就上床，一个很有趣的中国旅店。

9月28日

早上8点出发前往十三陵（长陵），一座巨大的陵墓，庄严肃穆。中午吃了冰冷的午餐，我在骡轿里吃了一点儿，在马上吃了一点儿。下午1点钟离开那里前往南口，下午3点半到达并在那里过夜，一个稍好的地方。

9月29日

早上5点半我们就出发了，我坐骡轿，杰克和Yu-Hai骑驴。我们在经过居庸关云台的时候停下来，

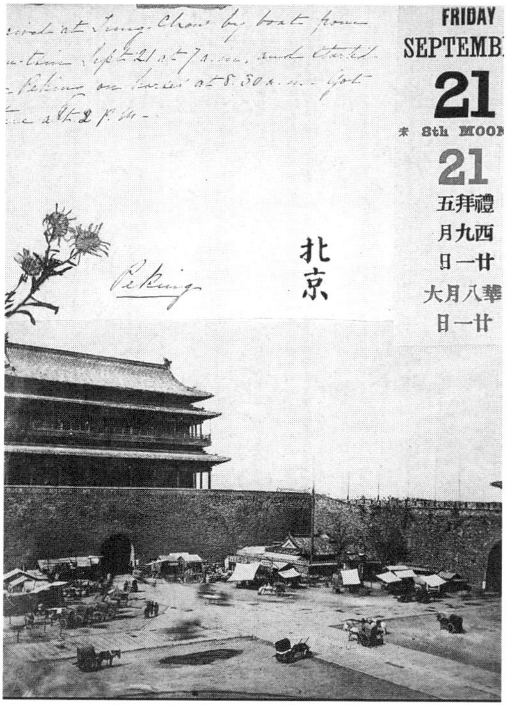

上图：伊撒博拉中国日记中的一页，贴着一张美国公使馆内轿夫的合影，还贴着一张她在白云观求的“丘祖灵签”，看来她那天的运气很好，是一张“上吉”签。

下图：伊撒博拉中国日记中的一页，贴着托马斯·查尔德1875年拍摄的前门瓮城，还贴着两朵小野花和她到北京第一天的日历，空白处写着当天的日记。

伊撒博拉图文日记中粘贴的玉泉山圣缘寺琉璃塔，托马斯·查尔德拍摄于 1877 年。这座琉璃塔是乾隆时期在北京三山五园中修建的四座琉璃塔之一，因包覆琉璃而幸免于 1860 年英法联军的大火。

伊撒博拉中国日记中粘贴的一张照片，由托马斯·查尔德拍摄的冬日景山。地上的雪还没有化，显得苍凉肃穆，只有一辆马车等在路边，难以想象今天那里的车水马龙。

好好欣赏了这座精美的拱门。到达长城已经10点，在那里吃了午餐，我们爬上长城走了一段，下午4点半返回南口，镇上一片繁忙景象。

9月30日

早上6点钟出发，但赶骡子的小伙子急着回去拿毯子，结果让我们等了四十五分钟，到沙河的时候已经快11点了。午饭后继续出发，晚上6点半才到达使馆。快到皇城的时候，我们遇到一队人，几个人抬着一把盖着黄布的椅子，由几名骑马的人护卫，一个人坐在椅子里，我们都尖叫起来，停在路边观看，马夫也下了马。何天爵先生认为那个人可能是皇帝的钦差，替皇帝去某座寺庙办事，因为只有皇帝和钦差才能坐黄色的椅子。

10月2日

一上午都在和丝绸商人及古董商人打交道，午餐后我们去了白云观，那里很大很干净也很有趣，有很多院子和殿堂，大概有二百名道士在那里修行，头上戴着黑色的帽子。我们在一间很干净的房间里用了茶，桌子和椅子都是红木的。然后我们去了栅栏墓地，利玛窦神父就安息在那里。回去的路上我们还去了白塔寺，那里有座非常巨大的藏式佛塔，可惜门锁着不让我们看。我们还遇到杂耍，几名男子赤裸上身抛着金属环。

日本摄影师的北京写真

摄影术初进中国时，摄影师多是西洋人。由于文化背景不同，他们镜头下的中国与中国人反映出西方人的审美情趣和猎奇心理，今天看来，与我们不免有些距离。相形之下，尽管百年来中日关系紧张，但不可否认两国文化同根同源，早期日本摄影家拍摄的中国，似乎更容易为我们所接受和理解。

清末来华的日本摄影师山本赞七郎是来华日本摄影师的代表。精湛的技术、亚洲人的面孔以及幸运的时间点，使山本赞七郎在北京开设的照相馆生意兴隆，声名远播。

山本赞七郎（1855-1943）出生在日本冈山县，1882年起在东京的新桥开设照相馆。彼时的日本照相业竞争已经十分激烈，他注意到中国蕴藏着巨大的商机，遂于1897年迁往北京，在霞公府（今贵宾楼饭店后）开设了照相馆——山本写真馆。

当时，北京照相业的竞争虽不如东京、香港、上海激烈，但北京人更愿意到国人开的照相馆照相。既然拍摄肖像竞争不过本土照相馆，山本索性把重心放在拍摄北京的风景上。1899年，山本出版了第一本北京的画册，名为《北京名胜》，画册收录照片三十六张，其中不仅有前门、西四等繁华的商业街，还有碧云寺、卧佛寺等西山风景。他对中国文化的理解通过光影表现出来。身穿法衣的雍和宫喇嘛、巍峨的天宁寺塔、雄伟的长城……这些北京的人文景观受到西方人青睐。他拍摄的照片不仅大卖，还被制成明信片飞往世界各地。

好景不长，1900年义和团运动爆发。照相馆被义和团当成“二毛子”，“凡洋货店、照相馆尽付一炬”，北京的照相馆业受到巨大冲击。战乱平息后，避难于使馆幸存下来的山本赞七郎很快重张开业，并第一时间拍摄了劫后的北京城。透过他在同一地点拍摄的照片，能看出战争对北京古城的伤害。他曾经拍摄过的前门大街，战后他又在同一地点、同一角度拍了一张照片。通过这两张照片，人们不难发现，虽然很多店铺已经重建，但另一些却永远地消失了。

此时，战争消灭了山本的许多竞争对手。作为当时北京城仅有的外国照相馆，山本写真馆迎来了一个绝佳的商业机会。王宫贵族们争相请山本为他们拍摄肖像照。清人徐珂所撰的《清稗类钞》中曾有一段记载："日人某精摄影，庆王为之介绍于孝钦后，令至颐和园为照一簪花小像，即在庆邸消葭园洗晒。已许以千金之赏矣，内廷传谕又支二万金。"这位"日人某"指的就是山本赞七郎，"孝钦"即慈禧太后。虽然目前还没有发现山本赞七郎为慈禧拍摄的肖像，但有趣的是常为慈禧照相的裕勋龄本人的肖像照也是山本拍摄的。

除此之外，驻京的外国人也找山本照相，曾任英国《泰晤士报》驻华首席记者的莫理循在把他的图书馆和收藏多年的图书资料卖给三菱财阀后，也是请山本赞七郎为图书馆拍摄了最后一组照片。

而今，山本赞七郎拍摄的宫墙、城门、人家和生活场景多已不复存在，而他的老照片又重新为人们展现了那个年代的旧京风物。

右图：拍摄于 1899 年的西四大街，此照片自南向北拍摄，远处可见西四牌楼。

1901 年，东黄寺大殿。安定门外曾有东、西两座黄寺，这座大殿如今已不复存在。

1901 年，身着法衣排成一列的雍和宫喇嘛。

1901 年，骑驴的妇人。

1901 年，义和团运动平息后，山本赞七郎在同一位置，以同样的角度拍摄了前门大街。此时，商铺已经开始重建，社会秩序也逐渐恢复，但对比之前的照片仍能看出战争造成的创伤。

1906 年，崇文门瓮城内的铁路道口。庚子事变之后，铁路线延长到前门，为此崇文门瓮城打开两个缺口，铁路就从城门前经过，这里成为交通枢纽。

庚子事变之前，前门大街车水马龙，热闹非凡。

阿东照相馆往事

第二次鸦片战争后，列强纷纷在北京设立公使馆，北京的东交民巷也就成为了有名的使馆区。在北京，东交民巷不但是外国人的聚集地，也是各种洋玩意儿集中的所在。北京早期的照相馆也大多开在东交民巷。由德国人哈同（Hartungs）夫妇开办的阿东照相馆，就开在这里。

阿东照相馆毗邻德国医院(今北京医院)，是一座不太起眼的二层小楼。今天，这座小楼仍然还在，即东交民巷2号。它曾经精美的石雕刻花、石砌的墙角与檐口，虽历尽沧桑但依然保持着当年的原貌。小楼虽然已几经易主，早已不再经营照相生意，但仍延续着当年“上家下店”的格局。

阿东照相馆在清末民初的北京，可谓是声震四九城的摄影圈。店主哈同夫妇秉承了德国人出名的严谨认真，故而阿东照相馆冲洗出来的照片，专业水平非常高，极少出现纰漏、遗失。许多在北京的外国摄影师都是阿东照相馆的常客。

有关阿东照相馆的老板哈同夫妇的记载非常有限。不过，1933年他们从德国聘来的女摄影师赫达·哈默却赫赫有名。1933年，刚刚从摄影学校毕业的赫达·哈默在德国摄影学刊上看到了阿东照相馆刊登的招聘广告。广告要求应聘者是斯瓦比亚人（德国西南部的一个前公爵领地），能讲英语、法语。由于这份工作薪水不多，所以他们指定要招一名女摄影师。看到这则招聘广告后，哈默感到这简直就是为她量身定做的职位，遂告别家人来到了遥远的北平。1933年至1938年的五年间，哈默一直供职于阿东照相馆。阿东照相馆的工作很忙，一周工作六天，每天从7时至18时。不论何时，只要遇到特殊的活儿，都要迅速完成。那一时期，光顾阿东照相馆的有很多文化名人，哈默跟他们结

北京阿东照相馆内景，老板娘背后的照片墙看上去非常现代。

下了很深的友谊。法国书店的老板昂里·弗特致力于研究北京文化，出版了很多有关中国的书；英国作家哈罗德·阿克顿在北平研究中国戏剧，拍了许多京剧剧照；美国作家乔治·凯茨请哈默为他拍了许多中国家具的照片。这一时期，哈默也留下了许多北平市井生活的珍贵影像。古老的城墙、精美的牌楼，难得一见的天桥杂耍以及胡同里走街串巷的游商，甚至是今天已经失传的传统工艺的制作过程……无论是物质文明，抑或是非物质的京城文化，都被她用镜头记录下来。后来，赫达·哈默与近代史上有名的《泰晤士报》驻京记者乔治·莫理循之子结婚，成就了一段佳话。她也改名为赫达·莫理循，人称“小莫”。

阿东照相馆之享有盛名，不单因为它成就了“小莫”这样著名的摄影师，还因为它冲洗过埃德加·斯诺从陕北拍摄回来的一组著名的照片。1936 年 10 月，著名的美国记者埃德加·斯诺结束了对陕北为期四个月的采访，带着摄有红军生活的三十多枚胶卷回到北平。在当时的北

"小莫"在上世纪 30 年代拍摄的"葡萄常"传人在制作葡萄料器。

阿东照相馆拍摄的东便门。

哈同夫妇在家里的合影。室内西式的装潢与中式的门窗相得益彰，可见他们在北京的生活相当讲究，阿东照相馆的生意想必也很兴隆。

有关阿东照相馆老板哈同夫妇的记载非常少，他们留下的生活照更加少见。此照片为哈同夫妇游览颐和园。

平，冲洗这些照片是要冒很大风险的，许多照相馆都不敢承接。于是，斯诺把它们交给了阿东照相馆。那张有名的“毛泽东在陕北”的照片，就是其中之一。当年，头戴八角帽的毛泽东四十二岁，风华正茂。新中国成立后，这张照片被选入历史课本，成为人们心中对延安时期最形象的记忆。

阿东照相馆何时结束营业已经很难考证，但它用镜头记录下来的北平风貌、历史瞬间，成为一种家国记忆留在了中国人的心中。

上图：阿东照相馆聘用的德国女摄影师赫达·哈默。上世纪30年代她在北平拍摄了许多反映古都风貌的照片。

下图：斯诺拍摄的“毛泽东在陕北”，就是在阿东照相馆冲洗的。

北平市井

——20世纪30年代德国女摄影师镜头中的北京

1933年，德国姑娘赫达·哈默受聘出任北平阿东照相馆的专职摄影师。当她从德国起程时，对于中国和北平几乎一无所知。临别时，家人甚至送了把手枪给她防身。然而，当她抵达北平时，立刻被这座古城深深吸引了。一有闲暇，赫达·哈默便会骑上自行车，背上大块头的禄来福来照相机在北平的大街小巷游荡。不论是苦苦讨生活的底层贫民，精明的生意人，还是生活悠游的文化名人，都成为赫达镜头中的主人公。

上世纪30年代，这座做了几百年都城的城市，已不是中国的首都。1927年，国民政府把首都迁往南京，北京改名为北平。此时，脱去政治“外套”的北平，一下子冷清下来，但它独有的文化气度和闲适的生活，却凸显出来。

作为教育与艺术中心，北平不但汇聚了北大、清华、燕京等一批顶尖学府，还聚集着国立研究院、图书馆等一批文化机构。生活在古都的文化人，给这座城市留下了许多让人津津乐道的典故。在马叙伦的指导下，长美轩饭馆的大厨做出了享誉全城的“马先生汤”；爱好古籍的钱玄同，一有空就往厂甸跑，次次满载而归，一度被戏称为“厂甸巡阅使”；洋派的林语堂没事儿就泡在琉璃厂跟书店老板聊天，不为买书，而是为了提高自己的古文修养；林徽因的“太太客厅”更是北平顶级的文化沙龙，沈从文、萧乾、徐志摩等文化名流都是座上客。

在文化中浸淫日久，北平城的市井平民也养成了一副不疾不徐的安闲气度。不论是路边捡废纸的、缝破布的、坐在自家门前晒太阳的，还是牵着驼队运煤块的，这些操持着各种行当的北平人，随时乐意停下手头的事情，成为赫达·哈默照片中的主角。北平人有的是和气，没有的是火气。他们有足够

天安门外卖柿子的小商贩，树影后面隐约可以看见天安门城楼。当时的长安街还是土路。

捡废纸的男孩。捡废纸破烂是最穷的营生之一，凡是可能被再次使用的任何东西都不会被浪费，他们收集的废纸成为制造糙纸的原料。

画家王清芳是一位天才艺术家，他的山水画创作技法与传统迥然不同。虽有艺术才能， 但他只能通过教书养家糊口。

街边卖烧酒的小贩，小的铁皮酒壶里装的是北方月高粱酿造的浓烈的老白干儿。

的耐心来打量地摊儿上的物件，欣赏路边的杂技，偶尔停下来买串冰糖葫芦或油炸果子，听几声路边小贩含混不清的叫卖，甚至围观一场路边的争吵。

不过在北平充满魅力的生活下面，赫达也体味到沉重的苦难与触目惊心的贫困。捡废纸破布的孩子，挥汗如雨的洋车夫，还有为养鸟人捉蚂蚱的人……这些在生活中苦苦挣扎的底层贫民，常常被人忽视。然而，赫达却被他们的乐观和坚韧不拔所感动。

赫达·哈默镜头下的北平，既安闲，又艰辛；既雅致，又粗粝；既美丽，又落寞。然而，随着 1937 年日寇铁蹄的闯入，北平再也没有了往日的安闲气度，离乱成为这座城市的底色。

清晨，老人在练太极推手。这是自古以来中国人练习、完善身体平衡的方法。

农村的妇人从来不闲着，她们正利用农闲做小巧的草编玩具。

一支驼队走过北京外城角楼。

书店伙计正在誊写古书。

拉贝眼中的北京

南京大屠杀的见证人约翰·拉贝以“南京的辛德勒”著称，但很少有人知道，在去南京之前，他曾在北京生活多年。

1908年8月18日，二十六岁的约翰·拉贝来到北京。他先是在一家德国商店当售货员，1911年应聘到位于北京东城的德国西门子驻北京分公司做会计兼文书。靠勤奋和努力，拉贝先后担任了西门子北京和天津分公司的经理，1931年11月出任南京分公司经理。这位二十六岁来京、五十六岁返乡的德国人，在华生活工作了将近三十年，其中十七年在北京度过。

拉贝一家与中国结下了深厚的感情。他于1910年10月在北京结婚。他的儿子、医学博士奥托·拉贝生于北京，女儿玛格蕾特·拉贝、外孙女莱茵哈特均在中国出生长大。出于对中国文化的热爱，他收集了大量有关北京的照片和绘画，并附以对近代北京社会生活方方面面的详细记录。在二十多本个人日记中，关于北京的日记手稿多达六卷。其中既有他个人对老北京的感受，也真实地记录了百年前北京的社会历史风貌，其中的四卷更直接取名为《我眼中的北京》。

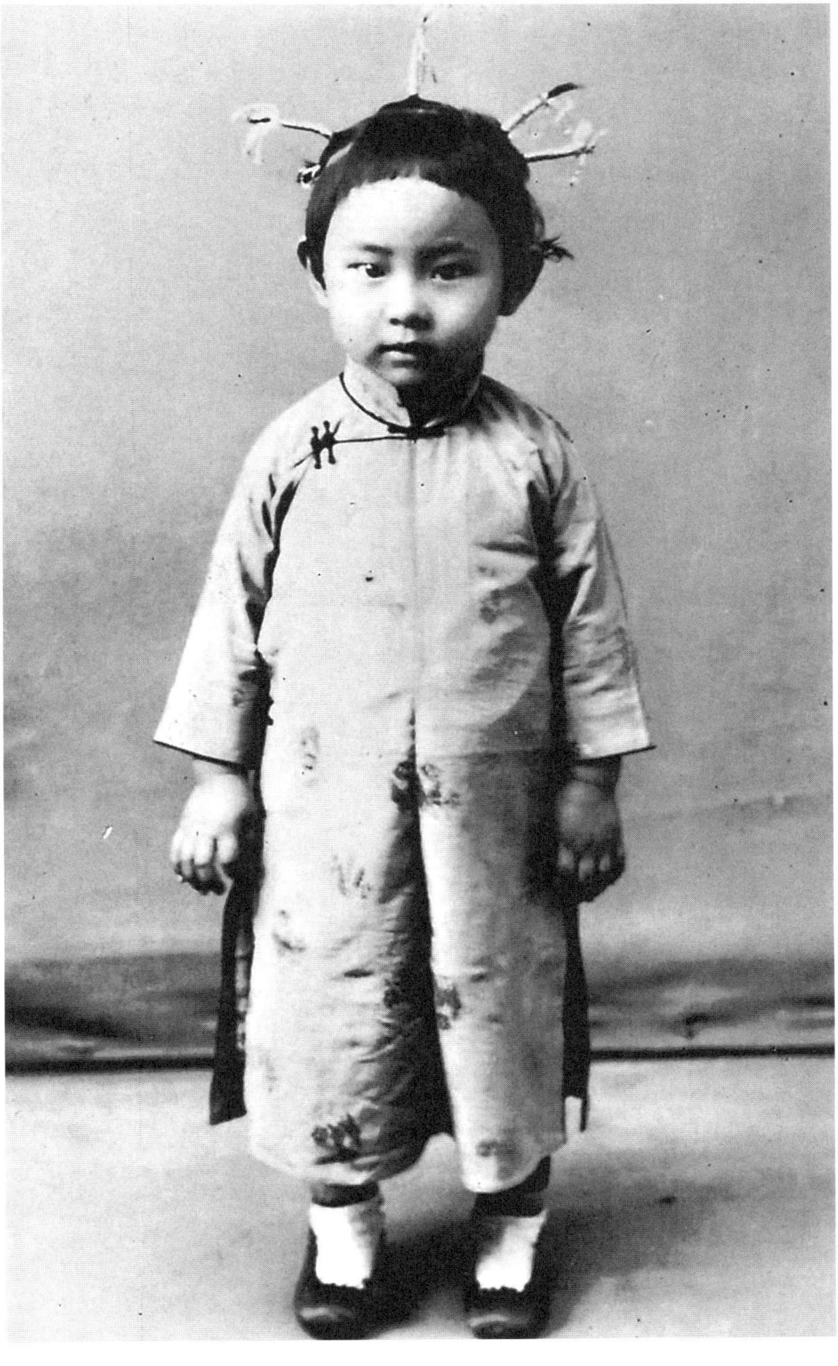

这个中国小孩头顶上的四条小辫子就像避雷针，实际上也是出于类似的考虑，据说这样梳头可以辟邪。我还听说，也是出于同样的讲究，中国房屋和寺庙的房檐末端都是上翘的，这样可以避开和驱散邪恶的力量。

——约翰·拉贝

郊游或远足时人们骑雇来的牲口，牲口的主人就在旁边小跑地跟着。这些苦力每天行走的里程简直长得不可想象，而且他们连喝口水的时间都没有。在整个东方，被认为是最蠢笨的驴子是最重要的家畜。它们无怨无悔地背负着加在身上的所有重物。只有给它重新钉掌的时候，它才会小小地反抗一下。

——约翰·拉贝

旧中国人们散步时手里拿的不是拐杖，而是鸟笼。经常能看到散步人的手里提着三四个鸟笼子，或者举着一条木杆，上面站着被拴住的鸟儿，它们能在半米到一米的范围内自由飞行。也有人举着玉质鸟杆。我见到更多的是蹲在鸟笼前的中国老人。

——约翰·拉贝

上图：欧洲人和中国人用得最多的交通工具是人力车，一种架在轮子上的椅子。据说人力车是一个传教士发明的，因为他的妻子有脚疼的毛病，他就想出这个办法运送他的妻子。那时还没有橡胶胎的人力车，都是"铁皮车"，用的是铁钉固定的木质轮子。虽然坐在这样的人力车上会摇摇晃晃，但它至少有缓冲装置，可以降低行走过程中的冲撞。在没有汽车的时代，只要对速度要求不那么高，乘坐这样的人力车还是很舒服的。你可以高高地坐在车上，整条街道一览无遗。即使在最恶劣的天气下，也可以脚不沾土地从自己家到达任何一个朋友的住所。还有什么可以奢求呢？那时我们并不像今天在亚洲的欧洲人一样，离开汽车就走不动路。优越一些的"西方人"，拥有自己的私人人力车，这些更壮实的人力车夫觉得有义务比职业人力车夫跑得更快，觉得自己高人一等。时不时地在街上也会上演人力车赛跑大战，车夫们疯狂地赛跑，根本无视客人的警告，直到他们累得精疲力竭。——约翰·拉贝

下图：拉贝夫妇和朋友在一个带祭祀桌的古墓前合影

我在北京的时候那里还没有现成的栅栏。人们用锯子加工木材，但要制作木板就没有那么简单了，需要有专业的技术。首先要用墨汁浸饱的铅垂线在木头上画线。把铅垂固定在木料的一端，让绳子自然垂下，然后稍微抬起一点，再在木料上印出一条笔直的线。在圆木料上用这样的方法打上标记后，就把它斜置起来。一个人在上、一个人在下开始锯木头。——约翰·拉贝

在手稿中，拉贝把收集来的图画与内容一致的照片贴在一起，相映成趣。

晚清洋人在北京

正如钱钟书先生所言:“咱们开门走出去，正由于外面有人推门，敲门，撞门，甚至破门跳窗进来。”近代中国正是在西方人的强行闯入下，走上世界舞台的。

1860年，被烧了圆明园的清政府与英、法、美、俄各国签订城下之盟——《天津条约》。依据条约规定，各国可派公使常驻北京。从此，位于皇城东南角的东江米巷，耸立起一座座异域风格的小洋楼。这条曾因是江米集散地而得名的小巷，由此也改了名字，被称为东交民巷。

随着使馆人员的迁入，各国的传教士、记者、医生、商人和冒险家也纷纷远渡重洋，来到这个神秘的东方古国寻找机会。在北京，这些外来者过着中西合璧的生活。他们既租住在传统的四合院中，也搬来沙发、钢琴，保持着自己的生活方式。闲暇时光，他们深入北京大街小巷，用异域人的眼睛打量着这个陌生的国度和生活在这里的芸芸众生。肃穆的城墙，巍峨的城门，缓缓穿过街市的驼队，蜿蜒的长城都让他们大开眼界，而泥泞的道路，路边成堆的垃圾和偶遇的街边斩首场景，也令他们感到不适。他们以独特的视角，记录下北京生活的片段。这些关于中国的著述鲜活有趣，同时也充斥着阴暗和歧视。西方人以征服者的姿态俯视中国。

庚子之变，八国联军攻陷京城，慈禧太后和光绪皇帝仓皇西逃，把北京城拱手交到侵略者手中。此前，外国人无法进入的皇家禁地也被八国联军占领了。这时普通外国人才第一次有机会踏入紫禁城、天坛、颐和园等地游览。随经商的丈夫侨居北京二十多年的立德夫人在进入紫禁城观光时感叹：“要不是以现在这种征服的方式，没有人相信一个欧洲人曾经在紫禁城里面自由走动过。”立德夫人回忆，她第一次到北京时，甚至想

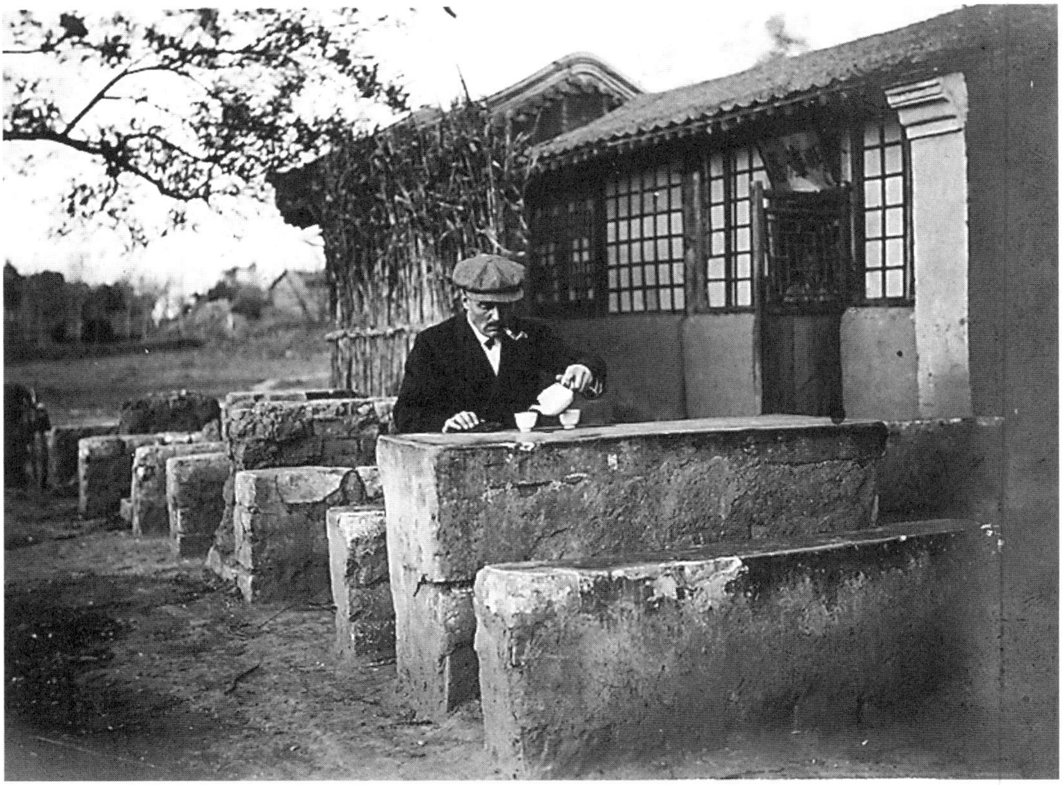

外国人在北京郊区远足。虽然郊区泥泞的道路让他们饱受颠簸之苦，但是在野外的小茶馆喝一杯茶，歇歇脚，也别有一番风味。

扎一条假辫子，穿上蓝色长袍，戴上大眼镜，假扮成中国男人的模样混进紫禁城参观。紫禁城雄浑的气魄完全征服了这位女士，她在《我的北京花园》一书中写道："中国皇宫的伟大设计者靠面积和比例，让人们在还没靠近他们的统治者之前就将自己的灵魂降到极为卑微的地步。"她甚至感到，相比之下英国的圣詹姆士宫就像是玩具。

清末民初，定居在北京的外国人已经上千，他们许多人甚至在中国度过了人生的大部分光阴。随着了解的深入，他们对中国人和中国文化的看法也发生着变化，有些人还对北京做了深入考察和研究，成为了北京学的专家。这些生活在北京的外国人，为我们了解北京提供了另一个视角。

在传统的中式四合院里吃西餐。在北京生活的外国人享受着东西方两种生活方式。

北京城最繁华的商业街——前门大街也是外国人经常光顾的地方。马车和新近从日本引入的人力车，都是他们常选的出行工具。

许多外国人把中国房屋中的青石地板改成木地板。他们在中国的家显得既舒适又富有异国情调。

琉璃厂的古玩摊是外国人经常光顾的地方。在这里他们不但能买到各种商品，还能看到变戏法的、郎中、巫师，有时还能遇到婚礼、葬礼的仪式队伍。

西方工业文明的象征——汽车，被外国人开到北京。汽车与一旁的马车并行，给人一种穿越的感觉。

天坛也是过去外国人无法涉足的地方。在同文馆任职的"中国通"——美国教士丁韪良认为，普天之下所能看到的人工建筑没有一个能像天坛具有那么崇高的建筑风格。

两名外国游客在极具北京特色的城门前留影。从门上的九列大门钉推断，这应该是紫禁城或某王府的大门。

1903：一个老美的“房山一日游”

1903 年的一个阳光明媚的日子，在海关总税务司署任学习秘书的美国人司戴德和朋友们登上火车。列车一路向西南行进，到达卢汉铁路坨里车站。一行人下了火车，改乘骡马，继续沿着房山境内的大石河河谷行进。大石河发源于房山区霞云岭乡堂上村西北的二黑林山，全长一百二十九公里，汇入北拒马河。沿大石河进入山区，可以看到黑龙关、河北村、万佛堂等几个景点。司戴德和朋友们沿着这条路线，开始了自己的“房山一日游”。

司戴德（Willard Dickerman Straight, 1880-1918），生于美国纽约，毕业于康奈尔大学建筑系。1902 年，他考入中国海关，来到北京。1904 年日俄战争时，司戴德任路透社记者，次年任美国驻朝鲜汉城副领事。1912 年他返回美国，六年后死于席卷世界的西班牙流感疫情。

留居中国的十余年间，司戴德拍摄了很多照片。美国康奈尔大学收藏着司戴德的一本私人照相册。这本相册，生动地记录了他 1902 年至 1904 年间在北京的见闻。其中，司戴德用很大的篇幅记载了他的这次“房山一日游”。有关这次出游的照片一共有十九张。据实地走访，其中可以断定位置的有十张。经过百余年的变迁，有些地貌已经发生变化，有些建筑已经茫然无存。不过，根据照片区位，我们大致可以推断出司戴德的出游路线。

司戴德一行人沿着大石河河谷进山后，到了京西古刹“万佛堂”。万佛堂寺庙建筑群主要包括万佛堂、关帝庙、花塔及密檐塔，初建于隋唐，经宋、元、明、清、民国，多有修缮，2001 年公布为全国重点文物保护单位。司戴德以塔为主要拍摄对象的照片有三张，拍摄地点均为万佛堂古迹群。这样详细

在现存的万佛堂古迹群中，有元代密檐塔一座，塔坐南朝北，门额线刻“龄公和尚舍利”。百年前，这个密檐塔也被司戴德收入镜头中。旧照中，龄公和尚舍利塔比今天更显挺拔，究其原因，应和百年来由于基建、泉水淤积等原因造成地坪不断增高有关。

记录大石河中下游沿线古迹、风貌的照片集，是第一次面世。

百年前一个美国人的无心之举，为我们留下了一幅幅生动的历史影像，也让我们看到了百年来房山的变与未变。

万佛堂无梁殿、辽代花塔。今昔对照，当地地形地貌没有太大变化。该照片的拍摄角度为自关帝庙后墙，由西北向东南拍摄，画面中由左到右．分别为于嘉庆九年重修的关帝庙围墙、明万历年修建的万佛堂及辽代花塔。司戴德显然是经过缜密构图后拍摄，景物错落有致，近景远景怡然。

此照片为司戴德在关帝庙一进殿院内所摄，以花塔为远景，并请了院内一名僧人作为“模特”。照片中可以看出，清末民初的关帝庙进山门后为垂带踏跺，两侧建有耳房，山门及一进殿均为硬山顶，并用京西特有的青石板铺顶。一进殿正殿右侧有柏树一棵。关帝庙建筑自清至民国，无大变化。新中国成立后，改为京西矿区房山煤矿机关所在地。上世纪 90 年代中期，山门、一进殿、二进殿、三进殿被拆除，只剩下三进殿南配殿、石碑、龟趺若干及油松一棵。

走到大石河畔河南辛庄村村口时，司戴德拍下了过街楼的照片。过街楼于上世纪五六十年代修建 108 国道时拆除，上世纪 90 年代后期，在原址偏南进行了重建。过街楼两侧分别为杨姓宅院和五道庙。

庆寿庵钟亭，此钟亭已于抗战时期被拆除，亭内铁钟被制成了手榴弹。

司戴德进入大石河河谷后，拍照留念。

在经过河南辛庄村过街楼后，司戴德继续向西，沿大石河河谷北行，抵达黑龙关龙王庙后拍下了此行的最后一张照片，始建于元代的黑龙关龙王庙。拍摄完这幅照片，司戴德便结束了“房山一日游”，踏上返程的路。

莫理循在北京

也许您不知道，北京的王府井大街在民国初年曾被命名为“莫理循大街”。能用自己的名字命名北京的“金街”，足见莫理循在当时是个举足轻重的人物。

1862 年莫理循生于澳大利亚。1894 年大学毕业不久的他，第一次来到中国。此后，他作为英国《泰晤士报》记者，在中国生活了二十多年。这二十多年间，中国正经历着三千年未有之大变局。从戊戌变法到庚子之变，从辛丑条约到清末新政，从日俄战争到帝后之丧，从辛亥革命到袁世凯称帝，莫理循始终在场。他以记者的敏感和政治家的睿智，将所经历的一切都整理并记录下来。他过世后留下几千张照片和各式各样的收藏品，其中甚至包括常人视而不见的旅馆账单、流水账本、中外人士的名片等。莫理循为后人展现了一个立体的中国，他的镜头也记录下他在北京生活的点点滴滴，以及这座城市的变化。

1897 年 3 月 15 日，莫理循从暹罗到达北京。和许多外国人印象中一样，北京在莫理循眼中是座“充满神奇而又破烂肮脏的城市”。街道没铺路面，走起路来尘土飞扬，下雨时烂泥都能没到踝部。1902 年 7 月，他在距使馆区不远的王府井大街购买了一座宅子。莫理循把这个典型的北京四合院改造成欧式住房。他养了两匹马，并拥有一辆马车。他还以一至三英镑的低廉月薪，雇了一个男仆、一个主厨、一个车夫和两个马夫等。这样，莫理循在北京的生活正式安顿下来。

在担任《泰晤士报》驻京记者时，莫理循发现北京竟然没有图书馆。从此，他开始不遗余力地搜集、购买与中国有关的图书、杂志和地图。驻京期间，他所搜集的关于亚洲，特别是关于中国的西方书籍达两万四千册，语种有十几种。莫理循的图书馆供人免

1901 年 6 月 20 日，莫理循在北京的家里跟他的仆人们的合影。前坐地者，左为二号勤杂工，右为三号马夫；中间站立者，左一为一号马夫，左二抱狗者为一号仆人孙天禄，右一为二号马夫，右二为二号仆人；后排，左一是厨师，左二是勤杂工　左三是二号厨师。

费查阅，在京城名声很大。据说，当时有很多外国人抱怨从北京火车站出来，车夫根本不问他们要去哪里，就直接把他们拉到莫理循家。因为，当时莫理循家的图书馆，几乎是外国人来京的必到之处。

在北京期间，莫理循拍摄了大量照片，也报道了许多大事。1908 年，莫理循关于慈禧太后葬礼的报道就曾经在西方世界轰动一时。莫理循感叹于清朝统治者的挥霍无度，他写道：“笨重的金棺由八十四名杠夫抬着才能通过城门，但在城外，换了一个更大的、由一百二十人抬着

莫理循的仆人与来访的女士在莫府改建成西洋建筑的西厢房前合影。

的棺材”。由于东陵离北京很远，“巨大的灵柩车在铺撒着黄沙的路上走了四天”。莫理循还了解到，修建东陵耗资巨大，“花费了八百万两银子”。

在北京生活的二十多年，莫理循也见证了这座城市缓慢的现代化进程。到处都在建筑碎石铺的马路，每一座重要的建筑都装上了电灯，街道被电灯照得通明。电话系统相当不错，邮政一天投递八次，自来水的供应也很好，西式建筑不断出现，甚至“所有的部办公楼，或已被安置在一些气势雄伟的西式建筑中，或很快将搬迁进去”。舶来品也逐渐被北京人所接纳，莫理循发现在北京“英国床架销售得极好，全城都能看到胶皮轮的东洋车，邮递员也骑着自行车送信”。

对于北京，莫理循有一种难以割舍的感情。1920年，莫理循死于伦敦。临死前几天，他还说：“我不想死，但如果不得不死，那就死在北京，死在多年来对我充满爱戴的那些中国人之间。”他去世后，人们把他称为“北京的莫理循”。

莫理循和他的三个儿子：伊恩（左）、阿拉斯戴尼（右）和科林（中）。莫理循去世后，三个孩子在英国长大，他们都与中国有一段不解之缘。

莫理循拍摄的庚子之变后的前门箭楼，箭楼已于1900年6月16日被烧毁，正阳门城楼也不见了。

莫理循最大的成就是他的图书馆。他于1912年决定将它出售，因为他在财力和精力上已经难以维持这一昂贵的"嗜好"。他提出"如果中国购买，我将把我在北京的不动产，即建有防火设备的图书馆送给政府"。张謇曾问询价格，但无下文。莫理循说："我本来希望它留在北京，可是这办不到。"1917年，他将藏书卖给了日本的岩崎久弥男爵。

五十岁时，莫理循与他的助手结婚，结束了单身生活。图为他的妻子坐在中西合璧的家里。

日下旧俗

阖家忙年

过年的气氛，从一阵喜滋滋的忙碌开始。腊八过后，人们便开始准备年货，老北京人把这一繁忙现象叫作“忙年”。

春节买年货，内容十分丰富。民谣曰：“糖瓜祭灶，新年来到，姑娘要花，小子要炮，老太太要新布衫，老头儿要顶新毡帽。”其实年货何止这些呢？过年要准备、要买的东西太多了，吃的、用的、穿的、戴的、耍的、供的、干的、鲜的、生的、熟的……统名之曰“年货”。

买年货是快乐的消费，大包小包、大件小件的吃食、穿戴、物事儿买回家，年的喜气儿也就出来了。接下来还要忙加工。老北京过年避讳动刀，忌蒸、炒、炸、烙（与“争”“吵”“炸”“落”谐音），大部分过年的饭菜要在年前准备好。于是，各家各户的灶间炉火不熄，主妇们各展手艺，炖肉、炸鱼的香气流溢坊间。烟火气熏染着、氤氲着，年味儿就在这诱人的香气中越来越浓。

老北京的年俗：正月初一

初一最重要的事情是开始拜年，北京的庙会也都在这一天开始。老北京人对拜年非常重视。接待的人家要准备食盒，里面放着各式干果，称为“吉利果”。不论来多少拨人拜年，食盒里面一定要满，以表示对客人的尊重和祝福。

老北京新春的禁忌从初一开始，有不少的礼儿，不能扫地，不能泼水，怕把一年的运气扫、泼出去。不能动刀剪，不能蒸炒，取不能争吵的谐音。不能打破各种东西，打破了要说“岁岁平安”。

撒年糕。老北京的年糕一般为清真回民小吃店制作，除年节大量供应外，平时亦有供应，但数量和品种都比春节时少。年糕其实最早来源于满族，满族名字叫“飞石黑阿峰”。北京的年糕是用黄米面或江米面加各种辅料蒸制而成，有黄、白两色，象征金、银，并有“年年高”的吉祥寓意。不同于南方的水磨年糕制法，北京的年糕是把黄米面和辅料一层层撒在笼屉中，然后上火蒸熟。所以老北京称制作年糕为“撒年糕”。

写对子。老北京春联是一条，贴在屋内卧室的右手门框上。这种春联一般十六个字，四字四言，首尾相连作“联句”，例如“宜入新春，春回大地，地载万物，物华天宝”，故有“春联”之称。对子则是对联，左右对仗，工整喜庆。这也更符合中国人对称的审美和成双成对的美好祝愿。

炖大肉。老北京风俗腊月二十六要炖大肉，年前肉铺生意特别红火。

刘海戏金蟾。老北京不但要给家里人备年货，还要准备祭祀用品供奉神仙、祖先。祭祀一般是"五供"。

"五供"指准备五个碗碟，每个碗碟上面各摞五个馒头。上面再插供花。供花中有四种分别是春桃、夏荷、秋菊、冬梅四季花，中间的则多用"刘海戏金蟾"，也就是图中这个复杂而精致的工艺品。

民间视刘海为福神、财神，金蟾则是能吞吐金钱的灵物。刘海戏金蟾的方法是根据金蟾的"习性"，以一串金钱引诱并钓住它，即民间所谓"刘海戏金蟾，步步钓金钱"。这位财神爷以其特殊的本领给人间带来金钱，他钓金蟾，金蟾则吐出金钱，金钱又被源源不绝地撒布到人间。

烟花盒子。看过北京奥运会上华丽炫彩的烟花表演，其余的烟花就都是“浮云”了。老北京的烟花摊比之现在街头的专卖摊点，无论规模还是品种都差了很多。但若论机巧奇思，老北京烟花爆竹的玩儿法一点不输于当下。

图中这个爆竹摊中间八角形的盒子，老北京就叫“盒子”。名虽朴实，燃放时却无比华丽。

燃放大盒子要事先搭起高架，将盒子置于其上。燃放时，盒子向下喷射烟花，然后逐层下落献彩。第一层多是商号名称。第二层紧接着绽放开来，烟花之后，或是吉祥话字幅，或是诗句图画，甚至能映出神话人物。就这样一层层燃放下来，最多的甚至能放十五层。

厂甸是老北京人过年趸货的好地方。

除夕欢聚

置办好年货，忙完年，这大年夜可就到了。不光在北京，全世界华人圈中，除夕也是一年当中最重要的日子。人都说北京人老礼儿多，这大年夜的礼儿就更多了。

中国人讲究吃，大年夜头一件事就是吃团圆饭。就算平日里在外闯荡，年夜饭北京人必定要赶回家吃。您看吧，除夕这天，天一擦黑儿，大街上就没人了。各家各户砧板响成一片，大街小巷鞭炮声声。热气腾腾一桌年夜饭摆上桌，老家儿当中一坐，看着一家老小其乐融融，共叙天伦，那就是最幸福的时刻。人都说中国年是团圆年，不管时代怎么变，过年和和美美、一家团圆的气氛变不了。

老北京的年俗：正月初二

正月初二是祭财神的日子，为取新年进宝得财之意。初二当天早晨的家宴必须有馄饨，也叫“元宝汤”。因为馄饨的形状像元宝。吃馄饨就是招财进宝，取财源如汤水滚滚而来的意思。

在老北京的习俗中，到了正月初二这天，人们喜欢一早就云集到五显财神庙“借元宝”。“借元宝”与请财神一样，说是借，实际是花钱从庙里买纸元宝。第二年要还纸元宝，而且要多还，以表示感谢财神。

初二还是媳妇回娘家的日子。

过年包饺子，至今还是北京人过年的习俗。除夕夜，各家各户剁馅儿声此起彼伏，主妇们在厨房里忙着和面，和馅儿，包饺子。虽然年菜早就备好了，但除夕这顿饺子必须年三十现包。这一天，一家老小齐上阵，不管是奶奶、小姐还是使唤丫头，全都得上手包。

年夜饭各家有各家的拿手菜，但两样东西不能少，一个是火锅，一个是鱼。火锅热气腾腾，象征来年红红火火；鱼则取"年年有余"的好彩头。最后一道菜多是甜食，祝福往后的日子甜甜蜜蜜。这天，平日不喝酒的人也得意思意思，有酒有菜才算过了年。

老北京除夕夜最大的礼仪就是拜祖先、拜父母。除夕夜，各家供桌设好，子时一过就下饺子，吃过饺子拜祖先，拜罢了祖先拜高堂。这时，家家户户大门敞开，传说是等待诸神下界。腊月二十三上天言好事的灶王爷也该回来了。开着门那是怕神仙们进不来。为了不冲撞神仙，除夕夜一家老小都得在大堂守岁。就算小孩也不能睡觉，万一尿了炕，冲了神仙，那可不得了。

放鞭炮是除夕的保留项目。传说中"年"是吃人怪兽。"年"一来，树木凋敝，百草不生；"年"一过，万物生长，鲜花遍地。所以过年这天大家都要放鞭炮把"年"赶走。子时一过，饺子下锅，鞭炮大作，别提多喜庆了。

"芝麻开花节节高"。一进腊月门儿，北京郊区的农人们就把芝麻秸捆成捆，往城里各家各户送。除夕夜，大人孩子把成捆的芝麻秸置于院中燃烧，寓意来年红红火火。

踩“祟”。除夕家家户户把芝麻秸铺在过道里，人们进进出出踩在芝麻秸上噼啪作响。“碎”与“祟”谐音，寓意把邪魔歪祟都踩碎，踩得越碎来年越平安。芝麻秸踩上去声音清脆悦耳，小孩儿们专门在上面蹦来蹦去。据说小孩踩过“祟”，一年不生病，长个儿快。

春节老礼

北京人礼数多，过年的老礼儿更数不胜数。打年前腊月二十三开始就要送灶王爷，用关东糖糊住灶王爷的嘴，让他上天言好事，来年下界继续保佑一家老小平安。大年初一家家户户要祭祖先，拜父母，走亲访友互相拜年，初二祭财神，初八祭星……这里边固然有迷信的成分，却也包含着人与人之间的情谊和人们对美好生活的憧憬。

现代人的生活讲究效率，崇尚简单，那些曾经的老讲究、老习俗都渐渐不为人知了。现在过年，大家是怎么省事儿怎么来，年味儿似乎也渐渐淡了。

老北京的年俗：正月初三

初三是“小年朝”。所谓“小年朝”，就是初三再掀“年味儿”高潮。初一、初二未办之事，这一天可以补办，人们又多了一个走亲访友“拜年”的日子。

民间亦传说初三晚上是“老鼠娶亲”的日子，所以一般人家都早早熄灯睡觉，以免“打扰”了鼠辈，并在屋角撒落一些米粒、糕饼，供老鼠食用，称为“老鼠分钱”，表示和老鼠共享一年的丰收。

民间以正月初三为谷子生日，这一天祝祭祈年，不食米饭。

“二十四扫房子”，家家户户年前都要大扫除。

当铺厚道。以前老北京过年，头初六所有买卖都关门歇业了，只有当铺不关门，因为穷人也得过年。为了能让他们有钱过年，当铺过年不休息，而且年三十这天当当价钱都特别优惠。有乞丐拿块破砖头贴上金纸跟当铺掌柜的说：当金砖来了！掌柜也不揭穿，每每给他一块钱。这也是老北京人的厚道之处吧。图中右侧写着“收买当票估衣”，老北京管这也叫小押儿。

拜年。大年初一拜年是中国人的习俗。不单子女给父母拜，姑爷给岳父母拜，下级给上级拜，同事朋友之间拜，兄弟姊妹也要拜。两人相见拱手相拜，嘴里说的吉利话多是“恭喜发财”“一顺百顺”之类。拜年送的礼物有糕点匣、成筐水果、中外名酒和给小孩买的灯笼、花炮等等。

祭财神。穷人盼脱贫，富人想日进斗金。因此，正月里家家户户都要祭财神。大年初二，老北京人从香蜡铺里请来“增福积宝财神”纸像。图中就是老北京住家典型的五供。财神像前供着五个盘子，盘子上或供馒头，或供果品，上面插着供花。

借宝。光在家祭财神还不算完，有条件的人家大年初二还要去广安门外五显财神庙进香“借宝”。据《铸鼎余闻》记载，五显财神是南齐柴姓的五兄弟，

庙会风物

大钟寺敲钟，白云观摸石猴，琉璃厂踩高跷……老北京人过年一大乐事——逛庙会。

老北京过春节,商家初一到初五不开门。庙会的摊儿就是过年时最兴盛的买卖家儿，吃穿用度一应俱全，特别是过年时应景的各色物事,密密匝匝地摆在摊上,挂在架上，透着红火。逛庙会的人们摩肩接踵，没有哪家生意不红火的。最开心的要数孩子们，花样繁多的耍货（玩具）在向他们招手，这时候向父母撒娇，多半都能如愿。

逛庙会的人不是为了吃，但连逛带玩地转悠半天，必然又饿又累。看到各种好吃的，不免产生食欲。所以庙会上那种吃食摊子自然也就座无虚席了。庙会上没有大食肆，一般都是浮摊儿，有的支个布棚，亮出字号，里面摆了条案、长凳；有的则只将担子或手推独轮车往庙会上一停，任人围拢，站立而吃。豆汁、焦圈、豌豆黄、驴打滚、艾窝窝，还有那大串的糖葫芦……庙会的吃食都是小吃、零食，不饱人，却停不住嘴,一家家吃将下来,酸甜苦辣尝遍，回味无穷。

老北京的庙会多有花会表演，有以精湛的武术为特长的如少林、五虎、开路等；有以技巧高超取胜的如高跷、中幡、太狮、少狮、杠子等，有以舞蹈俏丽而引人入胜的如小车、旱船、秧歌、花钹、跨鼓等。花会表演免费看，图的就是个乐和，过年过的就是个乐嘛。

在众多去处里，老北京人逛起来最轻松的要数琉璃厂厂甸。

清末民初，厂甸庙会场所修建成封闭式新式市场，因在该地曾出土辽代墓志，知此处当时名海王村，故定名为海王村公园。园内平时供游人游览，春节时园内园外皆称厂甸庙会。

琉璃厂平日冷清，到了正月却格外热闹。从正月初一到十五，长长的东西琉璃厂大街游客如云，各种年货摊档鳞次栉比，一家挨着一家，一眼望不到边。人们爱逛厂甸，是因为正月里京城大小古玩、字画、图书店多在此设摊，字画、字帖、珠宝、翡翠……琳琅满目。

庙会上的小吃摊就没有不红火的。

卜卜镫。现代人看到图中的这些玩具，第一反应可能是"像个葫芦"。其实，那是因为另一件更形似的东西已经不常见了，那就是马镫。这种玩具是用马镫的形和它能发出的声音来命名的，叫"卜卜镫"。

卜卜镫是玻璃制成的。因为卜卜镫的玻璃很薄，吹动时会发出"卜卜镫"的声音，寓意"步步登高"。不过，这种玻璃制品易碎，小孩子玩有一定危险性，现在已经见不到了。

老北京的年俗：正月初四

传说中，正月初四，灶王爷要查户口，因此不宜离家。虽是无稽之谈，但符合人们连续过节中需要有一天在家调整一下的要求，因此老北京有初四不出门的习俗，但是侄子可以去看姑姑。"姑舅亲，辈辈亲，打断骨头连着筋。"姑奶奶在家有地位，是北京民俗特色。

这一天全家在一起吃折箩，所谓折箩，就是把几天剩下的饭菜合在一起烧的大杂烩。室内掸尘，屋内扫地，垃圾堆到院中准备"扔穷"。

庙会上的风筝摊数量众多。在老北京眼里，这天上飞的风筝就和嘴里吃的冰糖葫芦、手上抖的空竹一样齐名，是春节里必备的玩意儿。

老北京玩风筝是有时间“限制”的，春节后庙会上大量上市，但只能卖到清明节。因为过了清明，北京就真正进入了春天，冬闲结束。大人们开始忙春，孩子们则要收收心，开始专心学业。很多风筝在清明前放出去，就把线剪了，真的把风筝“放”了。

打“金钱眼”。白云观庙会有项传统活动：打“金钱眼”。庙山门内有一石桥，名窝风桥，桥下无水。传说“白云”随风飘，要想云不动，必须桥窝风，故得此名。桥洞两侧各悬一硬纸做的大钱，钱孔内挂一铜铃，游人们以现钞换铜板来打“金钱眼”中的铜铃，俗谓击中者一年诸事如意、平安吉利。

白云观庙会上还有一个深受人们喜爱的传统活动：摸石猴。白云观里有三只石猴，摸石猴主要是摸石拱门上的那一只。传说人们摸了它可以祛病、避邪。这个传说其实是出于维持秩序的目的。庙会上男男女女人数众多，难免挤挤蹭蹭。于是就有人创造了“摸石猴”的说法，用石猴引导人们行走的秩序。

过年之乐

过年都有什么乐事？串亲戚，逛庙会，看演出，滑雪，唱歌，出国旅游……现而今过年能玩的花样可太多了，十个手指头全用上也数不过来。早年间的老北京人可没这么多新花样，但是那份喜兴劲儿绝对不亚于今日。

“开台大戏”是爱看戏的北京人过年最大的享受。腊月二十九演员观众都忙着过年，谁也没工夫看戏，各个戏班子都收拾起道具服装“封箱”。正月初一头场演出有隆重的开台仪式，演出的剧目也都是平日难得一见的。农民们则盼望着一年一度的走会表演，走会主要包括：秧歌、五虎棍、旱船、中幡、小车会、高跷、杠箱、狮子、十番、太平鼓等表演。这些都是农民自发组织的，看客们分文不取，就为大家图个乐和。

忙了一年，过年大家都得放松放松不是？

老北京的年俗：正月初五

正月初五俗称“破五”，也称“忌针节”。“破五”意味着只要在新的一年里不辞劳苦勤勤恳恳，便可过上好日子。人们黎明即起，放鞭炮，打扫卫生。

“破五”据说是财神生日，商家正式恢复营业。商家给财神过生日，需要摆“三桌半”，就是把四个八仙桌并起来，摆满三个半桌的席，必须先上有甜味的水果，表示财源广进，这样的席有的要摆一天。

老北京有讲究，“破五”吃饺子的肉馅儿，一定要是自己去剁的，菜馅儿也要自己去剁，把不顺的东西都剁没了。

开台大戏。大年初一，开台大戏，演员们要把封了箱的行头道具启封开箱。开台大戏比平日演出早一两个小时，演员扮作“天官”向观众展开写着“天官赐福”的条幅，这就是“跳加官”。“跳加官”后，舞台上燃放爆竹，扫堂童子扮成仙童出来清扫炮皮，寓意留住一年的财运。开台大戏一般是难得一见的反串戏，或青衣反串老生，或花脸反串小生，或者不同剧目的人物来个关公战秦琼，就是为了讨个喜兴，过年让大家一乐。图中戏台上演的就是反串戏。梅兰芳、马连良这样的名角都演过反串戏，场面是相当的火爆。

高跷十二角。高跷是双脚踩着木跷跳舞的歌舞形式。跷有高矮之分，高者约五尺多，矮者三尺多。高跷的角色有：陀头和尚（双手各持一木棒互击，在队前开路）、小二哥（童子扮相，持花篮）、傻柱子（丑扮）、老作子（花婆扮相）、柴翁（肩扛扁担）、渔翁（身背鱼篓）、俊锣（俊扮女子，手打小铜锣）、丑鼓（丑扮公子，打小跨鼓）、武扇（丑扮公子，手持蝴蝶）、文扇（俊扮女子，手持扇）、渔婆、卖膏药者（身挎药葫芦），十二个角色。

走会杂耍。农村的走会表演，别看都是业余演员，但是身手不凡，各种杂技、戏曲异彩纷呈，让人目不暇接。

青黄二狮。耍狮子是走会中的保留项目，图中是典型的北京太狮，原产于孙河。太狮一般分为青狮和黄狮两种，传说中它们是文殊和普贤菩萨座下的青狮和金毛犼变的。太狮由二人合作演出。演狮子的披苫称囊，由两部分组成，狮头用木雕制，饰金漆绘彩缀彩穗和铃铛，口眼均能动；狮子身躯由黄或蓝色平纹麻布制成，缀多缕染成黄或蓝色的青麻当狮毛。两只太狮出场，按规矩左黄右蓝。

上元花灯

老北京的风俗，得到正月十五闹元宵之后，才算真正过完年。

元宵节又叫上元节，也叫灯节，史书记载打汉代起就有了它的雏形，可谓源远流长。如今提到元宵节，您肯定先想到吃元宵，可早年间元宵节最具代表性的活动是放灯、观灯。清末民初，正月十三起大街小巷、买卖人家就开始“上灯”了，十四“试灯”，十五正日子为“正灯”，十七“罢灯”，元宵节才算是过完了。所谓“张灯不待月高升”，天刚擦黑儿，内城东四牌楼、地安门，外城大栅栏、正阳门大街纷纷亮起灯来。这一天，平日里大门不出二门不迈的奶奶小姐们也纷纷出来观灯，街上摩肩接踵好不热闹。老戏文里，私订终身的故事经常发生在上元节观灯的场合。除了看花灯，还有猜灯谜、放花炮、舞狮舞龙……

老北京的年俗：正月初六

正月初六“送穷”，是中国古代民间一种很有特色的岁时风俗。

在这一天老北京家中主妇要把节日积存的垃圾扔出去，谓之送“穷鬼”。门上的挂笺也可摘下来同时扔出去，叫作送“穷神”。这一天最受欢迎的是当年满十二岁的男孩，十二是六的二倍，可称六六顺。

送“穷神”需要供煎饼、扎纸车，有干粮，有交通工具，“穷神”就走了。厕神这一天要来检查卫生，所以要清理厕所。

羊灯。贺新春的动物形花灯是专给小孩点着玩的。有羊灯、狮灯、兔儿灯、巴儿狗灯。图中孩子玩的是彩纸糊的羊灯。羊灯脚上有四个泥轮子，肚子里安根儿手指头粗的小蜡烛，小孩用绳拉着走，羊灯的头可以一点一点的。老北京都管轻易答应别人要求的主儿叫"属羊灯的"。

烧火判儿。老北京上元节还有个西洋景现在是看不着了，那就是城隍庙里烧火判儿。"判儿"就是阴司里掌管生死簿的判官。正月十三到十七，城隍庙正院安放一尊三四米高的泥塑空心"判官"。判官头戴双翅乌纱帽，手持"黑无常"勾魂牌，上书：'你可来了，正要拿你！"腹中用砖砌个大炉灶，里面能装二百斤煤。生火后判官烧得浑身通红，耳口鼻眼、肚脐双乳都能喷出火来，煞是威武。据说，凡捐煤烧火判儿的买卖家，来年必定生意红火。

东安市场的别样鱼灯。

正月十五除了看花灯，最热闹的就是放花炮。上元节这天，大买卖家往往在门口贴出一张红纸报子写道："本号酬谢主顾，定于晚燃放花盒焰火，共庆上元，同乐春宵，欢迎各界光临指导。"一条街上七八家店铺"对擂"，东家宁可多破费几个钱，也决不示弱。真正是"遍天银花绣，阖街硝烟浓"。除了大买卖家，有钱的王府宅门，也不落后，什么炮打灯儿、金盘落月数不胜数。图中所放之花名叫太平花，又叫老头花，点燃后喷出火树银花，好不绚丽。

花灯如画。正月十五看花灯，一到这天，老北京内外城最繁华的商业街纷纷挂起花灯，大的、小的、高的、矮的、方的、圆的，有绢纱的，有玻璃的，有羊角的，还有的店铺别出心裁浇铸冰灯。花灯上画的图案也五花八门，有四季花卉，有逗乐的俏皮话，还有《三国》《水浒》《西游》中的人物故事，您挨着排儿仔细瞅，没准儿还能看出个连环画来呢！

六月六，洗象忙

小暑一过，马上就是三伏，北京进入一年中最热的日子。吹空调、吃冷饮、游泳……如今人们祛暑的方式很多。不过早年间，没空调、没冰箱，洗澡成为人们防暑降温的主要方式。农历六月六，虽然不是什么节气，但民间历来非常重视。这一天，人们洗浴、晒物、看谷秀，就连家里的动物都得洗个澡、避避暑。俗话说："六月六，家家猫犬水中浴。"这一天，除了家里的小猫、小狗、骡马牲口得洗澡，皇宫里养的大象也得洗一洗。于是，"洗象"成为每年"六月六"北京城必不可少的节目。

"六月六"当天，皇宫里饲养的大象在"象奴"的牵引下，排着队从宣武门西侧城墙根儿一路走来。清代诗人杨静亭诗云："六街车响似雷奔，日午齐来宣武门"。对京城百姓而言，大象是稀罕物。因此，每当看到大象结队而行，人们便会奔走相告："象来了，象来了"。久而久之，这条大象洗澡的必经之路，就被称作"象来街"。

自元代，暹罗（泰国）、安南（越南）、缅甸等周边国家，每年都要进贡大象。"天子出，车驾次第，谓之卤簿。"《大清会典》记载，明清卤簿都有象的角色，一为导象，一为宝象，主要区别是宝象驮瓶，而导象不驮瓶。宝象驮瓶取"景象升平"之意。据《钦定大清会典图》光绪本记载："鞍鞻朱饰金，上载宝瓶，铜质镀金，亦饰珠宝，深一尺六寸五分，口径八寸六分，腹围五尺七寸六分，镂垂珠纹，底径一尺一寸三分，足径一尺七寸，镂朵云纹，盖径一尺三寸，冠火焰顶，座高一尺三寸。"据说，宝瓶里放有火绒、火石、火镰，都是满族旧俗用品，以示不忘祖先。

为了驯养大象，朝廷建起了专门的象房和驯象所。清代负责管理大象的是皇室的銮仪卫。驯象所就设在宣武门内西侧城墙根一

带，也就是现在新华社大院里。据清宫档案记载，清代养象数量在乾隆五十八年达到顶峰，有三十九头。每头象每天吃掉官米三斗、稻草一百六十斤。每头大象都配备有一间象房和一个象奴，还有毛毡、被子、饭桶、水桶等生活用具。据记载，当时仅负责照料大象的象奴和驯象师就多达百余人。这些大象都被授予了不同的等级官衔，低至武士，高至大将军，按级别享受不同待遇。

虽说北京在元大都时期就有大象了，但“洗象”活动直到明万历年间才成为京师民俗。清承明制，每年的六月六也是法定的“洗象节”。每到这天，驯象师便会骑在大象背上，用一根红色的木棍引导大象前进，敲鼓示意大象蹲下，敲锣则是让大象起来。等大象到了护城河里，人们便会用七种不同的工具给大象洗澡。“笛”用声音指令大象进退，“校”

左图：清代宫廷画家丁观鹏创作的《弘历洗象图》。画中坐者是乾隆皇帝。

清光绪年间民间画家创作的绢本《洗象图》。由于清末国力衰弱，内府无力负担饲养大象的高额费用，再加上光绪十年（1884 年）曾发生过大象踩人事件，于是皇家仪仗中取消了大象。

缠象脚以防止大象乱动。

为了营造节日气氛，驯象师还会指引大象做出各种动作，或扬鼻声吼，或举鼻喷水。每年，“洗象”活动都会吸引不少看客围观。早在大象出场前，宣武门外护城河边就搭起了彩棚。四周聚集起一片临时设立的茶棚、小吃摊，前来看热闹的车轿人马更是拥挤如堵。为了更好地观看洗象，

上图：内府蔡绘本《卤薄图》中宝象。

下图：八国联军占领北京后，銮驾库被划归英国使馆，英军将之拆平建设了英国兵营，銮驾也不知所踪，所幸有这几张无意间拍摄的照片留存。从照片看似乎宝瓶有两种规格，一种如书中所说腹部“镂垂珠纹”，还有一种光素面的。

清代象房。

19世纪80年代拍摄的宣武门城楼。每年“六月六”这天，大象便排着队从宣武门西侧城墙根儿一路走来，到护城河里洗澡。

有钱人家会提早订下附近酒肆茶楼的好位置。不过，普通百姓就只能曝晒于烈日之下了。

光绪十年（1884年）春，京城发生了一起大象伤人事故。据《天咫偶闻》一书中载，在一次午门外班列时，一头大象突然发疯似的踏毁了一个将军马车，一路逃出午门。路上这头大象又将一名正在行走的太监卷起扔到墙头摔死，直到黄昏才被捉回象房。这次大象疯跑事件，吓得城西一带的百姓都不敢出门了。从此以后，朝廷典仪再也不敢使用大象了。

光绪年间，朝廷将所剩无几的大象送往北京农事试验场（即动物园的前身）养老送终，京师的象房里就再也没有大象了。正如清代文人周毓桂《城南洗象》所云：“夏日犹传洗象谣，少时曾见两三遭。”从此，人们只能从前人的画中领略“洗象”的热闹景象了。

老北京的婚俗

秋高气爽，艳阳高照。

秋天是北京最美的季节，也是新人扎堆儿结婚的日子。这大喜的日子，礼儿多的北京人，结婚的老礼儿更是数不胜数。

满人入主中原后，处在满汉两种文化交融中的北京，形成了杂糅满汉两种习俗的独特婚俗礼仪。

与今天自由恋爱不同，早年间婚姻都是父母包办。因此，老北京婚俗的第一步是提亲。男方委托媒人或本家到女方家求亲。如果男女双方家庭不熟悉，提亲后双方都要打听打听，相看相看。如果双方品貌家世相当，就互换“八字帖儿”，找命相先生给看看“八字儿”是否相合。这就是所谓的“合婚”。老北京流传着一首合婚的歌诀：“羊鼠一旦休，兔龙泪交流，金鸡怕玉犬，白马怕青牛，蛇虎如刀错，猪猴不到头。”这些曾经被看作金科玉律的歌诀，今天看来不值一哂。然而当年它却能决定一对新人能否结缘。

合婚之后，进入婚姻的第二个环节，下定、过礼、过嫁妆。此时，男方要请一位有夫有子的“全和人”携带金银首饰前往女方家“下定”。下定之后还要过礼，也就是俗称的“放大定”。“放大定”当天，男方要把迎娶新娘的日期告诉女方，并将新娘婚礼时穿戴的衣服首饰也一并送交女方。“放大定”的礼单，更加丰富。鹅酒、鲜鱼、猪腿、羊腿、糕点……这些都是老北京人“放大定”的必备礼品。办喜事前一两天，女方则会把嫁妆抬到男方家。女方的嫁妆大到家具，小到茶具，包罗万象。嫁妆越多，媳妇儿在婆家的地位自然就越高。过嫁妆后几天，就是婚礼的正日子了。

“大姑娘大，二姑娘二，小姑娘出门子给我个信儿。搭大棚，贴喜字儿。牛角灯，二十对儿，娶亲太太两把头，送亲太太大拉

一位盛装的满族新娘。此照片由英国摄影师约翰·汤姆逊拍摄于19世纪70年代。

翅儿。八团褂子大开衩儿，四轮马车双马对儿”。这首北京童谣形象地描绘了迎娶当天的热闹景象。迎娶仪仗，由专门的杠房操办。汉族结婚一般用三顶轿子，一顶是红缎绣牡丹彩凤的八人抬花轿，另外两顶一红一绿，分别供娶亲太太和送亲太太乘坐。满族人结婚只用一顶轿子，轿围子不用彩缎绣花，而是清一色的大红呢轿，俗称“官轿”。娶亲太太和送亲太太不乘轿，而是坐骡车。汉族迎亲花轿前有成对座伞和筛镜，二十四名或三十二名吹鼓手。队伍前面打着各种旗帜、对扇和金灯等物件。队伍最前面，则由一对铜锣开道。满族迎亲队伍前是若干对牛角泡子灯和左佩弓、右带箭的骑手。这充分体现了他们马背民族的传统。随新郎接亲的还有大媒、

此照片由美国社会学家西德尼·甘博拍摄于上世纪20年代，送亲队伍抬着嫁妆，走在北京大街上。

伴郎、赞礼等人。上轿之前，新娘子由迎亲的女宾用红线把前额、鬓角的细发去掉，名之为“开脸”，然后才能蒙上盖头，送入轿中。新娘到男方家门前，新郎会手持弓箭在新娘脚下虚晃三下，表示驱除邪妖。然后新娘跨过火盆，才能进门。随后，一对新人在主婚人的主持下拜天地、拜父母、夫妻对拜。拜过堂之后，一对新人被送入洞房，并肩坐在床上。这时，新郎才能挑下新娘头上的盖头。不少夫妻直到这时才头回见面。此时，仪式还不算完。新郎、新娘要尝饺子、面条，寓意为“子孙饽饽”“长寿面”，而后再由伴郎伴嫂端上交杯酒。交杯酒喝完后，再换上两碗冰糖莲子。直到此时，一场传统的北京婚礼才告礼成。

一队娶亲仪仗通过北京街道，走在队伍前面的人打着座伞。

民国初年的一对新人。虽然男子已经剪去发辫，但他们的装束仍保持着浓郁的前清风格。

迎娶新娘的仪仗中，一个杠夫手持龙凤幡幢。龙凤幡幢上绣着“状元及第”的吉利话。

此照片由美国社会学家西德尼·甘博拍摄于民国初年。那时，许多洋派人士已经改用西式马车迎娶新娘了。

一个丫鬟正在为一名满族新娘梳头。此照片由英国摄影师约翰·汤姆逊拍摄于19世纪70年代，这位新娘身着典型的满洲服饰，脸上敷着厚厚的粉。

上世纪20年代，骑马送亲的娘家人。

老北京的招幌

“千里莺啼绿映红，水村山郭酒旗风。”

中国自古是一个农业社会，随着城市的发展，商业也日渐繁荣。做买卖就得有广告，这个道理古今同一。古时候没有报纸、电视，店铺门上挂的招幌就成了店家招揽顾客、宣传自己最重要的方式。宋人张择端的《清明上河图》中，汴河两岸各行各业招幌飞舞，招揽生意的场面，便是当时商业文化的写照。到了明清时期，在北京这样的大都市，商业就更加发达了。北京的商铺、字号也渐渐形成了自己独特的招幌文化。

今人多将“招”“幌”并称，但事实上它们是有区别的。招牌多指店铺的名称、字号，而幌子上写的大多是店铺出售物品的种类或服务项目。

据清末《燕市商标孴（ní）录》统计，北京的招牌样式有上千种。初期，招牌多以店主人的姓氏为主，后来竞争日益激烈，招牌上的字数也越来越多。如德爱堂药铺就有长达二十二个字的冲天招：“德爱堂沈家，祖传七代小儿七珍丹。只此一家，别无二处。”许多店主人还请名人题写牌匾，如六必居酱园店的牌匾相传是明代奸相严嵩所题，“都一处”则是乾隆皇帝给题的。渐渐地，人们不满足于在招牌上仅写上经营项目和店铺名号，为求别致、吉利，他们费尽心思地在匾联上做文章，写上如“三义”“四美”“招财，进宝”“堆金，积玉”等，这些都是当时流行的吉利话。招牌中也不乏工整佳对，如清人梁绍壬在《两般秋雨庵随笔》中提到的“诚意高香，细心坚烛”“学经蒙并授，店槽道俱全”。后来有人将北京的店铺招牌戏集成联：“甘露斋祖传狗皮膏，香雪堂神效乌须药”“四世马公道膏药，三代王麻子金针”。

与招牌不同，“幌子”是标明店铺经营商品的类别，顾客一见幌子就知道经营何种

图中有两个商店，左边为经营茶叶生意的源龙茶庄，右边为蜡烛店。

民国时期的大栅栏店铺林立，招幌纷飞。

一家名为东凌云芳的香店。门前竖的幌子上写道："京都东凌云芳处造诸山各顶进贡名香。"

南庆仁堂药店。

商品。酒店幌子是在门口挂一个葫芦形招牌，下系一块红布；香油店幌子是挂锡制的葫芦或“亚”字形锡器；茶馆幌子是挂两块或四块长八寸、宽两三寸的木牌，上书毛尖、雨前、龙井、大方等字样；专售各种烟叶的老烟铺则在门口挂一支巨大的烟袋。同是饭馆，大饭庄与小饭铺挂的幌子也不同。挂双幌的是大饭庄，表示手艺高超，能包办酒席；挂单幌的是小饭铺，表示只经营简单饭食，类似今天的快餐店。有些店铺幌子的挂出与摘下，还传达着营业与闭店的信息。若灯幌挂出，则标志着夜间营业。老北京人熟悉这些琳琅满目、五彩缤纷的幌子，曾有顺口溜：“鲜鱼口内砌砖楼，毡帽驰名是黑猴”，说的正是田老泉帽铺的幌子——一只两尺高的木雕金脸小黑猴深入人心的趣闻。

挂着两种幌子的清顺斋糕点铺。

永安堂药店。门前挂着两个幌子上写着："永安堂遵古炮制饮片丸散膏丹；永安堂自运川广云贵生熟药材。"

三九四九冰上走

北京人冬天有冬天的乐和事。有道是："一九二九不出手，三九四九冰上走"。

看过《甄嬛传》的观众一定记得，安陵容失宠后苦练滑冰。在皇宫中一年一度的"冰嬉大典"上，她以一场艳惊四座的"冰嬉之舞"，重新赢得了皇帝的宠爱。作为一个来自东北的民族，"冰嬉"的确是清朝的"国俗"。

清军入关以后，为了保持八旗子弟的本色，清政府对"冰嬉"十分重视。每年腊八前后，受过训练的八旗子弟都要举行一场正式的比赛与表演，即"冰嬉大典"。冰嬉大典中，除了集体队列表演外，最吸引人眼球的还是个人竞技部分。金鸡独立、凤凰展翅、蜻蜓点水等高难度动作，绝不亚于今天的花样滑冰。1894 年冬天，清王朝举办了最后一场冰嬉大典，慈禧太后和光绪皇帝带领群臣，在北海漪澜堂前观看了全套的冰上节目，并在典礼结束后降旨奖励。不过，此后甲午战败、变法失败、八国联军……清王朝陷入危急存亡之秋，再也无暇顾及冰嬉了。

不过，由于官方的大力推动，冰上运动在北京民间落地生根。这项最早以冬季练兵为目的的活动，渐渐演变为一种民间娱乐活动。

晚清时，京津一带曾流行一种自制的冰鞋，俗称"凌鞋"。它由两块木板组成，上面分别钉着细铁条。人们将木板紧扎在鞋上，便可在冰面上如履平地。每逢数九寒天，水面结冰，滑冰高手们就会聚集到护城河冰面上，穿着凌鞋参加滑冰比赛，"如星驰电掣，争先夺标为胜"。据说，有人曾穿着这种自制的冰鞋，清早从朝阳门出发，顺着河道一路滑到通州，回来时手上端一碗通州的酱豆腐，以示自己跑了个来回。这也成为老北京冬日一景。

民国建立后，北海公园成为最早开放的天然冰场。每逢冬日，冰面上红男绿女，"化

乘坐“冰床”的北京人。英国摄影师托马斯·查尔德摄于19世纪70年代。

后海滑“冰床”的男子，这种冰床既可载人，也可运货。

民国时期的简易冰鞋。

装竞走，亦足以倾动一时”。初学者摔上一个屁股蹲儿，老北京人幽默地称之为：“老太太钻被窝儿”。对于溜冰，不仅年轻人趋之若鹜，老人小孩也不避严寒。据说，上世纪 30 年代北海冰场上曾有位名叫吴桐轩的老人独领风骚。他身穿巴图鲁大坎肩，在冰面上来去自如，表演“朝天蹬”等溜冰绝技，引得外国游客啧啧称赞，并为他拍照留念。

清代，人们还会在冰面制作“冰床”。所谓“冰床”，就是人们用大块木板，在下面安上铁条，由一人拉绳在冰面上拖行。由于它形状似“床”，因此得名。人们既可以利用“冰床”出行，也可以用于运货，还有的专事游乐。专供皇帝乘坐的冰床，四周挂有黄色帏帐。旧时皇城内外，什刹海、护城河等凡有冰面的地方，都有冰床的身影。后来，随着护城河水量的减少，冰床才逐渐地退出了历史舞台。

上世纪 30 年代，北海公园滑冰场有一位须发皆白的滑冰老人，花样滑冰非常精彩。据说这名老人名叫吴桐轩，前清时期曾在慈禧太后御用的“冰鞋处”中当值。由于他自幼练过拳脚，能把武术功夫融合在滑冰里，花样滑冰特别出色，受到慈禧的赏识，并把他提拔为领队。

民国年间，中山公园北门可直通故宫筒子河，冬天这里开辟为冰场，成为京城百姓的游乐之处。图为中山公园后河冰场。

随着教会大学的开办，西方冰上体育运动也陆续传入北京，成为当时时髦的运动。图为1929年燕京大学的学生在打冰球。

北京的护城河是孩子们的天堂，夏天可以游泳，冬天可以滑冰。在摄影师的镜头里，一名少年正在护城河上滑“冰床”。英国摄影师托马斯·查尔德摄于 19 世纪 70 年代。

老北京的消遣

网上冲浪、看电影、唱卡拉OK……现如今人们的休闲方式数不胜数。早年间，虽然还没有这些玩意儿，老北京人的消遣方式也很多。遛鸟、下棋、弹琴、听戏、淘旧书……各种文化层次和经济能力的人都有自己的爱好。北京人以特有的耐心和精致，把这些消遣发挥到极致。它们不但是老北京一道风景，也成为北京文化不可或缺的组成部分。

北京人喜欢养鸟。新得的小鸟，野性未除，必须经由上杠、认食再到认人、学艺，这就是"驯鸟"。图中养鸟人正在训练小鸟上杠，这是驯鸟的第一步。将戴好脖套的小鸟用细绳拴到杠上，养鸟人不停用杠子试探，直到小鸟能熟练抓住，自行翻飞到杠上站稳，驯鸟上杠才算完成。

厂甸以书肆闻名。光绪初年，这里的书肆已经发展到二百二十多家，来薰阁、松筠阁等都是保留至今的老字号。每年正月初一，厂甸举办庙会时，书贩们都把古籍、新书一一摆好，让顾客拣选自己喜欢的书籍。清末民初，逛厂甸淘旧书成为京城文人的一大雅癖。鲁迅在日记中多次提到在厂甸买书的经历。钱玄同则号称“厂甸巡阅使”，在书肆中遇见喜爱的图书古玩，必定扫荡一空。

北京人下棋，以象棋为主。民国初年，北京城出现了不少棋茶馆和棋摊。照片中便是在棋茶馆中下棋的人，长桌上一律用红油漆划上棋盘，摆上一副木头做的棋子。凡是到这儿来饮茶歇脚的客官，都可以坐下对弈。此外，还有不少棋迷在街头巷尾席地而战，同样也能吸引不少"观棋不语"的"真君子"。

琴棋书画是旧时知识分子的必备修养。民国初年，殷实人家教养女儿，也不再围绕针黹女红，而是更重视她们的文化素养。绘画就是重要的一项。图中一位母亲正在教女儿画画。

古筝是一种传统民族乐器。它音色优美，音域宽广，具有相当的表现力。早在公元前5世纪至公元前3世纪的战国时代，就在当时的秦国（现今的陕西）一带广为流传。与古琴更受文人雅士青睐不同，古筝更加通俗。

清末，皮影戏在北京颇为流行。大户人家以私养戏班为荣，市井间也有一些小戏班，四处搭台表演皮影戏。艺人们隐身在白色幕布后面，一边操纵人物剪影，一边唱述故事。他们手中的皮影，造型考究、色泽鲜艳，因其主要以驴皮制成，北京人又称之为“驴皮影”。后来，随着电影的传入，皮影戏才渐渐衰落。

满族入主中原后，把养鹰的爱好带入北京。鹰习性凶猛，为了消除它的野性，养鹰人需要昼夜轮流熬驯。“熬大鹰”是玩猎鹰的第一步。熬鹰多是三班倒，用铁链拴住鹰的脖子，让鹰站在驯鹰人的手臂上。白天，驯鹰人专挑热闹的地方去，考虑到生鹰怕人，还会专门给鹰戴一个小皮帽。晚上，驯鹰人则需要不断晃动手臂，不让鹰睡觉。这样几个昼夜熬下来，鹰的野性就消除了。老北京话中常用“你熬鹰呢？”来调侃不睡觉的人。玩鹰不但在八旗子弟中十分盛行，许多文人雅士也有此一好，著名的文玩专家王世襄就酷爱养鹰。

旧京鸟趣

养鸟是老北京的雅好。

从清末到民初，每日清晨在城根下、河沿边，随处可见身穿长袍手提鸟笼的人，迈着方步“遛鸟”。《燕京杂记》记载：“京师人多养雀，街上闲行者有臂鹰者，有笼百舌者，又有持小竿系一小鸟使其上者，游手无事，出入必携。每一茶坊，定有数竿插于栏外，其鸟有值数十金者。”

老北京提笼架鸟，要追根到满族人养鸟听音的传统。满族人原是猎于山林的游牧民，闲时捕捉鸣禽以饲养观赏，捕鸟是其爱好之一。《清太宗实录》里记载，曾有人捕到一只好鸟，想送给皇太极请他收下，皇太极说此鸟虽有好音，但玩物丧志，拒绝收下。可见，满族人有养鸟听音的传统。清朝满族人入关以后，这种传统也被带入北京。

养鸟人在清晨遛完鸟，常常聚在茶馆“会鸟”，互谈“压鸟”经验。“压鸟”是养鸟人的行话，就是驯化鸟叫出不同的鸟鸣。养鸟人每天走多少步都有数，如果走的步数不够，鸟就不叫。养鸟人遛到林子里，揭开鸟笼的罩子，让鸟学着其他的鸟鸣。

清代满族人养鸟颇有讲究。俗话说“文百灵，武画眉”。习文的、当文差的人喜欢饲养净口百灵，真正的玩家能驯得百灵叫出十三种鸟鸣来，行话叫“十三套”，也叫百灵套子。习武的、当武差的人提画眉笼，讲究大清早起来遛画眉。如果养鸟人在路上相见，提百灵笼的人要请左腿弯、右腿后撤、半跪的“文式安”，提画眉笼的人则请左腿微弯、右腿向后微撤、下腰的“武架子安”，各有式样。

提笼架鸟，并非一回事。

提笼，是指笼养鸟，主要是为了观赏和听音。红绿鹦鹉、虎皮鹦鹉、芙蓉鸟、倒挂鸟、珍珠鸟等，皆是毛色艳丽的鸟，能使人赏心

上架。

悦目。画眉、百灵、红蓝靛颏、字字红、字字黑等，叫起来百啭千声，声音悦耳动听。这些鸟都被放入笼中饲养，养鸟人以提笼遛鸟为乐。

架鸟，是用架子来养鸟，叫“亮架”。锡嘴、交嘴、梧桐之类的鸟，不能在笼中饲养，只能在架上栖止。老北京最常见的架鸟当属梧桐，经过训练的梧桐会打弹儿、开锁、叼旗、开箱等各种绝技。旧时每到北京冬天最冷的时候，时常会看到有养鸟人在冰面上训练梧桐打弹儿，即养鸟人把一个弹丸扔在空中，梧桐会飞上去接住。

此外，养鹰也是旧京的一种风气。清朝的八旗官兵随时臂鹰而行，引起王公贵族们纷纷仿效。在当时，北京密云和怀柔山区有专门的满族养鹰户，每年秋季猎取鹰类，加以调教后送至清宫负责皇帝渔猎的“尚虞备用处”，以备皇帝使用。

老北京所养的鸟，大多数来源于庙会，隆福寺庙会、白塔寺庙会，随处可见鸟笼云集。自清末以来，北京就有专门的鸟市，比较有名的是官园、西直门、马甸、日坛、白石桥，一些有名的公园门口也常常看到卖鸟的人。

如今，车马喧嚣的北京城已很难看到提笼架鸟，但是爱鸟、养鸟依然是京味文化中的一部分。

挑担卖鸟。

驯鸟。

老人逗鸟。

遛鸟小憩。

看鸟。

“狂欢”妙峰山

这个在大山顶上的妙峰山民俗庙会有着四百多年的历史，曾经是北京乃至整个华北地区规模最大的，庙会上各具魅力的民俗文化表演异彩纷呈。清朝时，妙峰山庙会最负盛名，那时候外国人把它看作是“中国的狂欢节”。

据清《燕京岁时记》记载：妙峰山“每届四月，自初一开庙半月，香火极盛”。“人烟辐辏、车马喧阗。夜间灯火之繁，灿如列宿。以各路之人计之，共约数十万。以金钱计之，亦约有数十万。香火之盛，实可甲于天下矣。”

北京民俗学会秘书长高巍介绍，清同治年间，慈禧太后还来妙峰山进过香。城里大大小小那么多皇家寺院，慈禧干吗大老远跑到这深山里来呢？原来，妙峰山供奉了一位斑疹娘娘，年幼的同治皇帝出了痘疹，慈禧亲自到妙峰山娘娘庙来“祈痘”。回去后不久，同治皇帝的痘疹还真就好了，慈禧认为这一定是娘娘保佑，她特意写了三块匾额送到庙里。

慈禧“祈痘”，娘娘“显灵”，这事越传越远，越远越神。从此妙峰山的香客不只限于北京，天津、保定、张家口等地的人们不辞劳苦，跋涉数百里都要来妙峰山进香。这样一来，也就有了句俗话：“妙峰山的娘娘，照远不照近。”

现在从京城到妙峰山，开车要一两个小时。没有汽车的年代，那些到妙峰山赶庙会的人，要提前半个月动身。有钱的坐马车，没钱的步行，一路风尘仆仆。多亏了路上每隔三里地就有个“服务区”——茶棚、粥棚，除了茶水、粥，还有专供来往香客免费享用的大馒头。此外还有为香客缝补、提供住处的各类“服务点”，这些都被称为“善会”，是北京、天津的有钱人家、官吏和商人以“行善积德”的名义出资操办的，为的就是求妙

妙峰山惠济祠全景。惠济祠就是有名的娘娘庙，祠内供奉着五尊娘娘坐像。碧霞元君位居正中，眼光、子孙、斑疹、送生四位娘娘两旁配祀。据说，碧霞元君是泰山东岳大帝之女。从名号看，这几位娘娘主管的都是生儿育女、母子平安等百姓生活中的大事。碧霞元君娘娘管的事情太多，因此民间为她安排了几位助手，让她们"分工"更细一些。

峰山娘娘保佑。

在那个商业不够发达，娱乐场所又特别少的年代，看会是当时人们一年中重要的乐事。人们为了看会而逛庙，庙会也就成了舞蹈、戏曲、杂技等各种民间文化汇演的好地方。

老北京有数不清的花会，集中了各种身怀绝技的能人，他们在朝山沿路和山顶上进行娱神表演。花会在赴妙峰山的路上，沿途各村镇都会有百姓摆桌备茶点迎接，各花会要献艺表演一番以表示感谢。表演的形式很多，舞狮子的、踩高跷的、舞棍的轮番上场，有"正会十三档"之说。另外还有一些不入档的花会自行表演，如龙灯、旱船、飞刀、竹马等不下六七十种。

花会这种民间的自发组织对妙峰山庙会乃至北京民俗的发展有极大影响。每年春节一过，

妙峰山庙会，清朝的外国人将其视为"中国的狂欢节"。

各地的花会就开始出来贴报子，专挑士绅、商人的门上贴。这是他们募捐的一种方式，告诉人们他们准备去妙峰山进香了，希望大家有钱的出钱，没钱的出点粮食、布匹，或者其他帮助。多数人家不会拒绝这种要求，并把捐赠当作一种祈福的方式。然后花会的会首组织排练、制衣，确定行程，等到四月初一开始向朝顶进香。到了清朝末年，由于慈禧太后的赏识与推崇，京城内外的花会组织不断扩大，种类逐年增加，技艺日臻完美，影响也日趋深远。直到现在，依然有一些会种活跃在北京乃至全国诸多城镇乡村。

图为路边小吃摊。图中棚内不是茶棚、粥棚的摆设，又因为山顶的善会向往来香客免费提供馒头，因此山顶上小吃摊的买卖不好做，所以摊主只好把摊位设在通往妙峰山途中。

香客回家时，一般都在庙外购买红绒花、纸蝠、纸虎、纸蝴蝶，或插在头上，或戴在胸前，称为“戴福还家”。上山朝顶时，香客见面，不论认不认识，都彼此打招呼，互道“虔诚”。进香完毕，插戴下山时，则改说“您戴福还家”。

图中的喜神殿是妙峰山的一大特色，殿里供奉的是唐玄宗。唐玄宗酷爱乐舞，曾挑选优秀乐师三百人，能歌善舞的宫女数百人，在梨园排演，他亲自担任指挥，兴起时还换上戏服参演，据说还是扮的丑行。后世梨园行因此奉唐玄宗为祖师爷，尊为喜神。

图为山背子，也就是我们熟知的挑山工。他们大都是门头沟本地人，有的是将这个作为生活来源，提供有偿服务。也有些人为了表示自己的虔诚，无偿帮助香客背东西。山背子里有香、铺盖卷以及其他日常生活用品。图中人把棍架在身后倚靠休息，爬山时，则会把棍拿在手里当拐杖。

图为舞狮表演。狮子分为太狮、少狮、五狮、九狮等种类。太狮由两人披一件狮衣，表现狮子的雄风和威严。少狮则为单人表演的狮崽儿，在太狮表演间歇出来打个滚讨个巧，以调节气氛。狮子不像我们今天看到的是红黄两毛的，而是一个黄毛、一个蓝毛，代表金毛狮子蓝毛犼，犼是一种以狮子为原型的神物，神力比狮子还要大。

工技京百

老天桥的绝活儿

沉寂多年的老天桥又活泛起来了。2011年底，天坛、天桥演艺区工程奠基了。政府将把“两天”地区打造成一个集演艺、旅游、商务服务、休闲娱乐为一体的大型演艺区。这让人不由得想起百年前老天桥的辉煌时代。

北京有句老话，天桥有天无桥。老年间，这里是皇帝到天坛、先农坛祭祀的必经之路。老百姓都得躲得远远儿的。民国以后，天子没了，过去不许开的戏园子、游艺园、商业、服务业，在天桥遍地开了花。天子走的御道，成了平民的狂欢场。鼎盛时期，在天桥“撂地”的艺人有五六万人。

1930年2月24日的《北平日报》曾经统计过，天桥地区共有各行各业的店铺、摊贩七百七十三户。有正式牌照的三百三十四户，临时设摊儿的四百三十九户，游艺杂技摊六十二个。这里打拳的，卖艺的，说书的、唱曲的……三教九流，五行八作，什样杂耍，百样吃食，样样齐全。

相声、双簧、快板、硬气功、杠子、车技、空竹……天桥有多少种民间艺术，谁也说不清楚。这里既是老北京民间艺术的发祥地，又代表着北京民间艺术的最高峰。

老艺人们把撂地演出叫作“画锅”，用白沙土在空地上撒一个大圆圈，站在当中间就开演。有了这块地，一家老小的吃喝就不愁了。所谓“平地抠饼，对面拿贼”。要想把走路的行人生生聚拢过来，还得让人家心甘情愿地往外掏钱，没两下子可不行。

天桥一直口耳相传着“八大怪”的传说。其实，“八大怪”不止八个人，而是分早、中、晚三拨，一共二十四位。有胡子拉碴却会学鸟叫的醋溺膏，有能用手指头碾碎石头的常傻子，有能让蛤蟆教书的老头，有训狗熊的程傻子，有拉洋片的大金牙，还有比真驴还

耍狗熊。

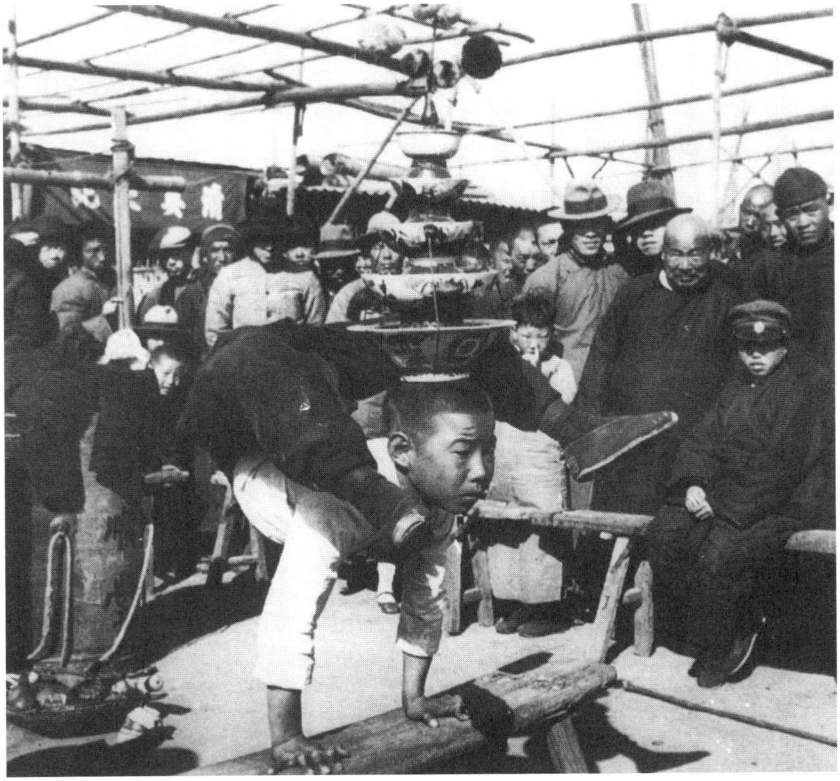

顶碗。

街头耍猴儿栗子（木偶）。

惟妙惟肖的赛活驴……传说中，他们个个身怀绝技，样貌奇特，言行怪异。虽然现如今，这些奇人的真名实姓已经很难再有人说全，他们的绝技也大多失了传，但他们跟这老天桥一样已成为永远的传说。

天桥不单盛产撂地的民间艺人，从这里走向大雅之堂的艺术家也数不胜数。相声大师侯宝林就是从天桥起家的。1948 年，评剧名角儿新凤霞从天津初到北平，第一站就落脚在天桥。北京琴书大师关学增，评书泰斗连阔如……这些个响当当的曲艺名角儿都是从天桥闯出去的。

除了小规模的演艺团体，北京最早的大型游艺场所——新世界、城南游艺园全都开在天桥。甭管您是有钱的，没钱的，得意的，失意的，都能找到自己中意的乐和事儿。

可惜的是经过几场大火和日本人的糟践，这些盛极一时的好去处，最终都衰落了，但它留在北京人心中的回忆却无法磨灭。如今，天桥演艺区就要恢复了，您说咱能不乐吗？虽说打把势卖艺的表演形式不可能恢复了，但天桥草根儿游艺场的魂儿没有变。

今天，我们就为您寻摸了几张老照片，帮您回味一下老天桥的“味儿”。

关学增在天桥唱北京琴书。

“张狗子”和张文山摔跤。

朱国良、朱国全兄弟二人表演“双风贯耳”。

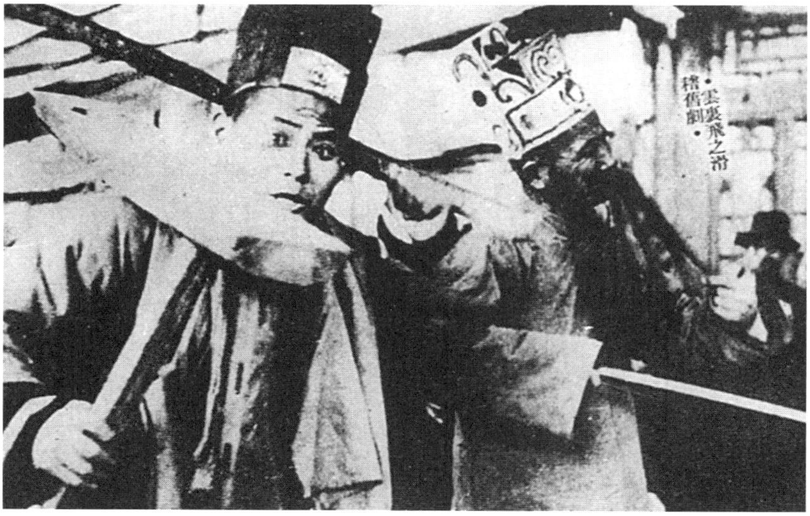

天桥八大怪之一白全福扮演“云里飞”的滑稽戏。

"大金牙"的徒弟"小金牙"罗沛林拉洋片。

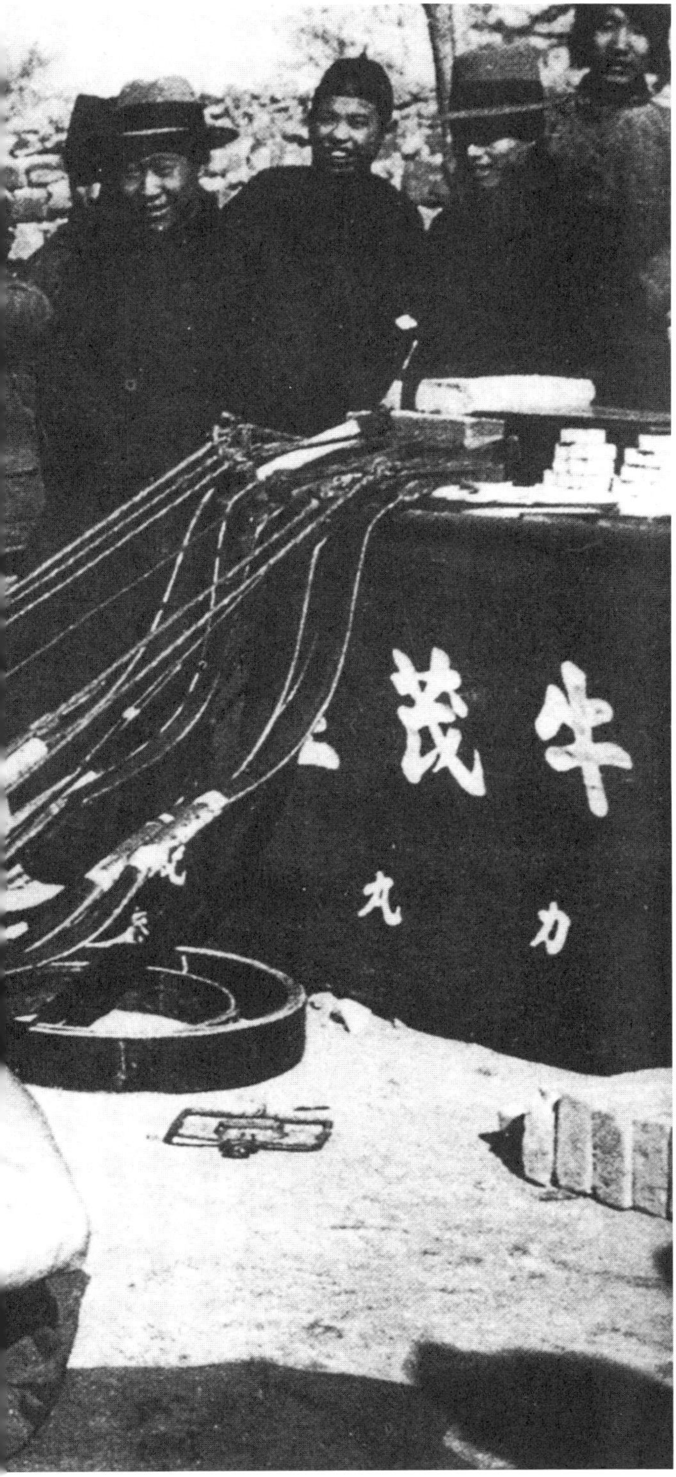

蔡文山表演拉弓。

老北京的手艺人

织地毯、打银器、切串珠、搓麻绳……这些今人听起来十分遥远的手艺，曾是北京人生活中常见的工艺，在机器进入之前，北京匠人用他们的精工细作，成就了一个独特的北京手工业。然而，随着工业化的到来，这些需要细致打磨的活计，有的变成了价格昂贵的工艺品，有的渐渐失传。

20 世纪初，美国社会学家甘博用镜头记录了北京匠人们最后的身影和他们手中那些渐渐失传的老手艺。

老北京织毯手艺，最早从宁夏一带传来，也叫“栽绒毯”。北京织毯主要分为壁毯和地毯两种。地毯在清代旗人家中比较常见，但大多数汉人并不习惯，只有碰到红白喜事时，才临时用一下，以示隆重。清末，西风盛行，北京城中的富贵人家以在家中铺设地毯为时髦。传统的京式地毯，一般以“八宝”“博古”以及“龙凤”等图案为主，构图严谨，色泽鲜亮，织造工序复杂。

照片中，五个匠人正在织造一幅地毯，由于工作量较大，他们坐在搭好的支架上，手持各色丝线，负责完成各部分的花纹。

景泰蓝是老北京的一项传统工艺，因始创于明景泰年间而得名。它采用铜质胎型，在铜胎上用细扁铜丝做线条，捏出各种图案花纹，然后将五彩珐琅点填在花纹内部，经过烧制、磨平、镀金等工序，制成精美工艺品。

图中，匠人正在为景泰蓝上色，称作点蓝，这是景泰蓝制作中一道极为重要的工序。匠人们将事先备好的珐琅釉料，依照铜丝图案所标示的颜色，填充入焊好的纹饰框架之中。

白泥炉子，又叫白炉子或不灰木炉子，是用一种叫作不灰木的石粉制成。老北京普通人家冬季取暖，文人雅士们围炉夜话，用的都是这种炉子。

图中制炉匠人手中的这个白泥炉已经基本成形，正在进一步打磨。这种炉子，高约二尺上下，基本构造可分为炉盘、炉肚和炉眼三部分，上层炉盘较为宽大，可以支锅、烧水；中间炉肚较为圆壮；下部还有一个通气眼，因此极易生火。直到上世纪30年代，洋铁炉开始盛行，伴随北京人度过无数寒冬的白泥炉子这才日渐销声匿迹。

清代，弓箭由官方垄断生产，严禁私人制造。统治者从满族匠人中挑选能者，设立"宫作"，安置在东四弓箭大院，专职制弓。清代后期 财政紧张，官府对民间的控制力也在下降，制造弓箭的民间作坊开始出现。老北京传统的弓箭，工艺极为精细。满族入关前，制弓多以硬木（桦木、柘木等）为弓胎，外缠鹿筋。清中期以后，才逐渐改为竹胎，内镶水牛角。如此制成的弓，外形秀气，外面再包以桦皮，施加彩画，非常美观。

图中老工匠采用的弓胎仍是木质。木质弓胎，拉力极强，较为实用。随着火器从西方涌入中国，冷兵器时代结束，弓箭匠人难以谋生，制作技艺几乎失传。

清代，随着朝珠和手串的时兴，珠子切割与珠串制作行业在老北京形成一定规模。清代官员礼服上，多佩以朝珠，每串朝珠共有珠子 108 颗，朝珠并非统一制造和配发，官员可自行配制。从内廷养心殿造办处的"如意馆""金玉作"，到大大小小的民间作坊，珠子制作工序大致相似，主要分切割、抛光等工序。图中工匠正在切割珠子。他面前的这个机器，叫作切割架子。架子上安置一个圆转钢刀，上面配有轮子，以绳牵引，工匠脚蹬绳线，轮子便旋转起来，达到切割的目的。因为切割玉石必须加水，所以又称为"水凳"。

拴结系物的细麻绳、麻线，普通人家一般自己就可以搓制，较粗的麻绳、绳索就要到山货屋子或绳子铺去购买。山货屋子，类似于今天的杂货铺，大多位于胡同口或街边；绳子铺则相当于麻绳、棉绳、草绳的“专卖店”。那时，也常有走街串巷卖绳子的小贩，背着大捆的麻和搓好的麻绳，吆喝售卖。直到上世纪 80 年代末，麻绳的手工制作才彻底消失。

手工麻绳的制作大体有两个步骤，先将麻、棕等原材料制成半成品——绳坯，然后再将绳拧在一处，制成绳子。图中的老绳匠，右手拿着的就是已经成形的绳坯，他正在梳理麻线，并搓成麻绳。

旧时，北京办理红白喜事都要装饰纸花。不过，红事和白事中，纸花的颜色、造型等都有严格区分，具体筹备分别由喜轿铺与杠房负责。大体来说，婚嫁所用的纸花色彩鲜艳，以红、黄两色为主。葬礼上的纸花，多是白、蓝等冷色调。

图中匠人正在制作的纸花，是用于葬礼的，它的高度与“哭丧棒”相近，扎花匠人在竹棒上层层缠绕白纸条穗，将它扎成大团花束的形状。

千古荣枯泡影里

“千古荣枯泡影里，眼中都是幻中人。”这句诗说的正是皮影戏。

明正德三年（1508年），京城举办百戏大会，那时皮影戏就赫然在列。相传从那时起，皮影戏便传入北京。到了清代，皮影戏已完全融入北京市井之中。

北京的皮影戏追根溯源均来自河北，分为东派滦州影戏和西派涿州影戏。涿州影戏出现得较早。艺人在寺院法会和佛教徒家中表演时，经常坐在蒲团上演唱，故又被称为“蒲团影”。“蒲团影”的内容以宣讲佛经为主。清道光、咸丰时期，滦州的影戏艺人开始进京演出。他们唱腔新颖，表演生动，广受京城百姓好评，大有后来居上之势。滦州影戏艺人落户于东四牌楼一带，故老北京人将他们称为“东派”，而原已落户西城的“蒲团影”遂称“西派”。

东西两派皮影人物的服装，均参考京剧戏服雕成，花纹繁复，色彩艳丽。不同的是东派滦州腔，边看底本边演唱，西派涿州腔，不看底本全凭记忆演唱。

民国初年，东西两派皮影戏依旧各有千秋，难分伯仲。东派有庆民升、同乐、知盛合等影戏班，西派则有德顺等影戏社。这时，皮影戏演出的剧目也突破了佛教题材。经常上演的剧目被称为八部大戏，即四大历史故事——《英烈春秋》《背解红罗》《四大名山》《香莲帕》和四大神话故事——《白蛇传》《混元盒》《西游记》《小开山》。大戏连续演出于茶社、戏场，除此之外的小戏则常演出于堂会。

如果为当时各个戏班排个高下，西派的德顺影戏社必是首屈一指。民国时期，路家影戏班第四代传人路宗有在西四牌楼北毛家湾成立德顺皮影社。他与京剧界人士往来密切，并将京剧唱腔吸收到影调中，别开生面。

京剧名宿梅兰芳、尚小云常邀影社至家中演出，对其演唱的影调十分欣赏。京剧名家刘鸿声学艺期间，也曾到德顺皮影社参加幕后伴唱。常演不衰的京剧剧目《二进宫》等，也成为德顺影戏社的拿手好戏。德顺影戏社可谓人才辈出，路宗有的五个儿子，人人身负绝技。长子路景魁唱丑，人称“活猪八戒”，又弹得一手好三弦，他弹弦子，从不戴指甲；二子路景通唱大武生，嗓音高亢声入云霄，又兼操纵；三子路景达耍影人，在设计、雕刻影人方面别具一格；四子路景平拉主弦，兼唱花脸、老生，武场上的活儿，没有他不会的；五子路景安唱文武生、花旦，他自学成才，编写剧本。他们几乎囊括了唱、耍、弹、奏、雕的各种技艺，可谓父子六人一台戏。1937 年后，因日寇侵华，时局不稳，北京东、西两派影戏班相继凋零，独有德顺影社留存。1939 年路宗有父子六人与大徒弟傅子云仍在前门外劝业场新罗天游艺厅和天桥茶社演出。

今天，北京皮影继承了西派皮影，保持着往昔古色古香的艺术特色。然而，在艺术形式和休闲方式眼花缭乱的今天，皮影戏再也难以重现当年的辉煌。它成为一种文化符号，留在老北京的记忆中。

上图：京剧场面（即乐队）中常见的单皮鼓，也是皮影戏的主要打击乐器。

下图：一个皮影老艺人在弹三弦。

老北京人管皮影叫“驴皮影”。它是用牛、驴、马、骡皮，经过选料、雕刻、上色、缝缀、涂漆等几道工序做成的。图为一个皮影艺人在雕刻皮影。

自明清以来，皮影戏一直是京城百姓喜闻乐见的一种艺术形式。

皮影戏场面中锣也是主要乐器。

皮影的四肢和头部分别雕刻，用线连缀而成。表演时，一个皮影要用五根竹棍操纵，艺人手指灵活，常常玩得观众眼花缭乱。不仅手上功夫绝妙高超，嘴上还要说、念、打、唱，脚下还要制动锣鼓。图为一个爱好皮影的官家少爷在白色幕布后面操纵皮影人物。

皮影人物形象受京剧人物影响很深，有些人物形象直接来自京剧脸谱。

皮影人物造型与戏剧人物一样，生、旦、净、丑角色齐全。制成的皮影高的达五十五厘米，矮的有十厘米左右。

一件景泰蓝，十箱官窑器

1904年，晚清政府首次率商队参加美国芝加哥万国博览会。北京珐琅作坊老天利商号制作的景泰蓝“宝鼎炉”参展，并荣获一等奖。时隔十一年后，“宝鼎炉”再度参展巴拿马万国博览会，再捧金杯。从此，景泰蓝成为蜚声国际的工艺品，各国商贾纷纷前往中国订购。时至今日，景泰蓝在北京、香港等地的大型拍卖会上，往往因高昂的价格让人瞠目。

一直以来，人们都把景泰蓝看作中国工艺品的代表，却很少有人知道其实它传自阿拉伯世界。

相传在元代，远征欧亚的蒙古大军，俘虏了一批西亚的能工巧匠。阿拉伯地区的金属胎珐琅制品便这样传入中土。流光溢彩、极度奢华的掐丝珐琅制品，一直以来都作为皇室御用的工艺品，在民间几乎无从觅得。直到明景泰年间（1450年至1456年），掐丝珐琅工艺才开始流入民间。因为当时多用蓝色，且底部带有“大明景泰年制”的款识，故而有了“景泰蓝”的称谓。

北京是景泰蓝的发祥地。明清以降，景泰蓝作为宫廷重器，摆放在庙堂之上。民间有“一件景泰蓝，十箱官窑器”之说。据史书记载，乾隆皇帝对景泰蓝嗜之极深，小到手上的扳指，大到室内的桌椅、花瓶、熏炉、床榻都用的是景泰蓝。甚至，他还在紫禁城专门设置了生产景泰蓝的造办处，拥有几百工匠。清末民初，北京民间涌现出不少水平高超的景泰蓝作坊，如“老天利”“静远堂”“德兴成”等。其中尤以“老天利”名声最大，工艺最精。

景泰蓝具有极为繁琐复杂的工艺，要经过制胎、掐丝、烧焊、点蓝、烧蓝、磨光、镀金等一百零八道工序。它不仅运用了青铜和瓷器的工艺，而且把绘画和雕刻技术也融入其中，堪称中国传统工艺的集大成者。

掐丝是制作景泰蓝最为讲究的一道工序。掐丝师傅用镊子夹着剪好的扁铜丝，蘸上稠的白芨戎糨糊，按照预先设计的图案纹饰，粘附到铜胎上。由于白芨见火即化，还需要在粘满铜丝的铜胎上筛一层银焊药粉，放在火里高温焙烧后，铜丝就牢牢地粘在铜胎上了。匠心独运的掐丝师傅，能自由娴熟地在铜胎上掐出四季花开、龙飞凤舞等栩栩如生的图案来。图中掐丝师傅正用镊子把扁铜丝，粘在铜胎花瓶上。

点蓝更是让人拍手叫绝的工艺。点蓝师傅用特制的“蓝枪和吸管”，舀着不同颜色的釉料，慢条斯理地镶嵌在铜丝界成的各种小格子里。起初，这种制作方法开头多用蓝色料，因而也就约定俗成地称为“点蓝”。图为点蓝师傅们正在专心致志地点蓝。

点蓝师傅面前的桌子上摆满了盛着不同釉色的小碟。

烧蓝。为了避免铜胎上的色釉剥落，还要烧蓝。色釉和铜丝的熔点不一，每例点完蓝的成品要经过三四次反复点蓝、烧制，才会精美绝伦。烧蓝的工序看似简单，但控制好火中烧制的时间，使色料熔化恰到好处，全凭炉前师傅的眼力。图为烧蓝师傅用火钳将烧制好的成品取出火炉。

上图：磨光。反复烧制的成品凹凸不平，要进行“磨光”。磨光是景泰蓝制作工艺中最苦、最累的一道工序，包括刺活、磨光、上亮等几步。先用金刚砂石水磨，把成品表面凸出的釉料磨平，使其平整光滑。再用黄石磨去釉料上的火亮和黑丝。最后用椴木炭水磨，使成品的表面光润。图中的师傅正在用金刚砂石把成品表面高出花丝部分的釉料磨平，使表面的花丝显露出来。

下图：传统景泰蓝作坊的一角。图中的师傅们正在用磨刀石为制作好的成品进行第二道磨光。

椴木炭水磨。由于椴木木质均匀，用椴木炭来水磨能使成品鲜明光亮。

琉璃官窑七百年

从2003年到2020年，故宫进行百年大修。这是自1911年修缮后，这个世界上规模最大、最完整的古代宫殿建筑群的首次整体大修。

门头沟区琉璃渠村忙碌起来，各色琉璃瓦和制件都要在这里烧制。这里曾是元、明、清三代皇家指定的专门负责承造皇家宫殿、陵寝、坛庙等各色琉璃的官窑，窑火七百年不灭。

据中国科学院院士、中国建筑教育及中国古建筑研究的开拓者刘敦桢研究，元朝时赵氏家族由山西迁至北京，最初琉璃窑厂建于宣武门外海王村。门头沟刘李居村周围盛产烧造琉璃所需的坩子土，琉璃窑厂迁到了这里，成为官窑。因为烧造皇家专用的琉璃制品，海王村改名琉璃厂；门头沟刘李居村也因这里专司琉璃烧造的官署琉璃局而改名为琉璃局，琉璃渠的村名就是由琉璃局谐音转化而来。

琉璃瓦明亮透底，关键是料和秘籍。坩子土是页岩的粉末，用它制作的瓦坯细腻光滑，呈月白色，可完全呈现釉彩本身的色泽；烧制琉璃瓦所用的釉彩是以石英和氧化铅为主的金属釉料。这里至今使用着清工部“独家授权的专利烧造技术”。釉彩的配置是最核心的“技术机密”，只有村里的几个配釉技师知道，在家族里口耳相传。

而要使琉璃瓦达到“成大形而不开裂，经百年而不掉釉”的完美品质，除了原料、配釉讲究外，最关键的是“两窑烧造法”，这是官窑与民窑的区别。每一件琉璃活件都要经过两次烧制，第一遍是在塑形完成后，技师们会将琉璃瓦的泥坯放入“素窑”烧造定型，待上釉晾干后，还要再放入“色窑”进行二次烧制。

琉璃活件要经原料粉碎、淘洗、配料、炼泥、制坯、修整、烘干、素烧、施釉、出窑、晾晒等二十多道工序，每一件都需要约十多

为板瓦施釉。

烧窑。

1929 年拍摄的北海九龙壁。

天的时间，十分讲究。

在为紫禁城造金顶的同时，琉璃渠官窑还创作了很多精美独特的琉璃艺术品，其中，最著名的要数北海公园和故宫的九龙壁了。九龙壁的制作过程比烧作琉璃瓦更加复杂，技师们首先需要将图纸分解成一片片的方砖，明确所需不同颜色方砖的数量，然后再逐个颜色进行配釉、烧造，待琉璃方砖出窑后再按照图纸逐块对缝拼接。北海公园的九龙壁共用了 424 块七彩琉璃，双面共有 635 条龙。

据《清工部续增则例》记载，皇家常用的琉璃构件共有上百种，仅建筑用的琉璃瓦造型就有板瓦、筒瓦、勾头、滴水、吻、兽头、脊等六十四种，而且每种瓦件又有严格的尺寸、颜色分类。在明、清时期，琉璃是皇族的“专属品”，民间百姓不可随意烧制，更不可越制使用。

如今，琉璃瓦虽不再是皇家专属，但琉璃渠的琉璃窑厂仍保留精湛的制作技艺，七百年薪火相传，七百年流光溢彩。正如古建专家林徽因所说，“本来轮廓极优美的屋宇，再加上琉璃色彩的宏丽，那建筑的冠冕便几乎无瑕疵可指。”

装窑。

摆放琉璃瓦。

琉璃渠村最老的窑厂。

稳作，专门负责设计制作琉璃瓦的模具，图为用泥制作原件大小翻模用的实物。

逐个擦拭烧制成功的琉璃瓦。

药香京城

店堂内靠墙是贴满药名的小抽屉，靠窗的桌旁坐着老中医，间或有病人来请脉开药，穿长衫的伙计拿着戥子，一样儿一样儿地照方抓药。这是读者在影视剧里看到的场景，也是北京商业至今还保留着的“活化石”，只不过穿长衫的伙计换成了穿白大褂的店员。

这就是延续六百年的北京老药铺。

药铺多为中医大夫开设，大都有个“堂号”，大一些的药铺前店后厂，加工丸、散、膏、丹，用独家秘方和制剂给病人看病。从明代起，北京成为了中医药业的中心，药铺多时曾超过百家。同仁堂、鹤年堂、千芝堂、万全堂在清代并称为京城四大中药铺。在繁华的东四十字路口至今还有一家老药铺永安堂，始创于明朝永乐年间，距今已近六百年。当年老北京曾有“内永安、外同仁”之说，“外同仁”指前门外的同仁堂，“内永安”就是指当时位于内城东四牌楼的永安堂。

中药铺抓药程序严格，生客熟客一律拦在柜台以外，保证伙计能够平心静气地抓药。负责抓药的伙计将药方展平，用镇尺压好，然后在柜台上铺好包装纸，用戥子称好药后，要请另一位师傅按药方依次核对，无误后方可包上。药包的包装纸上印有堂名、地址、经营内容等等。

同仁堂名满中外，如今几乎成了中药的代名词。同仁堂药店遍布京城，国内外大城市也能看见其身影，追根寻源，是大栅栏街上开设于康熙四十一年（1702 年）的同仁堂老药店。

同仁堂的创始人乐家，明永乐初年由宁波来到北京。乐良才是一位走街串巷行医卖药的铃医，手摇串铃，行医卖药。自乐良才之后，乐家子孙皆为铃医，直到乐显扬当上了清太医院吏目，才结束了祖传的铃医生涯。乐显扬于康熙八年（1669 年）创办了同仁堂

主政同仁堂二十七年的许叶芬，是《大宅门》里二奶奶的原型之一。

同仁堂乐家合影，中间老人为许叶芬。

南庆仁堂。

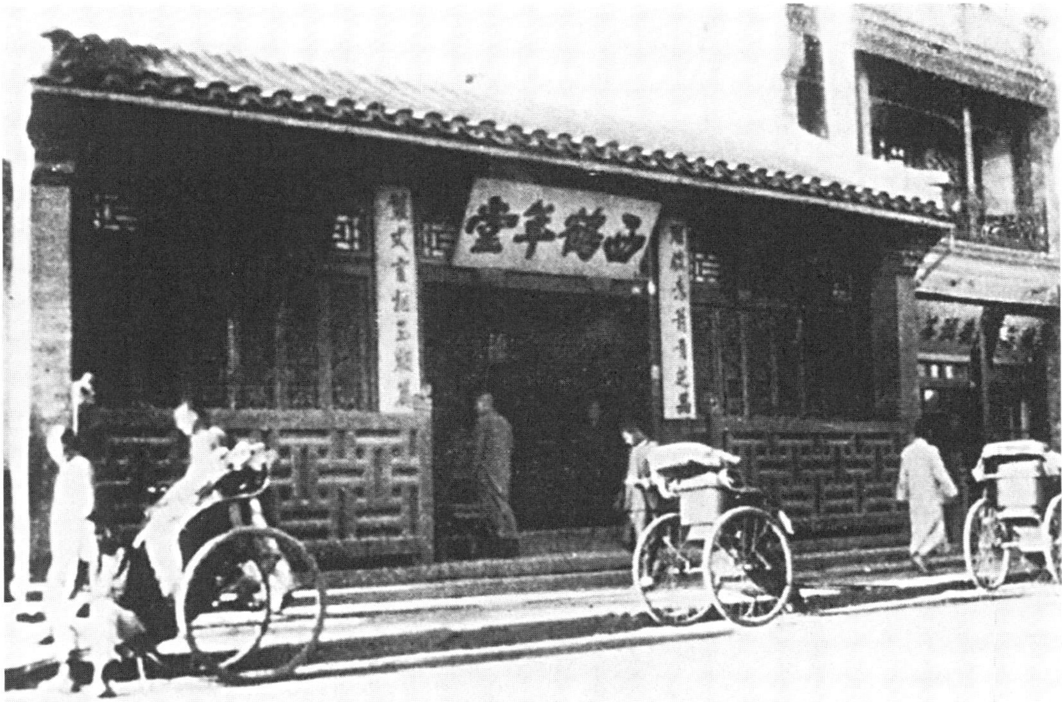

西鹤年堂。

永安堂遵古炮製飲片丸散膏丹
永安堂自運川廣雲貴生熟藥材
永安堂

永安堂。

同仁堂
老藥鋪
本堂發兑各省地道生熟藥材
本堂誠修諸門應證丸散膏丹

同仁堂影壁。

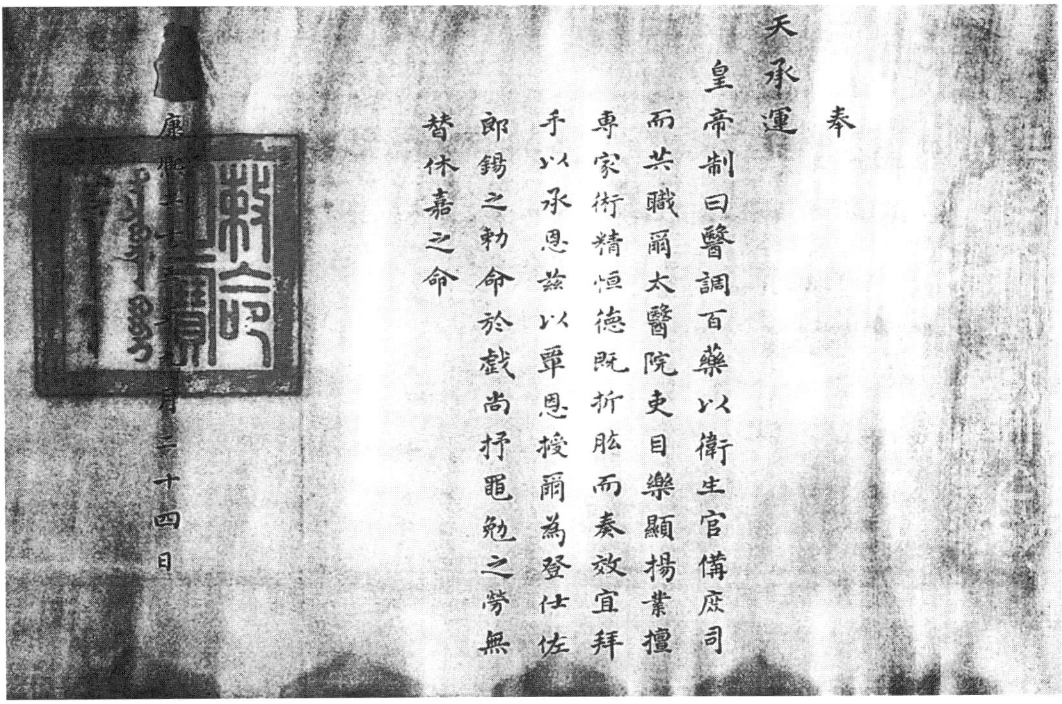

奉
天承運
皇帝制曰醫調百藥以衛生官備庶司
而共職爾太醫院吏目樂顯揚業擅
專家術精恒德既折肱而奏效宜拜
手以承恩茲以覃恩授爾為登仕佐
郎錫之勅命於戲尚抒匪勉之勞無
替休嘉之命

敕封乐显扬的圣旨。

同仁堂的药品说明书。

同仁堂药店售药。

鹤年堂刀房。

药室。乐显扬第三子乐凤鸣1702年在大栅栏路南开设同仁堂药铺，提出“炮制虽繁必不敢省人工，品味虽贵必不敢减物力”的著名训条。

由于配售药品疗效显著，声誉与日俱增，雍正元年（1723年），同仁堂开始供奉御药房用药，从此独办官药一百八十八年，确立了在中医药史上独一无二的地位。

原坐落在宣武门外菜市口的鹤年堂，是一家明代开业的老药铺，据说老北京有这么句老话：“买成药，丸、散、膏、丹，到同仁堂；抓汤药，还是鹤年堂讲究。”“汤药”就是汤剂饮片。传说光绪二十五年（1899年），金石古文字学家王懿荣患病，大夫开的处方中有味药叫“龙骨”。

鹤年堂工作间。

家里人从鹤年堂将药抓回来后，王懿荣打开药包查看，无意中发现“龙骨”上刻着类似篆文的文字，他感觉到“龙骨”上的道道划划都有一定的规律，很像某种古文字，于是派人去鹤年堂将这种“龙骨”全买了回来。经仔细比对，终于断定这是古人刻在龟甲兽骨上的一种文字。举世闻名的甲骨文就这样在药铺被发现了。

挥锤作笔，揉铁作墨

读者都知道安徽芜湖的铁画有名，但知道北京曾有铁画“第二故乡”美誉的人就不多了。北京曾出过一位“铁画大王”，把古都的文化积淀和精工巧作融合在一起，锻造的铁画“苍劲古朴”。

1894 年，慈禧太后六十大寿。文武百官为了趁此机会取宠，四处搜集奇珍异宝以博慈禧欢心。江苏巡抚刚毅听说著名的芜湖铁画在宫中还未曾见过，便花重金派人去芜湖买了一套铁画屏风。为了能博得太后欢心，他贿赂了太监把屏风运入宫中，放在御廊里。慈禧经过御廊，看到屏风后，甚是欣喜，赶忙让李莲英把铁画屏风放在自己的寝宫里，以供观赏。刚毅如愿得到了恩宠，宫廷贵族们从此对铁画趋之若鹜。

铁画也叫“铁花”，是用熟铁皮制作成的画。铁画艺人把熟铁皮经过锻打、修钻、校正、焊接、整形、退火、烘漆等十几道工序，做出山水、竹石、花卉、虫鸟等图案，然后涂上黑漆装框成画。“远观似水墨画，近瞧如浮雕”，铁画吸收了中国传统水墨画的章法布局，融合民间剪纸、木刻、浮雕、石雕、牙雕等多种镂空工艺于一身，做到“炉锤之巧与画理相通”，是极为珍贵的工艺品。

据史书记载，清康熙年间，芜湖有一位技艺超群的铁匠叫汤天池。他的邻居是当时著名“姑孰画派”的创始人萧云从，萧云从性情孤傲，非常鄙视贫寒的铁匠。汤天池对此十分生气，立志要“以铁代墨，以砧为砚，以锤为笔”，锻造出一幅铁画来。他经常偷看萧云从作画，并渐渐领悟了国画的作画技法。有一日，他“挥锤作笔，揉铁作墨”，锻造了一幅意态传神的山水画，画中的兰草、翠竹、飞蝶、荷花等，栩栩如生，虚实相衬，在当时人看来是“巧前代之未有”。汤天池由此而声名鹊起，成为家喻户晓的铁画宗师。

制作铁画之前，要先在纸上画出图案纹饰。艺人在画完画稿后，需依据平面的画稿理出层次和制作步骤。技艺超群的铁画艺人，不仅要有高超的锻锤技艺，还要有深厚的文学素养和国画基础。图中铁画艺人正用毛笔在纸上画出图案。

乾隆时期以后，梁在帮、沈义庆等人都以铁画而著名，铁画艺术也渐渐在民间流传开来。

清朝末年，铁画由芜湖传入北京。王府井的春茂山古玩铺是当时专门设计铁画图样的店铺，但仍以芜湖铁画的图样为主。而锻造北京铁画，要数裕升和最有名。晚清时期，裕升和的铁画生意十分兴隆，掌柜赵连生为了扩展门面，招收了徒弟郭武珊。郭武珊后来成为著名的“铁画大王”。他时常利用业余时间偷偷学艺，并勤于钻研，把锻打和平錾技艺结合起来，锻造出端庄凝重、苍劲古朴的铁画，在继承芜湖铁画传统的基础上，进一步融合了北京特色，制作了一批反映北京风景名胜的铁画。北京也因此继芜湖之后，被称为铁画的“第二故乡”。

上图：铁画艺人在给铁板做涂层技术处理。

下图：锤锻是制作铁画的首要环节。先锻成坯，再锻成形，然后用锤锤打部件。锤锻讲究火候，粗重的铁皮需要“趁热打铁”，精细的部件则要轻敲慢打。图为铁画艺人正在给铁坯加热。

图中的铁画艺人，在用錾子錾刻图案。锤锻后的部件，要进行錾刻，俗话叫“錾活”。錾刻是在设计好器型和图案后，用特制的工具和特定的技法，在铁板上錾刻出形态各异的图案。

焊接的工序极为精细。先要把每一个成型的部件在画稿上一一比对出位置，然后经过高温将不同大小、粗细、薄厚的部件，焊接均匀、牢靠。图中铁画艺人用工具对焊接好的铁画整形修正，以确保其意态完整。

经过锻打、修钻、焊接、整形等工序后，为了防止铁画生锈，还要进行烘漆。一般会给铁画涂上黑色有光漆或无光漆，衬上白纸后装框成画。图为铁画艺人在给铁画刷漆。

铁画艺人用刷子清理铁画，以使其边缘平滑。

百年前的北京铁画。

烤鸭之味

“不到长城非好汉，不吃烤鸭真遗憾”。到了北京，人人都得尝尝北京烤鸭。北京烤鸭被誉为“中华第一美味”，历史悠久。据史书记载，烤鸭的历史可以追溯到南北朝时期。不过，那时候不叫“烤鸭”，而叫“炙鸭”。

新中国成立前的北平人称“烤鸭”为“烧鸭”或“烧鸭子”。据说，“烤”字是1946年齐白石创造的字，《说文解字》《康熙字典》里都没有这个字。

传说，北京烤鸭源于南京民间的“金陵片皮鸭”。明太祖定都南京后，片皮鸭被列入宫廷御膳。明成祖迁都北京后，片皮鸭的技艺也随之北上，并开始传入民间。

有清一代，皇帝后妃们都爱吃烤鸭，民间也争相效仿。烤鸭这才在北京流行开来。北京烤鸭使用北京特有的玉泉山白鸭，这种鸭子经过人工填食喂养，皮白肉嫩，十分可口。

北京烤鸭的鼻祖是位于菜市口米市胡同的便宜坊。这家老店创于明永乐年间，距今有六百余年的历史。据说，便宜坊也是从南京迁来的，店招牌上曾冠有“金陵”二字。不过，如今这些都难以考证了。便宜坊采用“焖炉烤鸭”的技法。所谓“焖炉”就是用火烧炉、待火熄灭后把鸭子放进去，用“暗火”烤出肉质细嫩、肥而不腻的鸭子。明嘉靖兵部员外郎杨继盛在便宜坊大快朵颐后，留下了“便宜坊”三个遒劲雄健的大字。这块牌匾也流传至今。到了清代，便宜坊虽然几度易主，但生意依旧兴隆，每天供不应求。见便宜坊财源滚滚，京城里出现了很多山寨烤鸭店，如“便意坊”等，令人真假难辨。

就在便宜坊生意鼎盛时，前门肉市胡同里悄然出现了另一家烤鸭店——全聚德。全聚德掌柜杨寿山（字全仁），起初是一个贩卖鸡鸭的商贩。他有了些积蓄后，看到便宜

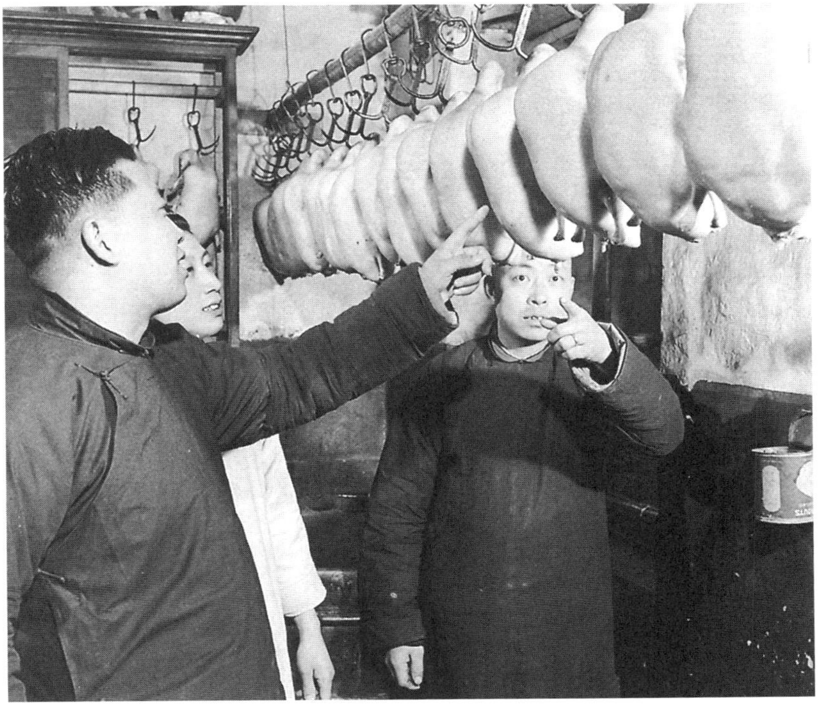

过去吃烤鸭，客人要事先挑选鸭胚，甚至用银签戳鸭身鉴别肥瘦。

制作烤鸭的鸭子是北京特有的鸭种，皮白肉嫩，主要靠人工填食喂养。图为养鸭人将饲料捏成短条后塞入鸭嘴中。

鸭胚在进炉之前，要从翅下的切口灌入开水，这样外烤内煮形成烤鸭的独特口感。

坊生意兴旺，便也想开一家烤鸭店。1864 年，他盘下一间字号叫“德聚全”的水果铺子，并听从风水先生的指点，改名“全聚德”。杨寿山另辟蹊径，以售挂炉烤鸭为自己的特色，与便宜坊的焖炉烤鸭相抗衡。为了做出精美的挂炉烤鸭，杨寿山重金聘请了清宫御膳房的师傅“孙小辫”掌杆。挂炉烤鸭是用明火烤鸭，烤出来的鸭子肉味清香、皮酥肉嫩。全聚德以新型的烤鸭方式，吸引了越来越多的食客。

民国初年，作为后起之秀的全聚德，大有赶超便宜坊之势。后来，全聚德又打破以往熟食

图为北京城里的养鸭农户。对孩子来说绒绒的鸭子是可爱的玩伴，但在大人眼中，它们是支撑一家生活的生产资料。

铺子不卖饭座的规矩，开始卖座，成为一家以卖烤鸭为主的饭店。便宜坊见状，也开始卖起座来。为了争抢客源，全聚德又发明了“鸭票”。一来便于人们过节送礼，二来又增加了销售额。全聚德的生意风生水起，相较而言，便宜坊却日渐衰微。直到新中国成立后，便宜坊经过扩建和改革，才再次成为与全聚德相媲美的烤鸭店。

如今，以便宜坊为代表的焖炉烤鸭和以全聚德为代表的挂炉烤鸭，已成为北京烤鸭著名的两大流派，各有千秋。而北京烤鸭的美名，也早已传遍八方。

传统做法是选用枣木或苹果木来烤炉膛内的鸭胚，这样烤出来的鸭子带有果香。

鸭子烤好后，一般要当着客人的面，迅速片好装盘。

最常见的烤鸭吃法即用荷叶饼卷蘸了甜面酱的鸭肉、葱丝和细黄瓜条，也有像照片中的那样用小芝麻烧饼夹着吃的。

烤鸭用一根特制的长杆挑入炉膛，并定时翻转以保证受热均匀。炉前的那只壶就是用来向鸭胚内注水的。

三分画，七分裱

俗话说“三分画，七分裱”。装裱工艺历来被视为一幅书画作品不可或缺的一环。中国传统书画作于宣纸和绫绢之上，宣纸质地纤薄、柔软，一经墨色浸染，往往褶皱不平，既减弱了墨色的神韵，也不便于观赏和收藏。装裱后，书画加固加厚，丹青妙墨也更有意境。

北宋画家张择端的名作《清明上河图》，数百年来历经诸多名家装裱。在一次装裱过程中，装裱师一时疏忽接错了段落。由于画卷中舟车、市肆、桥梁、街道十分密集，长期以来没被人发现。直到琉璃厂的装裱老艺人张贵桐，又一次为它装裱时才发现，其中有一匹驴缺了条腿。他费了九牛二虎之力才在画卷中找到了那条腿，总算把这幅弥足珍贵的名画给接顺了。可见，一幅书画能否流传后世，与装裱工艺的优劣，息息相关。

民国年间，北京的书画装裱业大多集中在琉璃厂一带。刘林修的竹林斋、崔竹亭的竹实斋、马霁川的玉池山房、张成荣的宝华斋……都是当时著名的装裱铺。

现而今，装裱老艺人们相继离世，这门老手艺也渐渐式微。幸亏，上世纪30年代，德国女摄影师赫达·哈默用手中的相机为我们记录了北京装裱老艺人的身影和那些地道的老手艺。

传统装裱房一角，宽敞明亮、爽朗通风，两张裱台能让四至八个人同时工作。图中有人在装裱书画，有人正把裱好的书画上壁横挂，以便裱件尽快干燥。

图中装裱师正在“揭裱”，就是将原来裱画的背纸和托纸都揭掉，以便于重新进行装裱。

上图：装裱主要有"托""裱""装"三大基本工序。"托"是装裱的第一道工序，一般称"托画"或"托画心"，是指用糨糊在书画家的作品背后加托一层宣纸。图为装裱师用排笔，从右向左给画心均匀地刷糨糊。

下图：托纸前，装裱师要检查画心。图中的装裱师正在用镊子或锥子，将留在画心的排笔毛挑剔干净。

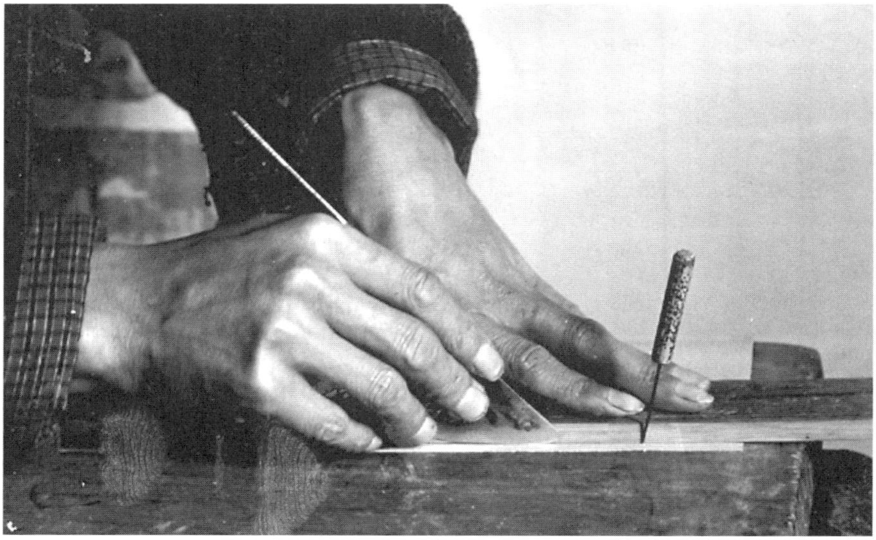

托好的画心，要用裁板、裁刀、裁尺和锥针之类的工具，打裁纸、绢、绫、锦等装饰材料。接着，用裁好的材料把画心镶嵌起来，这道工序就是"裱"，北京话叫"镶活"。图中装裱师在裁板上裁绫绢。他先扎出两个洞作为裁切的标记，前一个洞用针锥戳在裁板上，尺靠住针锥使其不移动，后一个洞尺对齐后用手按实。

为了使裱过的书画更加牢固、平挺，还要在背后覆两层宣纸，这道工序是"覆背"，也称"覆活"或"裱背"。加裱的覆背纸，必须选用棉料纸，薄厚也要与画心相配，才能使画心与覆背合二为一、天衣无缝。图为装裱师把覆过背的作品贴在墙上，用棕刷来回排刷，使其熨帖而平展。

上图：镶活完成后，最后一道工序就是"装"，也叫"上杆"或"装轴"。但在上杆之前，还要用砑石（光滑的鹅卵石）在裱件背面砑磨几遍，称"砑光"或"砑活"。只有经过砑光，才能使书画背面光滑平整、易于舒卷。嗣后再装上制好的轴杆，使书画成为一件珠联璧合的艺术品。图为装裱师在砑光。

下图：图为装裱师上地杆。一般而言，先上天杆，后上地杆。

装裱师把已经装裱好的画作，挂在墙上，便于保持通风干燥。

古书郎中

如今各种新媒体、电子书风行，不少人悲观地认为纸书将死。然而，2014年底有调查显示，经过两年的连续下跌后，2014年全国纸本图书销售量小幅回暖。无独有偶。据报道，2014年英美德三国的纸书销售量也均有小幅回升。看来“纸书将死”的预言为时尚早，捧读一本散发着墨香的纸本书，对于读书人而言仍具有强大的魅力。

中国人制作、阅读纸质书籍的历史，最早可追溯到汉代。中国古代书籍的装帧，历经了卷轴装、经折装、旋风装、蝴蝶装和包背装的变迁。由于阅读不便，书页容易脱落、破散等原因，明代中叶线装书成为古书装帧的主流。所谓线装书，就是在书页制作完成后，前后各用一页书衣，在右侧打孔穿线，装订成册。

线装书牢固美观，便于阅读。鲁迅先生就对线装书情有独钟。他在《病后杂谈》中写道：“看洋装书要年富力强，正襟危坐，有严肃的态度。假使你躺着看，那就好像两只手捧着一块大砖头，不多工夫就两臂酸麻，只好叹一口气，将它放下。所以，我在叹气之后，就去寻线装书”。据《鲁迅日记》记载，他定居北京的十四年间，总共去过琉璃厂四百八十多次。

民国初年，琉璃厂、东安市场、隆福寺、前门打磨厂等地，乃是北京古旧书店集中之所。由于长期业务积累，古旧书店的掌柜和伙计，也都成为深谙古籍装帧和鉴定的行家里手。镇守琉璃厂街口的邃雅斋，便被视为线装书的聚宝盆。

虫蠹、龟裂、褶皱……对古籍而言是最大的威胁。修补破损古籍，也成为古旧书肆的一门传统手艺。修补古籍往往要经过配旧皮旧纸、补破页、裱糊、喷水、衬纸、捶平、齐栏、订本、打眼订线、包角等十几道工序，

线装书的书页大多是中间折叠的双页，中缝朝外。上、下书页中间对折的直缝处称作书口或版心。翻阅久了，书口会开裂。这是古籍最常见的症状。修复书口开裂叫“连口”，北京话叫“溜口”。溜口就是将书页展开，背面朝上、正面朝下。书口对正后，一手持笔在书口上涂糨糊，另一只手贴上富有韧性的薄绵纸。图中的修复师傅，正在给书口上贴绵纸条，即“溜口”。

一招一式都极为考究。清末民初，琉璃厂肄雅堂以装裱碑帖、书籍在北京极负盛名，当时很多古籍修复的高手都出自这里。身怀绝技的张士达就被尊称为“古书郎中”。很多文人学者如郭沫若、郑振铎、冯友兰等，都曾慕名而来，找他修复古籍。

如今，古籍修复的传统工艺已经成为一项冷门手艺，但人们对纸质书籍的热爱，仍不改初心。

书页过于轻薄，可以在书页之间夹一张衬纸，以增强书页的牢度。衬纸可以选用双页衬，也可以用单页衬。“金镶玉”，也叫“袍套衬”，是一种典型的加衬纸修复法，即在书页里衬一张白纸，使天头、地脚及书背三边都镶衬出白色衬纸，和泛黄如金的原书页相映生辉，因此被美称为“金镶玉”。图为修复师给书页中加衬纸。

古籍经过修补、折页、配册和衬纸后，为使书口整齐、栏线划一，工匠们要进行“齐栏”。齐栏的目的是为了使古籍美观、整齐，赏心悦目，因此直接影响到古籍装帧的优劣。技艺娴熟的师傅，修复的古籍整齐如刀裁。图中的师傅在把齐栏后的书页蹾齐，以便于穿孔订线。

线装书在穿孔订线之前，要先通过纸捻来固定书页。装订师傅要在靠近书背处，从正反两面，用锥子打两个洞眼，然后穿上纸捻。图中的师傅，正在用敲槌敲打锥子，给蹾齐的书页打穿纸捻眼。

图为修复师在穿线，也叫订线，是古籍书页装册的最后一道工序。由于蜡线太硬，棉线容易老化，一般线装书都用真丝线。装订精美的古籍，天头地脚、书背书角都看不出订线的线头，神龙不见首尾。

线装书不同于洋装书，属于软皮书，因而只能平放。为了便于存取，许多线装书都配有用硬纸、锦缎或丝绸等做的函套。函套只围裹书籍四面而露其上下两端的叫“四合套”，全部围裹的叫“六合套”，也有由两块木板制作的“夹板”。图中师傅在整理修复好的古籍，身旁整理好的古籍存放在“四合套”或夹板里。

为了检阅方便，古籍的“书根”即下端的切口部分，往往写有书名、卷次和册数。图为师傅正在给装帧好的古籍写书根，用铜钱固定的丝线起到界格的作用，以便使书根的文字工整。

挑着担子串胡同

旧时，北京城的街头巷尾，随处可见五行八作、敲着响器走街串巷的手艺人，也有挑着担子沿街吆喝的流动商贩，循着他们抑扬顿挫的吆喝声，出门就能买到各式各样的物品，享受到各种各样的服务。

走街串巷的行当，最讲究吆喝。从春末开始，庙会上随处可听见卖酸梅汤的吆喝声：“哎——酸梅汤啊真甜哪，哎——这玉泉山的水，骆驼给我驮，南来的蜜蜂来搭窝哎——买一碗来尝一尝，不凉不要钱！”

夏日，卖金鱼儿的小贩一吆喝“大小金鱼——哎小金鱼儿喽！”孩子们便兴致勃勃地跟过去，围在装着各种金鱼的挑子周围。

到了冬天，北京人用木炭生炉子取暖，街头巷尾时常响起“约零炭呐”的吆喝和小贩手击小鼓“蹦啦蹦”的声响。

走街串巷的剃头挑子一头系着供客人坐的凳子和剃头工具，即剃刀、梳子、篦子；另一头挂着盆、水壶、小炭炉子的圆形支架。正所谓老北京的歇后语：“剃头挑子——一头热。”

以前北京人居家过日子用的都是铁刀铁剪子，要是刀剪钝了，就得用青石给磨出刀锋。胡同里一有“惊闺叶”的声响，人们拿着刀剪纷纷而来。磨刀匠挑着一条四腿长板凳，每头系一块粗细不同的青石，板凳腿上绑一个装水的小水桶。一般的刀剪要先粗磨后细磨，手艺精到的师傅，不大工夫就可以交活儿了。但如果是刀刃儿没了，就得重新开刃儿，行话叫“抢”。抢菜刀可是个技术活儿，只有技艺娴熟的磨刀匠才能把刀磨得薄厚适宜。

物质匮乏的时代，老百姓穿衣穿鞋是“新三年，旧三年，缝缝补补又三年”；家里的日常用具也是“上辈用，下辈用，只要能用，子子孙孙永远用”。一双破烂不堪的夹鞋或

卖烟杆。

卖针头线脑儿。

卖酸梅汤。

耍耗子。

上图：耍猴儿。

下图：卖洋铁器。

棉鞋，经过皮匠（老北京修鞋的）穿针引线“前包头儿，后包跟儿”，再打上“弯子”（在鞋的两侧缝上皮子），便整旧如新。摔碎的盆盆罐罐舍不得扔掉，只得求锔碗匠。锔碗先用金刚钻打“锔眼”，把要修补的盆碗对好岔儿，用弓子来回拉动。等锔眼打好后，再用黄铜丝做的“锔子”加固，破损的碗、盆就“死而复生”了。“没有金刚钻，不揽瓷器活儿”，说的就是锔碗锔盆的老手艺。

时代变了，生活方式变了，生活的习惯也变了。北京街头巷尾，悠长的吆喝声渐绝于耳，身挑担子串胡同的身影慢慢消失了。

挑着担子、敲着响器走街串巷的身影，永远是那个时代的一道风景，永远是老北京人的难忘记忆。

上图：剃头挑子。

下图：卖小金鱼儿。

庙会百艺

“小孩，小孩，你别馋，过了腊八就是年。”

一进腊月门儿，家家户户就开始置办年货了。旧时，北京人最爱到白塔寺、护国寺、隆福寺等庙会置办年货。每到年末，这些地方都要天天“连集”。庙会上吃的、喝的、用的、玩的，应有尽有，百货云集，百戏杂陈。庙会上最吸引小孩子的，要数各式各样的玩具摊儿了。

旧时北京城里挑着货担走街串巷的商贩，都被称作“打糖锣的”。胡同里敲糖锣的“铛铛”声是孩子们最爱听的声响。打糖锣的货担里，卖着各式各样的玩意儿，泥捏的、木刻的、纸糊的、绳子编的……无奇不有。这些民间艺人，靠手艺制作出各式各样栩栩如生的小玩意儿，给孩子们带来无限乐趣。如果说平日里孩子们想买个玩意儿，还得跟大人央告半天，那么过年时，谁也不忍心拒绝小朋友的要求。

现在，各种奇异的玩具早已代替了这些朴拙的玩意儿，但是孩子们过年时收到礼物时的喜悦心情却从未改变。这些早已退出历史舞台的民间玩意儿，也成为北京人对于过年的美好回忆，留在人们的记忆中。

春天是北京放风筝的好时节。过年时，庙会上的风筝摊，生意格外兴隆。五彩缤纷的风筝，大都价格低廉，是孩子们买得起的玩物。老北京风筝种类繁多，有蝴蝶、苍鹰、蜻蜓、金鱼等，最常见的是沙燕。民间至今还流传“南城瘦沙燕，北城黑锅底”的说法。民俗专家高巍告诉笔者，以往南城居住的平民阶层喜欢颜色艳丽的沙燕，而北城的文人雅士们，则更倾向于阴阳分明、更富文化内涵的沙燕，由于是用锅底灰做的颜料，所以被称为“黑锅底”。南北两派风筝的代表手艺人，当属“风筝哈”和“风筝金”。一南一北，各有千秋。图为庙会上的风筝摊儿。

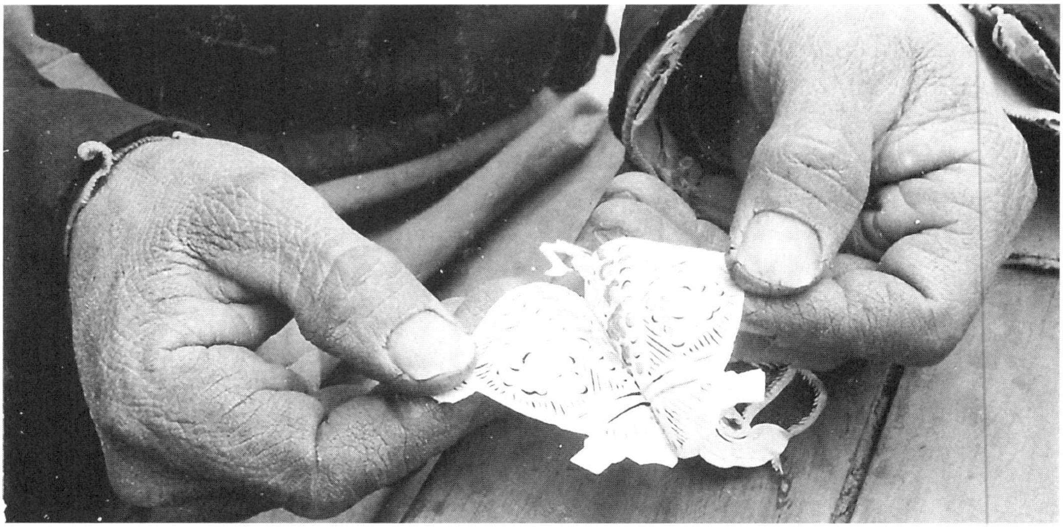

“买哎！小猫儿小狗儿小公鸡儿……狮子巴儿狗窗户花儿！”这街头吆喝的不是小猫小狗的活物，是手艺人用彩纸“铰”的各种动物造型的窗花。窗花，也就是剪纸，是一种广为流传的民间艺术。过去北京寻常百姓的窗户，都用雪白的“高丽纸”糊着。腊月底扫完房子，都会糊上新纸，贴上红色的窗花，显得格外喜庆。据民俗专家高巍介绍，剪纸最初不仅是装饰品，更是镇宅辟邪的镇物。早年间，北京还有剪纸动画片，活动自如的剪纸比画画省了不少工夫，如今却渐已绝迹。

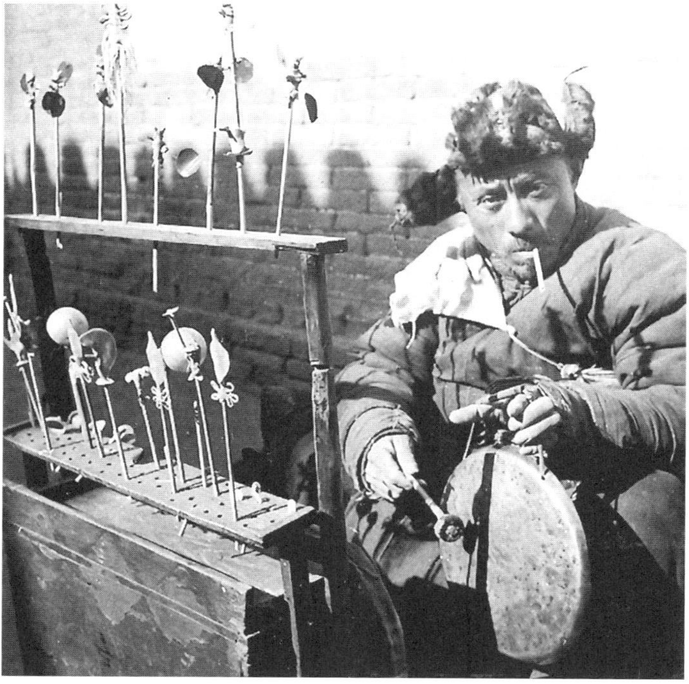

捏面人儿的艺人，在表演绝技前一敲糖锣，小孩子们便兴高采烈地聚拢过来。手艺人们把江米和的面，用颜料调成五颜六色，变戏法似的捏成各种惟妙惟肖的形象。如《西游记》里的猪八戒、孙悟空，《三国演义》里的刘、关、张桃园三结义等，都是面人儿中常见的人物形象。“面人汤”和“面人郎”是旧时北京最负盛名的面人儿高手。“面人汤”汤子博，早年间学国画出身，以捏传统戏剧人物见长；“面人郎”郎绍安，熟悉社会底层生活，擅长捏老北京的五行八作。庙会上卖的，一般都是民间艺人捏的廉价面人儿。图中是庙会上卖面人儿的老艺人把捏好的面人儿插在前面的木架上。他正敲着糖锣招徕孩子们。

春节庙会上，常常会看到一群垂涎三尺的小孩子，团团围着吹糖人的摊子。技艺娴熟的手艺人用芦管沾上热稀糖，表演“猴拉稀”“耗子偷油”“黄鼠狼拉鸡”等绝活。他们吹出金黄透亮的耗子、小猪、小鸡等造型，十分可爱诱人。挣了压岁钱的孩子们，欣赏完绝活后都争先恐后地买糖人。一边拿着玩，一边一口口地吃，欢乐无穷。吹糖人的大都是北京近郊的农民，春节期间靠手艺赚点钱，很不容易。图中老艺人一边用芦苇管吹，一边用手捏糖人。

耍耗子今天已经在市场上绝迹了。当年，它可是孩子们最喜爱的杂耍之一。耍耗子的艺人身背一只木箱，口吹一只唢呐。由于行头比较复杂，一般是和雇主谈好价钱后，被请到家中的庭院表演。图中的艺人手拿指挥棒，口中念念有词地耍耗子，围观的小孩子们聚精会神地观赏表演。

上图：艺人支好木架上的天桥、转盘、秋千、绳梯等道具后，白毛红眼的小白鼠在艺人的指令下，"逢山开路，遇水架桥"，每种表演都有个名头儿。小耗子沿着通道爬到木桃中叫"白猿偷桃"，四脚不停地蹬动铁丝圈叫"哪吒打耍风火轮"。诸般戏态，逗得围观者忍俊不禁。图为小耗子在道具中穿梭。

下图：相比吹糖人的艰辛，画糖画就容易多了。手艺人在煤炉上用文火熬好麦芽糖，然后用大勺在石板或铁板上作画。只要掌握好手中的力度和饴糖的分量，口中一边说着四六句，一边画着花鸟兽虫，不一会儿就做出栩栩如生的糖画来。旧时的糖画都很便宜，一个只要两三毛钱，是孩子们买得起的零食和玩具。没钱的孩子，也可以用牙膏皮换。据高巍介绍，"两筒牙膏皮可以换一个小糖人，孙猴要三筒牙膏皮"。图中的手艺人正用热稀糖在大理石板上画一只公鸡。

科班岁月

“要想人前显贵，必得人后受罪。”看过电影《霸王别姬》的人，大概都记得这句台词。影片中，在科班里学戏的小学员们，冬练三九，夏练三伏，挨打罚跪更是家常便饭。现实中，科班生活甚至比这更为严苛。

提到科班，人们首先会想到成立于1904年的富连成。富连成，初名喜连升、喜连成，1903年由吉林商人牛子厚出资筹办。1912年，牛子厚业务不振，把它转手给商人沈仁山、沈秀水，并改名为富连成。东家虽然换了，但掌管富连成教学业务的一直是京剧名家叶春善。至1948年因财务问题歇业，富连成共培养了喜、连、富、盛、世、元、韵七科近七百名学生。其中，马连良、谭富英、于连泉、叶盛兰等京剧名家都出自于富连成。

1930年，焦菊隐创办了新式科班——北平中华戏曲专科学校。与富连成只招男生不同，中华戏校也招收女学员。作为新式戏校，中华戏校的条件和教学科目都比富连成洋气一些。许多老艺人回忆，富连成的学生都穿长袍，戴瓜皮帽，显得老气横秋，而中华戏校的学生，男生一人一身中山装，戴大檐帽，女生则一律是月白色上衣，黑裙子，留短发。

不过，无论是旧式的富连成，还是新式的中华戏校，学戏的艰辛别无二致。提到科班生活，许多老艺人都是一把辛酸泪。老艺人马玉秋记得，当年表哥把他送入科班时，字据上写着“打死投河上吊概不负责”。在此后漫长的七年中，马玉秋也的确挨尽了师傅的打。学不会要打，练功不到家要打，小伙伴犯错也要陪着“打通堂”……以至于，许多艺人都把学戏称为“打戏”。

曾在中华戏校学戏的老艺人宋德珠把学戏的生活比作“苦行僧”。每天早上五点钟起床，一直到深夜十一二点钟才休息。在唱

京剧《失印救火》剧照，图右白槐的扮演者是富连成科班的校长叶春善，图中金祥瑞的扮演者萧长华是富连成中资格最老的教师。

坐科的学员不但要坚持每天练功，还要参加演出增长舞台经验。此照片由爱伦·凯特琳摄于20世纪30年代。

富连成连字辈学员大合影，第一排右起第三人为马连良。

念做打这些必修课中，最让旦角演员头疼的便是“跷功”。“跷”是一种模仿缠足妇女的“三寸金莲”而制成的、长约三寸的木制“假脚”。开始练习踩跷时，师傅会给学生拄两根棍子，慢慢扶墙走；然后是平地一站一两个钟头；等慢慢地能站稳了，就要练习站砖，站三角（三条腿的桌子），甚至站缸沿。跷功了得的京剧名家毛世来曾经回忆，站缸沿，一站最少两三个钟头。两脚先是由酸到麻，站到最后两条腿直打哆嗦，最后渐渐失去知觉，解下跷来还不能马上休息，要立刻跑圆场，跑到恢复知觉为止。基本功扎实了，才能开始绑着跷练习手眼身法步。

每个成名或不成名的京剧演员背后，都有一段辛酸的科班岁月。科班生活虽然残酷，但也成就了一项伟大的艺术，造就了无数耀眼的明星。

上图：中华戏校的学生们正在排戏。此照片由爱伦·凯特琳摄于20世纪30年代。

下图：富连成社旧址，位于虎坊桥东路北，最早是纪晓岚故居。

学员在练习拿大顶，这已经算是练功之余的休息时光了。此照片由爱伦·凯特琳摄于20世纪30年代。

科班中练功的男孩子，图右的两个男孩在练跷功，他们显然是唱旦角的。此照片由爱伦·凯特琳摄于20世纪30年代。

中华戏校的女学生正在练习跷功。此照片由爱伦·凯特琳摄于 20 世纪 30 年代。

观光北平

1928年，国民政府把首都迁到了南京。随着国家政治中心的南移，北京的人才、资金也迅速南迁。做了几百年都城的北京，一下子人去楼空，冷清下来，连名字也改成了平民色彩极强的北平。

政府虽然搬走了，但是几百年留下的名胜古迹搬不走，城里城外的高等学府搬不走。1933年底，时任北平市长的袁良主持制订了自1935年1月至1937年12月的“市政三年建设计划”，希望通过修建道路、疏浚河道、修复古建筑、改善公共娱乐场所等措施，发展北平的旅游业。这一时期，城里的皇家园林已次第开辟成公园，郊区的长城、明陵、汤山温泉等旅游资源也渐渐开发出来。为了更好地服务游客，旅行社这个新兴的行业初见端倪。

1932年，上海银行家陈光甫把中国旅行社从上海开到了北平。早年间，北京的旅行社都是外国人开的，比较有名的有英国通济隆公司、美国运通公司和日本观光局。中国旅行社算是开创了中国本土旅行社的先河。当时，来北平旅游的多是南洋和香港游客。针对不同游客的需求，中国旅行社开发了城内一日游、郊区一日游和周边三日游等特色产品。城内一日游包括：天坛、东岳庙、北海、国子监、雍和宫、天坛等景点；郊区一日游包括：长城、明陵、颐和园、香山等地。小汤山温泉、景泰蓝工艺品厂、清河地毯厂、赛马场也都是游客热衷的观光地。

这一时期，北平人开的第一家私人旅行社——北平义导员事务所也开业了。北平义导员事务所的创办人白梦璋，就是而今在收藏界有一号的“片儿白”白明的爷爷。据白明说，庚子年后白梦璋曾到英国谋生八年，说得一口流利的英语。回到北平后，他干起了导游，并成立了北平义导员事务所。

民国初期前门大街被改建成便于现代交通工具行驶的大街。

当时，北平市面上最方便的交通工具是人力车，跑一整天不过两块钱。拉车的小伙子们跑起来脚底生风，游人坐在车上欣赏沿途风景，煞是过瘾。于是，白梦璋把散落在饭店、路口、商业街附近的人力车夫们组织起来，建立了自己的“旅游人力车队”。白梦璋的车队，上穿白布褂，下穿蓝布肥腿裤，脚脖子上系着细绑腿，足蹬千层底黑布鞋，冬天每人还配一顶“三块瓦”的毡帽，队伍拉出来倍儿有精神。白梦璋再教他们几句简单英语，一天下来这些兼职导游的人力车夫们，能从外国游客手中赚不少小费。1934 年，为了表示感谢，303 名人力车夫联名给白梦璋送了一块写着“盛德无疆”的匾。白明记得，这块匾直到“文革”前夕，仍挂在他们家正堂上。

上世纪30年代，北平的旅游业发展得风生水起。北平成了中国首屈一指的旅游文化名城。直到1937年卢沟桥事变爆发，北平乃至全中国的发展之路被粗暴地打断了。

上图：《北平旅行指南》出版于1936年，由马芷庠编著、张恨水审定。这本书不仅详细讲述了北平的文化名胜，还列举了北平的大餐小吃、机关学校，今天看来仍是不可多得的文献史料。

下图：白梦璋导游证上的照片。

兼做导游的人力车夫总是把洋车擦拭得锃光瓦亮。

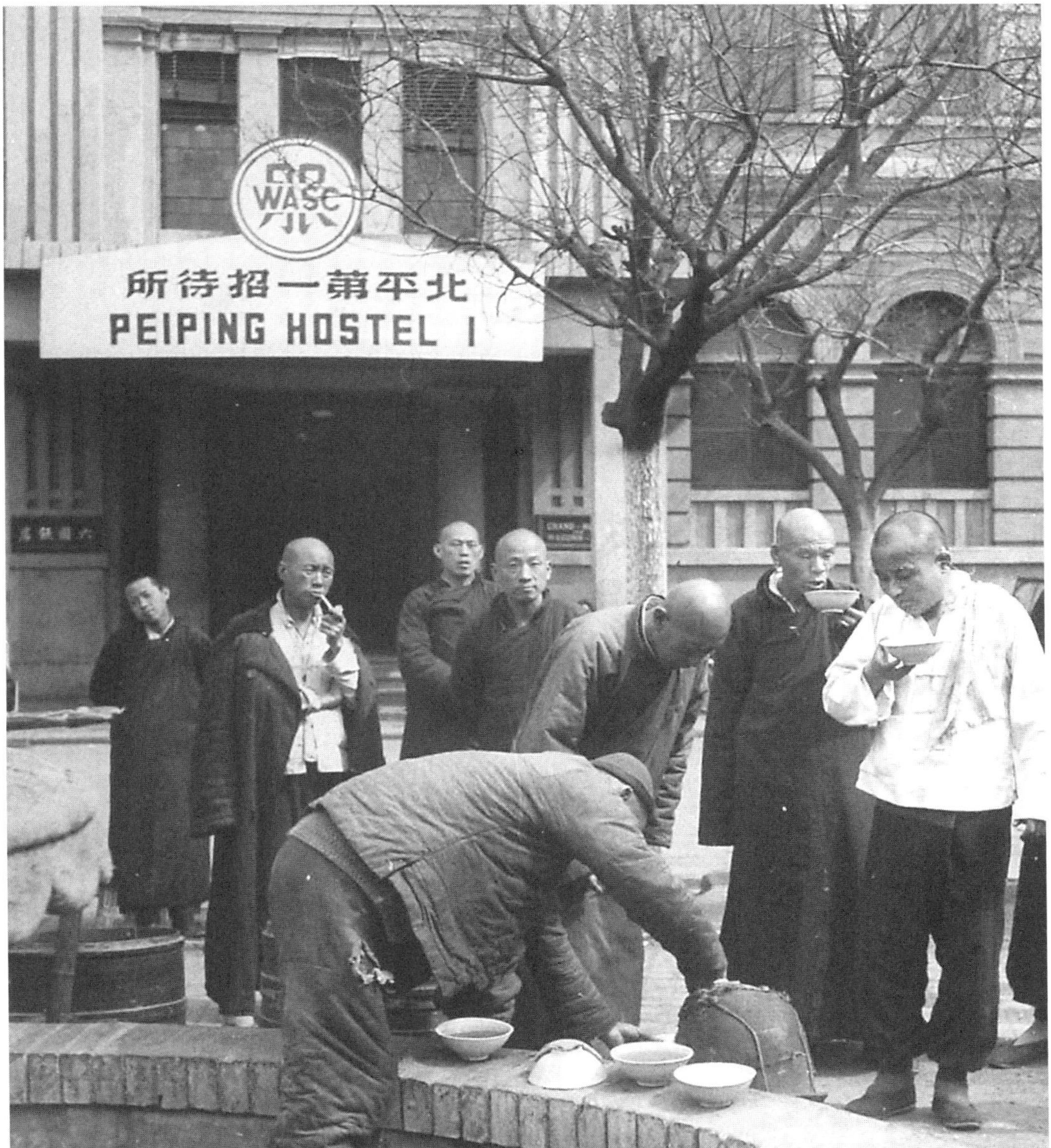

洋车夫在北平第一招待所门前趴活儿。

当年，许多人力车夫身兼导游的职责。

上世纪 30 年代，身着旗袍的时髦女郎在北海公园留下倩影。

后记

一个有品味的报纸栏目，一定有一支相对固定的供稿、供图队伍。《旧京图说》刊发四年，得到秦风、徐家宁、敖翔、仝冰雪、杨平、沈弘、司古、齐鸿浩、梁怡、崔勇、张维军、马龙、马志璞、侯金梁等老照片藏家和TOTOE、老北京网、天桥街道办事处、首都图书馆、北京日报图片库、文物出版社、中山公园管理处、北京通信电信博物馆、通州区委宣传部、前门大街管委会、福建教育出版社、新华社图片库、国家博物馆、消防博物馆、北京古观象台、苏富比拍卖、国家图书馆、美国杜克大学图书馆、詹天佑纪念馆、北京华辰拍卖公司、中国摄影展览馆、大栅栏街道办事处、长江文艺出版社、通州区图书馆、景山公园管理处、北京市委党史研究室、门头沟区委宣传部、京南博物馆、北京同仁堂（集团）有限责任公司宣传部、北京自来水博物馆等单位的大力支持，用沉甸甸的老图片，讲述了北京一百多年的发展变化，讲述了生动鲜活、让人忍俊不禁的精彩故事。

徐家宁、黄加佳、董少东、秦风、李乐乐、范晶、张小英、刘冕、沈弘、邓超超、齐静、杨阳、靳晓萌、宋雨菲、陈涛、巩峥、史闻峰、梁怡、崔勇、司古、马志璞、刘岳、宋传信、徐香花、赵南生、吴倩等曾经为本书撰稿，他们文字隽永，妙趣横生，和精美的老图片相得益彰。

如今，四年的版面结集出版，我们在这里对他们的大力支持表示深深的感谢。

北京日报《旧京图说》编写组

2016年1月

图书在版编目（CIP）数据

旧京图说 / 北京日报《旧京图说》编写组编著. —
北京 ：北京日报出版社，2016.3（2023.11重印）
ISBN 978-7-5477-1990-9

Ⅰ. ①旧… Ⅱ. ①北… Ⅲ. ①北京市－地方史－图解
Ⅳ. ①K291-64

中国版本图书馆CIP数据核字(2015)第300840号

旧京图说

出版发行：北京日报出版社
地　　址：北京市东城区东单三条8-16号 东方广场东配楼四层
邮　　编：100005
电　　话：发行部：（010）65255876
总编室：（010）65252135
印　　刷：河北宝昌佳彩印刷有限公司
经　　销：各地新华书店
版　　次：2016 年 3 月第 1 版
2023 年 11 月第 3 次印刷
开　　本：787 毫米×1092 毫米　　1/16
印　　张：37.5
字　　数：160 千字
图　　片：731 幅
定　　价：168.00 元（上下册）
